Deutschbuch

Gymnasium

Berlin, Brandenburg, Mecklenburg-Vorpommern, Sachsen, Sachsen-Anhalt, Thüringen

8

Arbeitsheft
mit interaktiven Übungen

Herausgegeben von
Andrea Wagener

Erarbeitet von
Angela Mielke, Deborah Mohr, Christoph Fischer, Donata Greis, Katharina Hundt und Andrea Wagener

Deine **interaktiven Übungen** findest du hier:

1. Gib den unten stehenden Zugangscode in die Box ein.
2. Hab viel Spaß mit deinen interaktiven Übungen.

Dein Zugangscode auf go.cornelsen.de

Die Nutzungsdauer für die Online Übungen beträgt nach Aktivierung des Zugangscodes zwei Jahre. In dieser Zeit speichern wir deine Lernstandsdaten für dich; nach Ablauf der Nutzungsdauer werden sie gelöscht.

m542-h5-ubxm

Cornelsen

Inhaltsverzeichnis

Deutschbuch

Gymnasium

Berlin, Brandenburg, Mecklenburg-Vorpommern, Sachsen, Sachsen-Anhalt, Thüringen

Arbeitsheft
Lösungen

Illustration links: Christiane Grauert, Milwaukee (USA); Abbildung rechts: Shutterstock/Agor2012

8

Cornelsen

Materialgestützt informieren

Einen Informationstext untersuchen

Seite 5

2 Warum ist das System der freiwilligen Feuerwehr in Gefahr? ▶ Z. 15–23
Warum ist die freiwillige Feuerwehr so wichtig? ▶ Z. 4–9
Welche Tätigkeitsfelder gibt es bei der Feuerwehr? ▶ Z. 10–14

3 **richtig:** A, B, D – **falsch:** C, E

4 Markierte Satzverknüpfungen und Überleitungen:

[...] Weil viele Städte sich eine Berufsfeuerwehr, also eine von der Gemeinde finanzierte Feuerwehr, nicht leisten können, hilft dort die freiwillige Feuerwehr. Wie wichtig diese Organisation ist, zeigt eine Statistik: Ohne die ehrenamtlichen Helfer/-innen wären 70 Prozent der Bevölkerung in Deutschland ohne Hilfe bei Bränden, Unfällen oder Überschwemmungen. Selbst in Millionenstädten wie Hamburg, München oder Berlin wird die Berufsfeuerwehr durch die freiwillige Feuerwehr verstärkt und unterstützt.
Die Aufgaben der Feuerwehr werden unter den Schlagworten „Retten, Bergen, Löschen, Schützen" zusammengefasst, was Folgendes bedeutet: Feuerwehren retten und bergen Mensch und Tier bei Bränden, Unwettern und Verkehrsunfällen, sie bekämpfen alle Arten von Bränden und sie wehren Gefahren für die Umwelt ab, indem sie z. B. Ölspuren beseitigen oder sich bei Aufräumarbeiten betätigen.
Doch das deutsche System der freiwilligen Feuerwehr ist in Gefahr, denn die Organisation findet kaum noch Nachwuchs. Die Gründe hierfür sind vielfältig: Viele junge Menschen ziehen aus den ländlichen Regionen fort, andere pendeln täglich zur Arbeit, sodass sie im Notfall gar nicht mehr schnell genug vor Ort sein könnten. Aber auch der Rückgang der Geburtenrate ist ein Grund für die Nachwuchssorgen. Das ist umso dramatischer, weil 95 Prozent aller Feuerwehrleute ehrenamtliche Helfer sind.
Bei der freiwilligen Feuerwehr können alle mitmachen und sich so für ihre Stadt und die Gesellschaft engagieren. Überlegt doch mal, ob ihr nicht ein solches Ehrenamt übernehmen wollt. Die meisten Feuerwehren haben einen Tag der offenen Tür oder eine Sprechstunde, in der man sich vor Ort informieren kann.

5 Der Schluss enthält einen Appell (Aufruf), denn die Lesenden werden angeregt, darüber nachzudenken, sich selbst ehrenamtlich bei der Feuerwehr zu betätigen und sich über dieses Ehrenamt zu informieren.

6 Jugendliche

7 Mögliche Lösungen:
– Die freiwillige Feuerwehr – dein ehrenamtlicher Freund und Helfer
– Die freiwillige Feuerwehr – ein bedrohtes Ehrenamt?

Einen Informationstext verfassen

Seite 6

1 **Mögliche Markierungen:**
Verfasse mit Hilfe der folgenden Materialien (▶ S. 6–7) einen Text, in dem du
- mit Beispielen beschreibst, welche Hilfen und Projekte „Ärzte ohne Grenzen" anbietet und wie sich diese Organisation finanziert,
- erläuterst, inwiefern die Mitarbeit in dieser Organisation als „Ehrenamt" bezeichnet werden kann,
- darstellst, in welcher Form man diese Organisation unterstützen kann.

Seite 8

3 **Markierung der Hilfen und Projekte, Ehrenamt, Unterstützung:**
M1

[...] **Dr. Thaum:** Nun ja, ich engagiere mich seit rund fünf Jahren ehrenamtlich in der Organisation „Ärzte ohne Grenzen". Das bedeutet, dass ich für meine Arbeit als Arzt nur eine kleine Aufwandsentschädigung anstatt eines richtigen Gehalts bekomme. Zudem arbeiten wir in Regionen, in die ein normaler Reisender nicht kommt, und leben monatelang unter sehr einfachen Bedingungen. Was die Mitarbeiter/-innen von „Ärzte ohne Grenzen" motiviert, ist also nicht das Geld, sondern der Wunsch, anderen zu helfen.
Anja: Wie sehen die Hilfen aus, die die Organisation „Ärzte ohne Grenzen" anbietet?
Dr. Thaum: Oh, es gibt eine Vielzahl von Situationen, in denen Menschen Hilfe brauchen. Naturkatastrophen, wie Erdbeben, erfordern z. B. schnelles Handeln. Oft ist die medizinische Versorgung in den Gebieten zusammengebrochen. Hier leisten wir z. B. medizinische Nothilfe und unterstützen die Kranken durch psychologische Betreuung. Eine Katastrophe führt oft zu Traumata. [...]
Dr. Thaum: Genau! Wir arbeiten als Team in ganz unterschiedlichen Bereichen. Naturkatastrophen führen beispielsweise häufig dazu, dass sich die Lebensmittelversorgung verschlechtert. In diesen Fällen organisieren wir Ernährungsprogramme und sorgen für die Verteilung von Nahrung und sauberem Trinkwasser. [...]
Dr. Thaum: Ein weiteres Projekt sind die Impfprogramme, um vor allem Kinder vor tödlichen Krankheiten zu schützen. [...]
Dr. Thaum: „Ärzte ohne Grenzen" bietet kostenlos Impfungen an. Wir klären die Bewohner/-innen über die Krankheiten auf. Durch Massenimpfungen können wir z. B. Epidemien vorbeugen und die Kindersterblichkeit senken. 2014 haben wir mehr als 1,5 Millionen Menschen gegen Masern geimpft. [...]
Dr. Thaum: Eine Besonderheit ist, dass wir zu über 90 Prozent unserer Einnahmen durch Privatspender decken. Dass wir nicht vom Staat finanziert werden, ist uns wichtig. Nur so sind wir neutral und unparteiisch und können allen Menschen, unabhängig von ihren religiösen und politischen Orientierungen oder ihrer ethnischen Herkunft, helfen. Gerade in politischen Konflikten, wie sie in Afghanistan oder Syrien der Fall sind, ist es wichtig, unabhängig zu bleiben und keine Gelder von der Regierung anzunehmen. [...]
Dr. Thaum: Einerseits kann man der Organisation natürlich direkt seine Mitarbeit anbieten, z. B. wenn man Medizin studiert oder eine Ausbildung als Pflegekraft absolviert hat. Auch Hebammen werden weltweit gebraucht. Unterstützen kann man die Organisation natürlich auch durch Spenden, denn das ermöglicht ja erst unsere Arbeit in den Kriegs- und Krisengebieten. Das kann auch im größeren Stil passieren, z. B. mit der Durchführung einer Spendenaktion. Ob Spendenlauf, Fußballturnier oder ein Konzert – es gibt viele Ideen, um Spenden zu sammeln. Und natürlich kann man auch online eine Spendenaktion starten. Wichtig finde ich auch, über unsere Organisation und unsere Anliegen zu informieren, z. B. indem man unsere Posts teilt, in einem Blog, wie ihr das jetzt tut, andere über unsere Arbeit informiert, oder auf einer Website mit einem Werbebanner auf uns aufmerksam macht oder unsere Info-Flyer verteilt.

M3

Die Hilfsorganisation „Ärzte ohne Grenzen" wurde 1971 gegründet und betreibt in mehr als 70 Ländern Hilfsprojekte in Kriegs- und Krisengebieten. Die Projekte reichen von medizinischer Nothilfe über die Bereitstellung von Trinkwasser und Nahrungsmitteln bis hin zur medizinischen Aufklärung der Bevölkerung. Finanziert wird die Vereinigung zu über 90 Prozent durch private Spenden, sodass sie unabhängig von Politik und Wirtschaft ist. Weltweit arbeiten 35.000 Menschen für diese Organisation. Darunter befinden sich Ärztinnen und Ärzte, Krankenpfleger/-innen, Psychologen und Psychologinnen, aber auch Mitarbeiter/-innen, die sich um die Verwaltung und Finanzierung von Projekten kümmern. Für die zahlreichen Einsätze erhielt „Ärzte ohne Grenzen" im Jahr 1999 den Friedensnobelpreis.

4 Die Grafik macht deutlich, wie sich die Organisation finanziert (= Titel der Grafik). Es wird deutlich, dass 95 % der Gelder aus privaten Spenden kommen (= blaue Fläche). Der Rest setzt sich aus 1,3 % öffentlich-institutionellen und 3,7 % sonstigen Geldern zusammen (= grüne und gelbe Fläche).

5 So oder so ähnlich sollte deine Lösung aussehen:

1. Projekte von „Ärzte ohne Grenzen“ und Finanzierung der Organisation
medizinische Nothilfe, psychologische Betreuung → medizinische Hilfsprojekte in Kriegs- und Krisengebieten (Naturkatastrophen, z.B. Erdbeben, politische Konflikte, z. B. Afghanistan, Syrien)
Ernährungsprogramme (Verteilung von Nahrung und Trinkwasser), Impfprogramme (Massenimpfung, z. B. 2014: 1,5 Millionen Masernimpfungen), medizinische Aufklärung
Finanzierung durch 95% private Spenden → neutral, unparteiisch

2. Gründe für Bezeichnung der Arbeit als Ehrenamt
Nur Aufwandsentschädigung (kein Gehalt), keine bequemen Arbeitsbedingungen, Wunsch, anderen zu helfen, als Motivation; durch private Finanzierung wird gewährleistet, dass nur ehrenamtliche Ziele verfolgt werden und niemand wegen seiner Herkunft, Religion o.Ä. diskriminiert wird

3. Möglichkeiten der Unterstützung von „Ärzte ohne Grenzen“
Spenden (als Privatperson), Mitarbeit (als medizinisches Personal oder in der Verwaltung), Spendenaktionen (Spendenlauf, Fußballturnier, Konzerte), andere informieren (online über Posts oder Werbebanner auf der Website, offline über Flyer)

Seite 9

6 **a–d Mögliche Lösung:**

Ehrenamt ohne Grenzen
Unabhängig von Hautfarbe und Religion hilft „Ärzte ohne Grenzen“ Menschen, die in Not sind. Dafür erhielt die Hilfsorganisation 1999 sogar den Friedensnobelpreis. Weil auch diese Organisation von ehrenamtlichen Mitarbeiterinnen und Mitarbeitern unterstützt wird, möchte ich euch über deren Arbeit informieren.

„Ärzte ohne Grenzen“ leistet weltweit in Kriegs- und Krisengebieten medizinische Nothilfe. So hilft die Organisation zum Beispiel bei Naturkatastrophen, wie Erdbeben, indem sie die betroffenen Regionen mit Trinkwasser und Nahrung versorgt. Die Opfer werden nicht nur medizinisch, sondern auch psychologisch betreut, da Krisensituationen oft Traumata bedingen. Ein anderes Projekt sind die Impfprogramme. Hier handelt die Organisation vorbeugend, indem sie Massenimpfungen durchführt und medizinische Aufklärung betreibt. Dadurch konnten zum Beispiel 2014 1,5 Millionen Menschen eine Masernimpfung erhalten. Finanziert wird die Organisation zu 95% durch private Spenden. Wie eine Grafik zeigt, sind nur 1,3% der Gelder aus öffentlich-institutionellen Einrichtungen, sodass „Ärzte ohne Grenzen“ neutral und unparteiisch handeln kann. Das bedeutet, dass die Organisation keinerlei wirtschaftliche oder politische Ziele verfolgt.

Die Arbeit kann man als ehrenamtliche Tätigkeit bezeichnen, denn die Angestellten erhalten nur eine Aufwandsentschädigung. Trotz der unbequemen Bedingungen bekommt das Personal also kein großes Gehalt. Es wird daher hauptsächlich von dem Wunsch motiviert, anderen zu helfen. Bei dieser Hilfe wird jegliche Form von Diskriminierung ausgeschlossen, da die Bedürftigen ohne Profitgedanken behandelt werden.

Um die Organisation zu unterstützen, kann vieles getan werden. Denn nicht nur die privaten Geldspenden und die Mitarbeit in den Krisengebieten helfen der Organisation. Auch Spendenaktionen wie Konzerte und Fußballturniere können viele Menschen unterhaltsam auf „Ärzte ohne Grenzen“ aufmerksam machen. Zudem hilft das Teilen von Informationen im Internet, beispielsweise durch solch einen Blogeintrag, auch online Menschen von der ehrenamtlichen Arbeit zu überzeugen.

Mit Hilfe der Spendengelder setzt „Ärzte ohne Grenzen“ weltweit Projekte um, die Menschen in Not unterstützen. Sie helfen so in Krisengebieten und leisten medizinische Versorgung und organisieren Impf- und Ernährungsprogramme. Auch wir können diesen ehrenamtlichen Zweck unterstützen, indem wir zum Beispiel eine Spendenaktion in der Schule starten. Um auch eure Freunde online über „Ärzte ohne Grenzen“ aufmerksam zu machen, könnt ihr ihnen auch diesen Artikel weiterleiten.

Die Überschrift ist ein Wortspiel.

Die **Einleitung**
- führt ins Thema ein.

Der **Hauptteil**
- beschreibt Hilfen und Projekte sowie die Finanzierung (1. Absatz),
- erläutert das ehrenamtliche Arbeiten (2. Absatz),
- stellt Unterstützungsmöglichkeiten dar (3. Absatz),
- ist sachlich formuliert,
- erklärt (Fach-)Begriffe,
- nutzt sinnvolle Satzverknüpfungen und Überleitungen.

Der **Schluss**
- fasst die Informationen treffend zusammen,
- stellt eigene Unterstützungsmöglichkeiten vor.

Argumentieren

Eine Argumentation untersuchen

Seite 11

2 a Die Schüler/-innen der Klasse 8a sollen bei der digitalen Diät mitmachen.

b Argumente, Beispiele

[...] Ein Grund für die bewusste Reduktion der eigenen Smartphonezeit ist, dass die ständige Erreichbarkeit durch das Handy zu Stress führt. So erwarten heute zum Beispiel viele, dass wir sofort auf eine Nachricht oder einen Post reagieren und andere Tätigkeiten dafür unterbrechen. [...]
Außerdem ist eine digitale Diät für das soziale Miteinander wünschenswert, denn das Handy erschwert oft ein intensiveres Gespräch. Man ist beispielsweise durch das Smartphone abgelenkt und hört einander nicht genau zu. Untersuchungen ergaben, dass ca. 70 Prozent aller jungen Erwachsenen mehr als fünfmal stündlich auf das Handy schauen.

3 Z. 20–23: „Viele Handynutzer wenden ein, [...] könnte man es demnach trotzdem nutzen."

4 So oder so ähnlich sollte deine Lösung lauten:
Der Text richtet sich an Marijas Mitschüler/-innen. Das wird durch den Schluss deutlich, in dem sie ihre Mitschüler/-innen direkt anspricht.

5 Sie führt ein Beispiel von Handykonsum im Alltag an, nennt dann das Anliegen ihres Blogs und erklärt, was eine digitale Diät ist.

6 Zum Schluss formuliert Marija einen Appell (Aufruf), bei der digitalen Diät mitzumachen.

+ **7** So oder so ähnlich sollte deine Lösung lauten:
Die Autorin verwendet die Überschrift „Ab in den Urlaub mit Digital Detox!", um zu verdeutlichen, dass eine Auszeit vom Smartphone Entspannung und Erholung bedeuten kann.

Materialgestützt argumentieren

Seite 12

1 b Ich soll dafür argumentieren, dass der Förderverein **Geld für die Serien-AG freigibt.**

Seite 14

3 So oder so ähnlich sollte deine Lösung lauten:
Die Grafik zeigt, dass fast **48** Prozent aller Jugendlichen täglich oder sogar mehrmals täglich Serien schauen. Das zeigt, dass diese für Schüler/-innen **sehr wichtig sind.**
Daher sollten Serien auch in der Schule **thematisiert** werden, **damit die Schüler/-innen dann ihr Wissen auch im Alltag anwenden können.**

4 **a + b** So oder so ähnlich sollte deine Lösung lauten:
Stoffsammlung: Gründe, die für eine finanzielle Unterstützung der Fernsehserien-AG sprechen

	Argumente	Beispiele zu den Argumenten
1	– Serien spielen große Rolle im Alltag der Jugendlichen (M2)	– Umfrage zeigt, dass 48 Prozent Serien täglich/mehrmals täglich konsumieren (M3)
3	– Schüler/-innen lernen, mit digitalen Medien umzugehen (M2)	– Schnittprogramme (Musik- und Filmschnitt), Kameraführung (M2)
	– Serien sind genauso kunstvoll und vielseitig wie Literatur (M1, M2)	– „How I Met Your Mother", „The Big Bang Theory", „Druck", „Simpsons" (M1)
	– Publikum (Schüler/-innen) beeinflusst die Produktion von Serien (M1)	– Einschaltquoten und öffentliche Diskussionen entscheiden über Fortsetzung von Serien (M1)
2	– Serien sind analysierbar, ähnlich wie ein Text (M1, M2)	– Serien haben wie Romane Figuren und Genres (M1) – Handlung und Gestaltung (Kameraführung, Hauptfiguren) sind analysierbar (M2)

5 Einige sind der Meinung, **dass die Schüler/-innen schon in ihrer Freizeit zu viele Serien schauen**. Dagegen möchte ich einwenden, dass **genau das ein guter Grund ist, die Jugendlichen in der Schule auszubilden, über das Thema Serien kritisch nachzudenken.**

Seite 15

6 **a–c** Mögliche Argumentation:

Was machen die meisten Schüler/-innen täglich? Sie schauen die neueste Serie, am besten gleich in einem Binge-Watching. Serien prägen unseren Alltag. Aber wie funktionieren sie überhaupt? Mit Hilfe unserer Serien-AG lernen Schüler/-innen, Fernsehserien in einem neuen Licht wahrzunehmen, anstatt sie passiv zu konsumieren. **Darum möchte ich die Mitglieder des Fördervereins bitten, unsere AG finanziell zu unterstützen!**	Die **Einleitung** macht die Leser/-innen durch ein Alltagsbeispiel / eine Frage neugierig und benennt das **Anliegen des Textes (des Blogbeitrags).**
Ein zentrales Argument für die Unterstützung der Serien-AG ist, dass Serien eine große Rolle im Alltag von uns Jugendlichen spielen. Eine Umfrage bestätigt, dass 48 % der Jugendlichen täglich oder mehrmals täglich Serien schauen. Außerdem ist die Serien-AG bedeutsam für uns, weil wir dort Serien ähnlich wie Texte analysieren. So lernen wir in einer Stunde beispielsweise das Verhalten einer Hauptfigur kennen oder sprechen über die Kameraführung. Zudem ist eine Unterstützung unserer AG notwendig, da wir dort trainieren, mit digitalen Medien umzugehen. Wie der AG-Leiter Herr Tautz erklärt, nutzen wir zum Beispiel Schnittprogramme für Musik- und Filmbearbeitung am Computer.	Der **Hauptteil** nennt Argumente und Beispiele für die Position (das Anliegen).
Einige sind der Meinung, dass die Schüler/-innen schon in ihrer Freizeit zu viele Serien schauen. Dagegen möchte ich einwenden, dass genau das ein guter Grund ist, die Jugendlichen in der Schule auszubilden, über Serien nachzudenken.	**Ein Gegenargument wird genannt und entkräftet.**
Um auch zukünftig in der Fernsehserien-AG etwas über Serien lernen zu können, brauchen wir neue Monitore und einen Beamer. **Daher möchte ich Sie bitten, unsere AG finanziell zu unterstützen.**	Der **Schluss** formuliert einen Aufruf/Wunsch und **spricht** die Adressaten **direkt an.**

7 So oder so ähnlich sollte deine Lösung lauten:
Ich habe A gewählt, weil hier der Appell knapp und höflich formuliert ist.

+ 8 Individuelle Lösungen

Beschreiben und erklären

Eine Ortsbeschreibung untersuchen

Seite 17

2 a Einleitung: Z. 1–4; Hauptteil: Z. 5–27; Schluss: Z. 28
b Zuerst werden die wichtigsten Raumelemente genannt, dann werden die einzelnen Einrichtungsgegenstände von hinten nach vorne beschrieben.

3 a + b

Raumelement, Einrichtungsgegenstand	Funktion
– keine Fenster	– kein Lärm von außen
– Breitband-Absorber	– störenden Schall während der Musikaufnahme abfangen
– Lautsprecherboxen	– bearbeitete Musik wiedergeben
– Mischpult	– Bearbeitung der aufgenommenen Musik
– Bürostuhl	– Sitzplatz des Tontechnikers / der Tontechnikerin während der Aufnahme
– Mikrofon	– Gesang der Musikerin / des Musikers aufnehmen
– Kopfhörer	– um den Playback-Sound zu hören, zu dem der/die Sänger/-in singt

c Richtig sind folgende Antworten:
- Mit Fachbegriffen kann man Gegenstände genau bezeichnen.
- Durch die Verwendung von Fachbegriffen wirkt eine Beschreibung professionell.

4 Zum Beispiel:
an (Z. 9, 27), auf (Z. 16, 18, 21, 24, 26), vor (Z. 18, 21), quer (Z. 18), in der Mitte (Z. 20), unterhalb (Z. 20), mittig vor (Z. 21), rechts neben (Z. 22), links im Vordergrund (Z. 25), an der rechten Wand (Z. 26), an der gegenüberliegenden linken Wand (Z. 27)

5 Zum Beispiel:
großes (Z. 2), weißen (Z. 10), viereckige (Z. 13 f.), schwarze/schwarzer (Z. 16, 17, 23, 26, 27), störenden (Z. 15), hellen (Z. 16), langer (Z. 18), modernes (Z. 18 f.), verschiedene (Z. 19), großer (Z. 20), bequemer (Z. 21), rechten (Z. 26), technischen (Z. 28), funktional (Z. 28)

+ **6** An allen Wänden sowie an der Decke befinden sich sogenannte Breitband-Absorber, die **wie** viereckige, schwarze Platten aussehen (Z. 11–14).

Einen Ort (Arbeitsplatz) beschreiben

Seite 18

1 b A – 2, B – 5, C – 3, D – 1, E – 4

2 a

Auf dem Foto **sieht man** eine Schreinerei, in der Schreiner/-innen z. B. Wohnmöbel, Fenster und Türen aus Holz **herstellen/anfertigen**. Die Wände der Schreinerei sind weiß **gestrichen** und an der hinteren Wand **befindet sich** ein großes weißes Holzfenster, das genügend Licht in den Raum **hineinlässt**.

Seite 19

b Zum Beispiel:
An der linken Wand der Schreinerei befindet sich ein Regal mit mehreren Einlegeböden. Hierin kann neben Holzwerkzeug auch weiteres Material wie Nägel oder Schrauben abgelegt werden. Im unteren Teil des Regals befindet sich eine Holzlasur, die zur Versiegelung von Naturhölzern benötigt wird. Rechts neben dem Regal steht eine Werkbank aus hellem Holz. Auf dieser liegen ein Akkubohrer, eine Schleifmaschine zum Glätten von rauen Oberflächen und ein Holzregal, das gerade angefertigt wird. Über der Werkbank bietet ein weiteres Regalbrett die Möglichkeit, Werkzeug abzulegen. Eine Steckdose, die in der hinteren linken Ecke angebracht ist, sorgt für die nötige Stromversorgung. Im hinteren Teil der Schreinerei liegen vor dem großen Fenster aufeinandergestapelt Holzplatten, die zur Herstellung von Möbeln benötigt werden.

c Zum Beispiel:
Die Schreinerei ist funktional eingerichtet und ermöglicht dadurch einen reibungslosen Arbeitsablauf.

Einen Vorgang (Arbeitslauf) beschreiben

Seite 20

1 **b** Zum Beispiel:
- Holzkanten der Bretter mit Schleifpapier glätten
- Holzteile mit Holzlasur lasieren
- Stuhlteile zusammenstecken

Seite 21

2 Zum Beispiel:
- Vor dem Sägen setzt man eine Schutzbrille auf, damit die Augen vor den Holzsplittern geschützt sind.
- Mit dem Akkubohrer wird im Lehnenbrett ein Loch vorgebohrt, um das Stichsägeblatt richtig ansetzen zu können.
- Danach benutzt man Schleifpapier, damit die Holzkanten geglättet und Holzsplitter vermieden werden.
- Dann wird auf die Bretter eine Holzlasur aufgetragen. Diese wird gebraucht, um den Stuhl vor der Witterung zu schützen.

3 **a + b + c**
Um einen Steckstuhl aus Holz zu bauen, benötigt man Papier, einen Bleistift, ein Lineal, Holzbretter, einen Zollstock, eine Schutzbrille, eine Stichsäge, einen Akkubohrer, etwas Schleifpapier, Holzlasur und einen Pinsel.
Zuerst erstellt man einen Bauplan, indem man die beiden Stuhlteile mit einem Bleistift auf einem Blatt Papier skizziert. Danach überträgt man die Maße von Sitz- und Lehnenbrett mit Hilfe eines Zollstocks auf die beiden Holzbretter. Vor dem Sägen setzt man eine Schutzbrille auf, damit die Augen vor den Holzsplittern geschützt sind. Jetzt werden die Holzteile mit der Stichsäge ausgesägt. Mit dem Akkubohrer wird nun im Lehnenbrett ein Loch vorgebohrt, um das Stichsägeblatt richtig ansetzen zu können. Anschließend kann man das Loch im Lehnstuhl mit Hilfe der Stichsäge aussägen. Danach benutzt man Schleifpapier, damit die Holzkanten geglättet und Holzsplitter vermieden werden. Dann wird auf die Bretter eine Holzlasur aufgetragen. Diese wird gebraucht, um den Stuhl vor der Witterung zu schützen. Wenn die Holzlasur getrocknet ist, können die Stuhlteile zusammengesteckt werden.
Wenn man möchte, kann man den Stuhl bemalen oder mit einem Lötkolben Muster ins Holz brennen.

+ **4** Zum Beispiel:

Mit wenigen Handgriffen zum eigenen Steck-Stuhl
Du hast Lust, handwerklich tätig zu werden und am Ende ein selbst gemachtes Möbelstück zu besitzen? Dann ist der Bau eines Steck-Stuhls genau das Richtige für dich. Das Beste daran: Verziere ihn am Ende nach deinen eigenen Vorstellungen und mache ihn dadurch einzigartig.
Du benötigst hierfür ...

Schildern

Einen schildernden Text untersuchen

Seite 23

2 Richtig sind die Antworten A, D und F.

3 a Mögliche Lösung:
Dalila ist von den Verwüstungen einerseits entsetzt, weil sie nun bei Tageslicht das ganze Ausmaß der Zerstörung erkennt. Andererseits ist sie erleichtert, dass ihr und ihren Freundinnen nichts zugestoßen ist. Außerdem geht ihr durch den Kopf, dass sie besser in Buenos Aires geblieben wäre. Ihr wird bewusst, dass in der Natur Gefahren lauern, die sie aus der Stadt nicht kennt. Zuletzt möchte sie ihre Furcht vor den anderen verbergen, um ihnen Mut zu machen.

b Mögliche Lösung:
sehen: Krone eines entwurzelten Baumes, wabernde Nebelschwaden, verstreute Badesachen vom Vortag, zerbrochenes Geschirr
hören: Lucias Schluchzen

c Mögliche Lösung:
ausdrucksstarke Verben, Adjektive/Partizipien: gewaltigen, entwurzelt, geschleudert, leise, schluchzen, erschlagen, flüsterte, zerquetscht, zitterte, lauerten, waberten, zerbrochen, heil geblieben, eiskalter, riss
sprachliche Bilder: einen Katzensprung entfernt, wie Würmer in unserem Zelt zerquetscht, den dicken Kloß in meinem Hals herunterzuschlucken.
Aufzählungen: Töpfe, Tassen, Teller
Wiederholung: „Keine Frage, der Baum hätte uns erschlagen, er hätte uns einfach wie Würmer in unserem Zelt zerquetscht.“ / „Aber Naturgewalten? Nein, Naturgewalten gehörten bisher nicht dazu.“

Einen Romanauszug schildernd weiterschreiben

Seite 24

1 a Mögliche Lösung:
hören: matschiger Boden, wilde Tiere, Flattern eines Vogels, Tiergebrüll, Rascheln im Dickicht
sehen: Pflanzen und Bäume, Wasserpfützen, fallende Wassertropfen, Tiere
riechen: feuchte Erde, Geruch nach frischem Grün, Früchte und Blüten
spüren: matschiger Boden unter den Füßen, feuchte Luft, leichter Wind

b Mögliche Lösung:
Dalila hat sich verlaufen und ist orientierungslos. Je länger sie im Wald allein ist, desto größer wird ihre Verzweiflung werden. Ihre Angst steigert sich möglicherweise zur Panik.

Seite 25

2 Mögliche sprachliche Bilder (auch eigene):
Dornen, scharf wie Messer; Dickicht, so undurchdringlich wie eine Mauer; kriechende Schatten; peitschende Schlingpflanzen; das Dickicht verschluckte mich; Baumriesen; der Weg schlängelte sich, der Schrei eines Pumas zerreißt die Stille

3 Die folgende schildernde Fortsetzung des Romanauszugs ist eine Musterlösung:

Ich wollte mich nicht unabsichtlich noch weiter vom Lager entfernen. Mein Instinkt sagte mir zwar: „Renn weg! Renn so schnell du kannst!", aber ich zwang mich, stehen zu bleiben. Irgendwann würde Lucia mein Fehlen bemerken und mich suchen. Währenddessen wurde es **dunkler** und die Schatten krochen immer größer über den Urwaldboden. Schaute ich nach oben, begann ich zu taumeln und alles um mich herum drehte sich. Ich hatte die Orientierung verloren: Nichts als Dickicht! Nichts als Bäume, Bäume, Bäume! Der **Schrei einer Raubkatze**, eines Pumas vielleicht, ließ mir das Blut in den Adern gefrieren. Ich schlich einen Schritt zurück, duckte mich und **hörte ein bedrohliches Rascheln**, das näher zu kommen schien und doch im letzten Moment die Richtung wechselte. Dann setzte ein sachter Regen ein, verwandelte sich sekundenschnell in einen Starkregen und peitschte mir schräg von vorne ins Gesicht. Ich kauerte mich an den mächtigen Stamm eines uralten Baumes, der mir etwas Schutz vor Regen und Wind bot. Ich weiß nicht, wie lange ich dort ausharrte und über alles Mögliche nachdachte, über Pablo, über mein Leben und über das mögliche Ende dieses Lebens in einem argentinischen Urwald, in dem ich als Stadtkind überhaupt nichts verloren hatte. Irgendwie tröstete mich dieser Gedanke sogar. Ich gehörte ja gar nicht hierher! Ich dachte an dieses kleine Café mit den bunten Tischdecken und der freundlichen Kellnerin und ...
Da **hörte ich Stimmen, menschliche Stimmen**. Lucia. Ich rappelte mich auf und schrie aus Leibeskräften: „Hierher! Hier bin ich!"
Sie hatten mich tatsächlich gefunden.

- Gedanken und Gefühle
- Anschaulichkeit mit Hilfe von sprachlichen Mitteln, z. B. Verben, Aufzählungen, sprachlichen Bildern
- **Sinneswahrnehmungen**

4 Individuelle Lösungen

+ **5** Mögliche Lösung:
Mein Kopf war voller Fragen: Wo steckte Dalila nur? Sie sollte doch längst zurück sein. War ihr etwas zugestoßen? Sie wollte doch nur ganz in der Nähe unseres Lagers ein paar Beeren pflücken. Bei Einbruch der Dämmerung beschloss ich schließlich, sie gemeinsam mit Petra zu suchen. Kaum hatten wir die Lichtung verlassen, wurde es schlagartig finster. Der Wald war wie eines dieser schwarzen Löcher im Weltall, die alles verschlucken, das sich ihnen nähert. Die Lichtkegel unsere Taschenlampen tasteten zitternd über den Boden. Es war fast lächerlich. Wir beleuchteten zwei oder drei Meter in einem riesigen Meer aus Nacht. Wie um Himmels willen sollten wir Dalila so finden? Ich versuchte, alle Zweifel zu verdrängen und zuversichtlich zu sein. Wir würden Dalia finden! Und wir mussten sie auch finden, denn dieser Wald schien lebendig und gefährlich zu sein. Es knackte, raschelte, fauchte. Wäre es nicht um meine Schwester gegangen, ich glaube, ich wäre so schnell wie möglich zum Zelt zurückgerannt.

Kurzgeschichte

Eine Kurzgeschichte verstehen

Seite 27

1 Möglicher Leseeindruck:
Die Geschichte ist spannend, weil sich die Beziehung zwischen Senter und dem Hund überraschend entwickelt.

2 **Wer?** Der Matrose Senter und der Schiffshund sind die wichtigsten Figuren.
Was? Ein Schiff ist untergegangen und zwei Überlebende treiben sechs Tage lang auf dem Meer.

Seite 28

3 a Mögliche Markierungen zur **äußeren Handlung:**

Z. 1–17: Schoner ging unter – Senter – zog ihn in die Tiefe – Planke – Er schwamm darauf zu und ergriff sie – noch etwas auftauchte – Hund – Planke – Es mühte sich ab, sie zu erreichen, und legte die Vorderpfoten darauf – Er zog verzweifelt an seinem Ende – Pfoten – rutschten ab er versank – Hund kam wieder hoch – schwamm – zur Planke zurück und legte seine Pfoten darauf. Wieder zog Senter – wieder versank der Hund – ein Dutzend Mal

Z. 18–43: Hunderte von Meilen vom Land – Blick auf die geduldigen Augen des Hundes – ohne Anstrengung – Er tat ganz einfach, was im Augenblick getan werden musste – halben Stunde – Hosen – Schlinge um die Planke – zweiten Tages – Pfoten des Hundes – von der Planke abzurutschen – Hemd – band die Pfoten des Tieres fest

Z. 44–58: vierten Abend – Frachter – Senter schrie – Hund bellte – auf dem Dampfer bemerkte man sie nicht – immer suchten seine Augen die Augen des Hundes – Arzt des Zerstörers – entdeckt – auffischen lassen, schenkte – Fieberfantasien – keinen Glauben – sechs Tage lang – jungen Seemann, der den Hund in den Armen hielt – erst beruhigen können, als auch der Hund gerettet war. Jetzt schliefen beide friedlich.

Mögliche Markierungen für die **innere Handlung:**

Z. 1–17: Senter mochte den Hund nicht – Senter überkam die furchtbare Angst, sie könnte untergehen – Entsetzen und Verzweiflung erkannte, dass der Hund es länger aushalten konnte als er

Z. 18–43: Schrecken seiner Lage überwältigte ihn – kaum hoffen, aufgefischt zu werden. Mit Verzweiflung sah er, was ihm bevorstand ... Dann würde sich sein Griff vor Erschöpfung lösen, und er würde versinken – Wut erfüllte ihn, weil der Hund offenbar nicht begriff, dass sie beide sterben mussten – Senter bereits ein Dutzend Mal gestorben – Plötzlich war es Senter klar: Wenn er selbst zum letzten Mal ins Wasser rutschte, würde der Hund noch immer oben liegen – böse – er triumphierte, denn er wusste: So konnte er es länger aushalten – Entsetzen – Schnell sah er den Hund an und versuchte, so wenig an die Zukunft zu denken wie das Tier – Jetzt wusste Senter, dass der Hund ertrinken musste – Aber er wusste auch, dass er ihn nicht entbehren konnte. Ohne diese Augen, in die er blicken konnte, würde er an die Zukunft denken und den Verstand verlieren – wusste er nicht mehr, was geschah, ob er lebendig war oder tot – Verzweiflung und Enttäuschung

b Mögliche Ergänzung:

Zuerst sieht Senter in dem Hund einen Konkurrenten um den Platz auf der lebensrettenden Planke. Nach und nach jedoch wird ihm bewusst, dass er nur durch die Anwesenheit des Hundes überleben kann.

4 a Richtig sind A, B und D.

b Der Hund könnte als Retter gemeint sein. Denn er rettet das Leben Senters, der Hauptfigur in der Geschichte.

5 Richtig ist C. Mögliche Begründung: Das Thema ist das Überleben in der Not durch Zusammenhalten. Denn Senter und der Hund überleben nur, weil sie sich gegenseitig helfen.

6 b Mögliche Lösung:

Die Augen des Hundes und sein geduldiger Blick trösten Senter und halten ihn am Leben. Für Senter ist es besonders wichtig, dass die Augen des Hundes nicht in die Zukunft blicken, sondern auf das Hier und Jetzt gerichtet sind. Dementsprechend drückt der Blick des Hundes auch keine Todesangst aus, was Senter dabei hilft, seine eigene Todesangst zu bekämpfen.

7 Die Geschichte hat einen **geringen** Umfang. Sie stellt eine **entscheidende Situation** aus dem Leben eines Menschen dar. Die Handlung beginnt **unmittelbar** und läuft dann **zielstrebig auf einen Höhe- oder Wendepunkt** zu. Der Schluss lässt **Fragen offen.** Die sprachliche Gestaltung der Geschichte ist eher **einfach**.

+ **8** Mögliche Antwort:

Senter brauchte den Blick des Tieres, um nicht vor Angst verrückt zu werden und um Ruhe zu bewahren. Er musste das Leben des Hundes retten, um selbst gerettet werden zu können.

Die Kurzgeschichte zusammenfassen

Seite 29

1 Möglicher Einleitungssatz:
In der Kurzgeschichte „Der Retter" von William M. Harg geht es darum, dass man in der Not überleben kann, wenn man zusammenhält.

2 **a + b** Handlungsschritte mit möglichen Stichworten:
- 1 (Z.1–8): Schiffsuntergang: Senter und Hund = einzige Überlebende
- 2 (Z.9–17): Senter und Hund mögen sich nicht, kämpfen um Platz auf lebenswichtiger Planke
- 3 (Z.18–23): ausweglose Lage: Senters Entsetzen
- 4 (Z.24–30): Unterschied Senter und Hund: Hund unwissend, entspannt, unaufgeregt – Senter stirbt angesichts der Gefahr innerlich mehrfach
- 5 (Z.31–37): Senters Wut auf den Hund; Festbinden an der Planke – Triumph über den Hund weicht dem erneuten Entsetzen; Blick auf den Hund beruhigt
- 6 (Z.38–44): 2. Tag: Hund droht zu ertrinken: Senter erkennt, dass er dessen Blick braucht, um nicht verrückt zu werden; bindet ihn auch fest
- 7 (Z.45–49): 4. Tag: Frachter fährt vorbei; hilfloses Rufen; Senter reagiert wie der Hund, sucht seinen Blick; beide sehr schwach
- 8 (Z.50–58): 6. Tag: Rettung durch Arzt eines Schiffes; Senter erzählt im Fieber; erst beruhigt, als Hund auch gerettet ist

Seite 30

3 Mögliche Verknüpfung der Sätze:
A **Schließlich** gibt Senter den Kampf um die Planke auf, **denn** er erkennt, dass der Hund nicht nachlassen wird.
B **Weil** der Hund nichts von seiner Zukunft weiß, ist er entspannt, **während** Senter vor Angst mehrere Tode stirbt.

4 **a** Mögliche Umschreibung:
Senter verliert schließlich beinahe das Bewusstsein und das Gefühl dafür, ob er überhaupt noch lebt.
b Der Arzt fragt einen Offizier, ob er verstehen <u>könne</u>, warum ein junger Bursche, der den gewissen Tod vor Augen <u>sehe</u>, sich solche Mühe <u>gebe</u>, das Leben eines Hundes zu retten?

5 Der folgende Hauptteil der Inhaltsangabe ist eine Musterlösung:

Der Seemann Senter *überlebt* als Einziger einen Schiffsuntergang. **Zuerst** *wird* er mit dem Takelwerk des Schiffes in die Tiefe gezogen, *lässt* es **dann aber** los und *kann* sich mit einer Planke über Wasser halten. **Plötzlich** *taucht* ein zweiter Überlebender, der Schiffshund, auf, den Senter nicht ausstehen *kann*. Er *schwimmt* auf die rettende Planke zu und *legt* seine Vorderpfoten auf das andere Ende, **wodurch** die Planke tiefer *sinkt*. Senter *bekommt* Angst, dass sie untergehen könnte. Ein Kampf um den Platz auf der lebenswichtigen Planke *beginnt*. Senter *stößt* den Hund mehrfach hinunter. Dieser *versinkt* jedes Mal, taucht **aber** wieder auf und *legt* seine Pfoten erneut auf die Planke. Senter *sieht* sich um und *ist* entsetzt über seine schreckliche, ausweglose Lage. Er *ahnt*, dass er nicht lange durchhalten *kann*. **Schließlich** *gibt* Senter den Kampf um die Planke erschöpft auf, **denn** er *erkennt*, dass der Hund nicht nachlassen *wird*. **Weil** der Hund nichts von seiner Zukunft *weiß*, *ist* er entspannt, **während** Senter vor Angst mehrere Tode *stirbt*.
In seiner Wut auf den Hund *kommt* Senter auf eine Idee. Er *bindet* aus seiner Hose eine Schlinge um die Planke, die ihn an ihr festhält. <u>Er *ist* siegesgewiss, **als** ihm klar wird, dass er die Situation nun länger aushalten *kann*.</u> **Aber** sein Triumph über den Hund *weicht* beim Blick auf die weite See schnell einem erneuten Entsetzen. **Erst**

Der **Hauptteil**
- beschränkt sich auf die wesentlichen Handlungsschritte und verzichtet auf unwesentliche Einzelheiten,
- ist sachlich und nüchtern mit eigenen Worten geschrieben,
- verdeutlicht Zusammenhänge durch passende **Satzanfänge** und **Satzverknüpfungen**,
- ist im *Präsens* verfasst, bei Vorzeitigkeit im Perfekt,

sein Blick auf den Hund *beruhigt* ihn. **Nun** *versucht* er, so wenig an die Zukunft zu denken wie das Tier.
Am zweiten Tag *rutscht* der Hund vor Erschöpfung immer wieder ab und *schwimmt* mühevoll zur Planke zurück. **Da** *erkennt* Senter, dass er den Blick des Tieres *braucht*, **um** nicht verrückt zu werden und mit der lebensbedrohlichen Situation zurechtzukommen. **Also** *bindet* er mit seinem Hemd dessen Pfoten an der Planke fest.
Am vierten Tag *fährt* ein Frachter vorbei, der sie **aber** nicht *bemerkt*. Senter *schreit* voller Verzweiflung und der Hund *bellt* schwach. **Erst als** er *merkt*, dass der Hund nicht mehr *bellt*, *gibt* auch er auf. Ihm *ist* **schließlich** nicht mehr klar, was vor sich geht. Er *weiß* nicht mehr, ob er noch *lebt* oder schon gestorben *ist*.
Aber die Augen des Hundes *halten* ihn am Leben.
Erst am sechsten Tag *werden* die beiden durch den Arzt eines vorbeikommenden Schiffes entdeckt und gerettet. **Dabei** *ist* Senter **erst** *beruhigt*, **als** auch der Hund gerettet *wird*. Senter *erzählt* die Geschichte der beiden im Fieber, die der Arzt **aber** für unmöglich *hält*. **Während** Senter und der Hund unter einer wärmenden Decke *schlafen*, *fragt* der Arzt einen Offizier, ob er verstehen könne, warum sich ein junger Mann angesichts des Todes Mühe gebe, einem Hund das Leben zu retten.

- umschreibt besonders wichtige Gedanken Senters und gibt die wörtliche Rede des Arztes in indirekter Rede wieder.

Den Text deuten: Eine weiterführende Aufgabe bearbeiten

Seite 31

1 Mögliche Ergänzung der Lücken bei Aufgabe A:
Zu Beginn sieht Senter in dem Hund nur einen Konkurrenten um den rettenden Platz auf der Planke / im Kampf um den rettenden Platz auf der Planke.
Senter betrachtet seine Lage auf dem riesigen, offenen Meer als ausweglos (vgl. Z. 19–23.). Doch in den „geduldigen" (Z. 24) Augen des Hundes findet er schließlich Ruhe und Trost. Denn er versteht, dass er von dem Tier lernen kann, entspannt zu bleiben und nicht an die Zukunft zu denken (Z. 26–30).
Als der Hund ermüdet, rettet Senter ihn, weil er ohne den Blick des Hundes den Verstand verlieren und sterben würde (vgl. Z. 40–43).
Am Ende sind die beiden wie enge Freunde. Sie überleben nur, weil die Augen des Hundes Senter am Leben halten und Senter den Hund auf der Planke hält. Die Beziehung der beiden nimmt also eine Wendung, wenn in wenigen Tagen aus Feinden Freunde werden, die sich gegenseitig das Leben retten.

Mögliche Ergänzung der Lücken bei Aufgabe B:
Der Anfang verzichtet auf langwierige Einführungen und steigt unmittelbar in die Handlung ein: „Der Schoner ‚Christoph' ging so sanft unter, dass Senter, der einzige Mann am Ausguck, nichts empfand als Staunen über das Meer, das zu ihm emporstieg" (Z. 1–2). Außerdem stellt die Geschichte eine entscheidende Situation im Leben Senters dar. Denn er kämpft um sein Überleben („ein Mensch, dessen Welt plötzlich versunken ist", Z. 5). Auffällig ist in diesem Zusammenhang auch das Leitmotiv der Augen, die wiederholt im Text auftauchen (Z. 24, 41, 49) und für das Überleben Senters von großer Bedeutung sind. Da auch das Ende der Kurzgeschichte offen ist und zum Nachdenken anregt, lässt sich zusammenfassend sagen, dass der vorliegende Text viele Merkmale einer Kurzgeschichte hat.

+2 Mögliche Leseempfehlung:
Ich empfehle, die Kurzgeschichte „Der Retter" zu lesen, weil sie in sehr spannender Weise vom Überleben in einer außergewöhnlichen Notsituation erzählt. Ein schiffbrüchiger Matrose und der Schiffshund überleben auf dem offenen Meer nur, weil sie zusammenhalten und sich gegenseitig helfen. Aus Feinden im Kampf ums Überleben werden somit Freunde, die am Ende nichts mehr auseinanderbringen kann. Aus der Geschichte kann man lernen, dass Eigennutz einen nicht weiterbringt. Sie zeigt, dass man Notsituationen bewältigen kann, indem man sich gegenseitig beisteht.

Ein Gedicht untersuchen und vortragen

Seite 32

1 Mögliche Gedanken zum Begriff „Luftveränderung":
Erholung bei gesundheitlichen Problemen – mal was anderes sehen – raus aus dem Gewohnten – Urlaub machen

3 Die Leseeindrücke können individuell unterschiedlich sein, z. B.:
Tucholskys Gedicht liest sich wie die bestärkende Reaktion eines älteren Menschen auf die Aussage eines jüngeren, dass er eine Luftveränderung brauche, im Sinne von: „Ich muss hier mal raus!" Die positive Wirkung der „Luftveränderung" wird allerdings in der letzten Strophe kritisch hinterfragt.

Seite 33

4 **a** Richtig sind die Aussagen **A**, **D** und **F**.
b So könnte deine strukturierte Zusammenfassung aussehen:

1. Strophe	2.–4. Strophe	5. Strophe
Aufforderung, die Welt zu erkunden	zahlreiche Aufforderungen und Ratschläge, wohin zu reisen und was zu tun sei	bringt unerwartete Wende und Einsicht: Wohin man auch fährt, man nimmt sich selbst immer mit.

c Mögliche Lösung:
In der ersten Strophe wird nachdrücklich zum Aufbruch aufgefordert. In den folgenden Strophen wird dies breit ausgeführt in immer wieder neuen Vorschlägen. Deswegen erscheint die letzte Strophe als Wendepunkt. Hier gipfelt das Gedicht im letzten Wort in einer kontrastreichen Pointe. Diese verweist darauf, dass man sich selbst immer mitnimmt, egal, wohin man fährt.

Seite 34

5 **a** Siehe Lösung zu Seite 35, Aufgabe 8 a.
b Die Imperative in diesem Gedicht haben die Bedeutung von Aufforderungen oder Ratschlägen bzw. Empfehlungen. Das Kreuz bzw. die Kreuze sollte(n) also im hinteren Bereich der Achse angesiedelt sein.
c Darstellung der Sprechsituation:

Vorstellung vom Sprecher:	→	**Vorstellung vom Adressaten:**
schon etwas älter, ein väterlicher oder eine mütterliche Ratgeber/in, der oder die schon mehr Lebenserfahrung hat Textbelege: indirekt durch die Anreden in V. 2 und 11	Art der Ansprache und der Beziehung: viele Imperative im Sinne von Aufforderungen und Ratschlägen	jüngere, weniger erfahrene männliche Person Textbelege: „Junge" (V. 2); „mein Sohn" (V. 11)

d So könntest du die Beziehung charakterisieren:
Durch die Anreden „Junge" und „mein Sohn" entsteht der Eindruck, dass der lyrische Sprecher es gut mit dem Adressaten meint, auch wenn die Lebensweisheit der letzten Strophe vielleicht zu einer Desillusionierung bei der angesprochenen Person führt.

6 **a** Die Wirkung des Gedichts kann auf unterschiedliche Weise beschrieben werden. Passende Adjektive sind z. B. „humorvoll", „drängend", „belehrend". Aber auch andere Adjektive können gewählt werden.

Seite 35

7 **a + b** Reimform und Metrum in der Übersicht (siehe auch Aufgabe 8 a):

	1.–4. Strophe	5. Strophe
Reimform	Kreuzreim	Kreuzreim, wobei Vers 4 nur aus dem Reimwort besteht
Metrum	Vers 1 + 3: 4-hebiger Trochäus Vers 2 + 4: 3-hebiger Trochäus	Vers 1 + 3: 4-hebiger Trochäus Vers 2: 3-hebiger Trochäus Vers 4: betontes, einsilbiges Wort

c Zutreffend sind die Aussagen A – C; D ist nicht zutreffend.
Belege zu den Aussagen A–C:
A: Wiederholungen geben den Aussagen besonderen Nachdruck: In V. 1–2 unterstreicht der dreifache Imperativ „Fahre" die Aufforderung, zu neuen Ufern aufzubrechen. In Strophe 2 hebt das vierfache „fremd/e/n" die Intention hervor, die gewohnte Umgebung hinter sich zu lassen. Das zweimalige „Lauf" in V. 6 und V. 13 steigert die Dynamik des Gedichts.
B: Viele Verben vermitteln einen Eindruck von Rastlosigkeit: Fahre! (V. 1 + 2); lauf (V. 6 + 13); reite (V. 14); durchflitzt (V. 17).
C: Der Zeilenstil sorgt für Unruhe. Dies trifft vor allem in den Strophen 2 und 4 zu.

8 **a + b** Allgemeine Hinweise zum Vortrag des Gedichts:
Die Sonderstellung der letzten Strophe und des letzten Verses sollten durch den Vortrag gut zum Ausdruck kommen. Dafür erscheinen besonders spannungssteigernde Pausen geeignet: Während die ersten vier Strophen recht flüssig und nach vorne drängend gesprochen werden können, sollte es vor der fünften Strophe eine erste deutliche Pause geben. Der Gedankenstrich am Ende von Vers 18 weist schon darauf hin, dass auch hier ein kurzes Pausieren im Vortrag noch einmal die Aufmerksamkeit steigern sollte. Und schließlich kann auch vor dem abschließenden „du" der Sprechbogen noch einmal kurz angehalten werden. Das kurze letzte Wort sollte dann eine markante Betonung bekommen.
Mögliche Auszeichnung des Gedichts samt Betonungszeichen für das Metrum und Bestimmung der Reimform:

Kurt Tucholsky **Luftveränderung**	**Reimform**	**Hinweise für den Vortrag:**
Fáhre mít der Eísenbáhn, →	a	gleich der Beginn sehr nachdrücklich
fáhre, Júnge, fáhre!	b	väterlich
Aúf dem Déck vom Wásserkáhn →	a	
wéhen déine Háare.	b	
Taúch in frémde Städte eín, →	c	
láuf in frémden Gássen;	d	
hóre frémde Ménschen schréin, →	c	
tŕink aus frémden Tássen.	d	
Flíeh Betríeb und Télefón, →	e	
gráb in álten Schḿokern,	f	
síeh am Séinekái, méin Sóhn, →	e	väterlich
Wéisheit stíll verhókern.	f	ironisch
Láuf in Áfrika umhér, →	g	
réite dúrch Óasen;	h	
láusche aúf ein bláues Méer,	g	etwas bedächtiger, träumerisch
hór den Místral blásen!	h	
||		
Wíe du aúch die Wélt durchflítzt ↷	i	
óhne Rást und Rúh –: ||	j	
Hínten aúf dem Púffer sítzt |	i	
dú.	j	Mit Ausrufezeichen!!!

Eine Dramenszene untersuchen

Die Dramenszene verstehen

Seite 38

1 a Mögliche Lösung:
Leo fühlt sich sehr schlecht und fürchtet, nicht mehr aus der Anstalt herauszukommen. Er deutet an, sich mit Tabletten das Leben nehmen zu wollen.

b Mögliche Lösung:
Ja, es deutet sich eine mögliche Lösung des Problems an, weil Jojo ankündigt, sich etwas einfallen lassen zu wollen, und damit kann nur der Plan zu einem weiteren Fluchtversuch gemeint sein. Da Jojo sich bislang als clever erwiesen hat, wird es ihm bestimmt gelingen, Leo zu befreien.

2 Antwort A ist richtig.

Seite 39

3 a Mögliche Einschätzung des Verhaltens und der Gefühlslage der Figuren:

	3	2	1	0	1	2	3	
hoffnungsfroh	J						L	mutlos
ernst	L					J		heiter
aktiv	J					L		passiv
ruhig		L					J	lebendig
schwatzhaft	J						L	schweigsam

b Antwort B ist richtig.

4 Jojo bemüht sich, Leo mit Sprüchen und Bewegung aufzuwecken. Als Leo endlich wach ist, sprudelt Jojo drauflos und berichtet von seinem Erfolg bei dem Mädchen. Nach dem Scheitern der Flucht ist Leo aber ganz mit sich und seinem Kummer beschäftigt und hört nur schweigend zu. Ganz selten fragt er nach. Insgesamt hat Jojo in diesem Dialog daher einen viel größeren Redeanteil als Leo. Erst gegen Ende des Gesprächs erzählt Leo von seinen Befürchtungen und Absichten, während Jojo ihm weiter Mut zuspricht.

5 a Mögliche Lösungen (jugendsprachliche Wendungen und Übertreibungen sowie ironische Äußerungen können sich auch überschneiden):
jugend-/umgangssprachliche Wendungen: Krawall gemacht (Z. 8), Biste (Z. 15), Alter (Z. 17), Japskotzmeisterkrönungkaffee (Z. 21 f.), Los, heb die Dackelbeine (Z. 34), haste (Z. 47), Buff! Voll gegen die Wand (Z. 51 f.), kapiert (Z. 62), hirnrissig (Z. 72), versauen, Alter (Z. 85), Scheißplan (Z. 87, 88), total (Z. 89), Rosennummer (Z. 91), Grünzeug (Z. 96), wie ne Bogenlampe (Z. 97 f.), dacht ich (Z. 99, 100), lauf (Z. 99), sag ich (Z. 103, 108), heiße Birne (Z. 106 f.), glotze (Z. 107), absolut geil (Z. 112 f.), Mensch, Leo (Z. 113), absolut blödsinnig (Z. 129 f.), beschissen (Z. 136)
rhetorische Fragen: Keine schlechte Nummer, was? (Z. 11), Sie haben dir was gegeben, stimmts? (Z. 28), Dumm gelaufen, was? (Z. 59), Der war doch nicht schlecht, oder? (Z. 110), Aber irgendwie gehts doch immer weiter, oder? (Z. 133 f.)
Übertreibungen/Ironie: gegen meine Malerehre (Z. 9), meiner Arbeitsmoral (Z. 10 f.), King Kong (Z. 14 f.), Angriff, Attacke, wir werden von feindlichen Melonen angegriffen. Orden und Ohren anlegen und raus aus dem Bau. (Z. 24–26), Ich glaube, Autofahren ist nicht so deine Stärke (Z. 50), Dummy Crashtest (Z. 51), Jetzt, wo sie wissen, dass du mit Automatik nicht klarkommst, geben sie dir das nächste Mal bestimmt einen Schaltwagen [...]. Panzer mit Knüppelschaltung (Z. 64–69), James Bond Tour (Z. 71 f.), bis an die Kiemen voll (Z. 76 f.)
Anspielungen auf den Boxsport: Gong, nächste Runde (Z. 20), Frühsport, Meister. Boxen oder Bergsteigen? (Z. 37), Okay, Gong. *Er fächelt Leo mit einem Tuch Luft zu.* Klarer Sieg nach Punkten. Und, Champion, (Z. 45–48), Ein Boxer ist nie ganz k.o. (Z. 86 f.)

b Mögliche Lösung:
Jojo begreift am Ende des Gesprächs, dass er Leo nun helfen muss. Deshalb geht er ernster auf dessen Sorgen ein und versucht, ihn zu beruhigen. Denn Leo äußert seine Sorgen und Ängste nun deutlich („Die werden mich irgendwo anders hinbringen", Z. 117 f.) und betont seine Ernsthaftigkeit (vgl. Z. 140).

Die Dramenszene schriftlich analysieren und interpretieren

Seite 40

1 **a** Antwort C ist richtig.
b Siehe die Musterlösung zum Interpretationsaufsatz (Seite 41, Aufgabe 5).

2 **a + b** Siehe die Musterlösung zum Interpretationsaufsatz (Seite 41, Aufgabe 5).

3 Während Leo schweigt, verdeutlichen Jojos coole Sprüche die unterschiedliche Gefühlslage der beiden. Entsprechend wortkarg berichtet Leo von seinem Pech mit der Automatikschaltung. Jojo ermuntert Leo daraufhin, nicht aufzugeben. Daran erkennt man, wie eng die Beziehung der beiden inzwischen ist. Aus Jojos letzter Äußerung lässt sich schließen, dass er bereit ist, Verantwortung für Leo zu übernehmen.

Seite 41

4 **a** Mögliche Lösungen:
A: Es wird deutlich, dass Leo keinen Ausweg mehr sieht, wenn er sagt: „Was man machen könnte, ist wichtig" (Z. 138 f.).
B: Wenn Leo Jojo darum bittet, ihm „Tabletten" (Z. 144) zu bringen, wird deutlich, dass er sich umbringen will.
b Jojo deutet an, dass er Leo aus der Anstalt befreien wird (vgl. Z. 152 f.).

5 Die folgende Analyse ist eine Musterlösung, die auch die Antworten auf die Aufgaben 1 b und 2 von Seite 40 und die Lösung von Aufgabe 6 umfasst:

In der 6. Szene des Dramas „Das Herz eines Boxers" von Lutz Hübner aus dem Jahr 2008 hat Leo seinen Lebensmut verloren, während Jojo von seinen Erfolgen spricht und hoffnungsfroh in die Zukunft blickt. Jojo versteht, dass es nun auf ihn ankommt. Er muss Leo davor bewahren, sich umzubringen, und ihm zur Flucht aus der Anstalt verhelfen.

Die Szene steht kurz vor dem Ende des Dramas. Leo und Jojo haben nach Startschwierigkeiten ein Vertrauensverhältnis zueinander aufgebaut. Leo hat Jojo bei seinem Versuch geholfen, ein Mädchen kennen zu lernen, und Jojo hat Leo durch den Verkauf von dessen Erinnerungsstücken Geld für eine Fahrt nach Südfrankreich besorgt. Dorthin wollte er fliehen, um ein neues Leben zu beginnen. Doch Leos Fluchtversuch mit einem gestohlenen Auto aus der geschlossenen Anstalt missglückt.

In der 6. Szene dämmert Leo geistesabwesend in seinem Sessel und reagiert nicht auf Jojos Eintreffen. Jojo hat daher schnell den Verdacht, dass die Ärzte seinen Freund ruhiggestellt haben, und versucht, ihn durch körperliche Aktivitäten aufzurütteln. Als Leo zu sich kommt, erklärt er, warum er bei seinem Fluchtversuch gescheitert ist. Während Leo streicht, erzählt Jojo überglücklich von seinem Erfolg bei dem Mädchen. Leo scheint nach dem missglückten Ausbruch jedoch seine Lebenslust verloren zu haben, und bittet Jojo um Tabletten. Dieser deutet am Ende der Szene an, dass ihm vielleicht noch etwas einfällt, um Leo aus der Anstalt zu befreien.

Das Verhalten der Figuren, aber auch ihre Art zu sprechen und ihre Redeanteile sind in dieser Szene sehr unterschiedlich, fast gegensätzlich. Das entspricht ihrer Gefühlslage. Leo ist aufgrund seines gescheiterten Fluchtversuchs

Darum ist die Analyse gelungen:

Die **Einleitung**
- enthält alle wichtigen Angaben zu der Szene und benennt ihr Thema.

Der **Hauptteil**
- ordnet die Szene in den Handlungszusammenhang des Dramas ein,
- fasst die Handlung der Szene kurz zusammen,
- beschreibt und deutet das Verhalten und die Beziehung der Figuren zueinander,

niedergeschmettert, während Jojo sein Glück kaum fassen kann, dass er ein Date mit dem angehimmelten Mädchen hat. Im Verlauf der Szene wird Jojo jedoch zunehmend ernster, weil er die Gefühle und die Absichten seines Freundes Leo versteht.
Zu Beginn der Szene **schweigt** Leo völlig teilnahmslos, weil er von Tabletten ruhiggestellt ist. Die **Regieanweisung „Leo reagiert nicht“** (Z. 5, 12, 16) **hält diesen Zustand der Teilnahmslosigkeit dreimal fest.** Auch anschließend, während er langsam zu Bewusstsein kommt, reagiert Leo noch überwiegend **nonverbal** (vgl. Regieanweisungen in Z. 30 und 49). Jojo dagegen steckt voller Energie und plappert unermüdlich drauflos. Seine Vitalität wird über weite Strecken der Szene durch zahlreiche **coole Sprüche** (z.B. „King Kong“, Z. 14 f. und „Japskotzmeisterkrönungskaffee“, Z. 21 f.) und seine lässige **Jugendsprache** verdeutlicht, z.B. „Krawall gemacht“ (Z. 8), „Alter“ (Z. 17), „Buff“ (Z. 51), „Rosennummer“ (Z. 91), „Grünzeug“ (Z. 96), „heiße Birne“ (Z. 106 f.), „absolut geil“ (Z. 112 f.) und „beschissen“ (Z. 136). Auch Jojos **Übertreibungen** und seine **ironischen Wortspiele** bezeugen sein neu gewonnenes Selbstbewusstsein (z.B. Z. 9: „gegen meine Malerehre“, Z. 10 f.: „meiner Arbeitsmoral“, Z. 14 f.: „King Kong“, Z. 51: „Dummy Crashtest“, Z. 69: „Panzer mit Knüppelschaltung“, Z. 71 f.: „James Bond Tour“, und Z. 76 f.: „bis an die Kiemen voll mit Drogen“). Besonders als Jojo auf den teilnahmslosen Leo einredet, fallen außerdem **rhetorischen Fragen** auf (Z. 11, Z. 28, Z. 59) und **Begriffe aus der Sprache des Boxsports,** die er wählt, um den alten Boxer Leo zu aktivieren, wie „Gong, nächste Runde“ (Z. 20) oder „Klarer Sieg nach Punkten. Und, Champion“ (Z. 45–48). Dazu ahmt er auch Bewegungen aus dem Sport nach (Regieanweisung Z. 46: „Er fächelt Leo mit einem Tuch Luft zu.“).
Als Leo noch immer wortkarg von seinem Pech mit der Automatikschaltung berichtet, ermuntert Jojo ihn, nicht aufzugeben. Schon daran erkennt man, wie eng die Beziehung der beiden inzwischen zueinander ist. Allerdings bleibt Jojo bei seiner überschäumenden Art zu sprechen (siehe Zitate im Absatz oben), weil er den Ernst der Lage – Leos Verzweiflung – noch nicht begriffen hat. Er erzählt sogar ausführlich von seiner erfolgreichen Bemühung um das erste Date mit seinem Mädchen. Erst als Leo auf diese Schilderung gar nicht eingeht und seine Befürchtung, für immer eingeschlossen zu bleiben, klar äußert (vgl. Z. 120), ändert sich der Ton. Es entwickelt sich ein Dialog, in dem auch Jojo – der die Gefühlslage seinen Freundes Leo langsam versteht – ernsthafter wird.
Dieser Dialog spitzt sich zu, als Leo Jojo darum bittet, ihm „Tabletten“ (Z. 144) zu besorgen. Durch diesen Wunsch wird indirekt deutlich, dass Leo sich umbringen will. Jojo reagiert darauf zunächst **entsetzt und ablehnend**: „Du bist doch vollkommen verrückt“ (Z. 147). Dann allerdings **signalisiert er Stärke** und deutet an, dass er Leo aus der Anstalt befreien wird (vgl. Z. 152 f.). Obwohl Leo anschließend in den letzten Zeilen der Szene noch einmal die Aussichtslosigkeit der Situation und aller Bemühungen betont (vgl. Z. 154–157), weisen doch Jojos Worte „Und wenn mir noch was einfällt, um dich hier rauszuholen?“ (Z. 151–152) über die Szene hinaus. Die Möglichkeit eines Happy Ends für Leo deutet sich an.
In dieser Szene wird deutlich, wie positiv Jojo sich mit Hilfe von Leo entwickelt hat. Er hat gelernt, Probleme aktiv anzugehen. Nun will er seinen verzweifelten Freund nicht im Stich lassen und überlegt sich, wie er ihm helfen kann. Dadurch deutet sich ein glückliches Ende des Dramas an. Insgesamt verdeutlicht die Szene, wie wichtig es ist, dass Menschen sich gegenseitig vertrauen und helfen.

- deutet die Äußerungen und das nonverbale Verhalten der Figuren hinsichtlich ihrer Lebenssituation und ihrer Absichten,
- geht dabei besonders auf die **Redeanteile** und die **Sprache** der Figuren ein, benennt **sprachliche Mittel** und
- belegt Aussagen durch Zitate.

Der **Schluss**
- zieht ein Fazit und bewertet das Verhalten einer Figur.

6 Siehe die Musterlösung zum Interpretationsaufsatz oben.

+ **7** Möglicher innerer Monolog in der typischen Sprache Jojos:
Oh Mann, der Alte ist wirklich am Ende. Tabletten? Ich glaubs ja nicht! Als hätt‘ er mir nicht immerzu gepredigt, dass man wieder auf die Füße muss, wenn man mal auf die Bretter geht. Aber egal: Freunde fürs Leben! Ehe ich dich im Stich lasse, Alter, fang ich an rückwärtszulaufen. Nein, mir fällt schon was ein, mir ist noch immer was eingefallen, cleveres Kerlchen, das ich bin. Leo, ich komme. Mach dir mal keinen Kopf!

Einen Sachtext verstehen und untersuchen

Einen Online-Kommentar verstehen

Seite 42

1 Position B ist richtig.

Seite 44

2 **a + b** Individuelle Lösung

3 **a** Mögliche Lösung:
Absatz 1 (Z. 1–5): Wie sieht Berlin in den Tagen vor Neujahr aus?
Absatz 2 (Z. 6–12): Wie kann man mit der Straßenschlacht an Silvester persönlich umgehen?
Absatz 3 (Z. 13–21): Welche Folgen hat die Silvesternacht für die Stadt?
Absatz 4 (Z. 22–28): Wie hat sich das Verhalten beim privaten Feuerwerk verändert?
Absatz 5 (Z. 29–53): Ist ein Verbot gewünscht und umsetzbar?
Absatz 6 (Z. 54–56): Was sollte sich ändern?
b Mögliche Schlüsselwörter in den verschiedenen Absätzen:
Absatz 1: erstaunlich sauber – eine Freude – kaum Scherben
Absatz 2: gar nicht erst rausgehen – Umweg – verlassen für ein paar Tage Berlin
Absatz 3: Müllberge – unwirtliche Zone – kommen mit dem Aufräumen kaum hinterher
Absatz 4: zunehmende, hemmungslose Entgrenzung – Polizeieinsätze – Schwerverletzte
Absatz 5: Mehrheit der Deutschen für ein Verbot – andere Städte machen vor – Von einem generellen Verbot [...] nicht die Rede – Kontrolle durch das Ordnungsamt
Absatz 6: privates Böllern – eingeschränkt – abgeschafft
c Individuelle Lösung

4 So solltest du Absätze und Funktionen verbinden:
Absatz 1 stellt einen wünschenswerten Zustand **dar.**
Absatz 2 hält der Ordnung die Verwüstungen zu Silvester **entgegen** und **zieht** eine persönliche **Konsequenz.**
Absatz 3 beschreibt die Verwüstung detailliert.
Absatz 4 weist auf die zunehmende Gewalt **hin.**
Absatz 5 argumentiert für seine Position und **entkräftet Gegenargumente.**
Absatz 6 fordert ein Verbot und **appelliert** an die Verantwortlichen.

+5 So könnte deine Einschätzung lauten:
Der Autor hält die Feinstaubbelastung für kein überzeugendes Argument gegen das Böllern, da er es lediglich als Mittel zum Zweck aufführt, um die Verantwortlichen davon zu überzeugen, dass „das private Böllern [...] eingeschränkt oder am besten – ganz abgeschafft [wird]" (Z. 60–61). Dies wird an der Formulierung „wenn es denn sein muss" (Z. 60) deutlich, die eine Distanzierung vom Inhalt der Begründung zum Ausdruck bringt. Die anschließende Formulierung „Hauptsache" (Z. 60) in Verbindung mit der Forderung des Verbots bestätigt, dass nicht das Argument als solches überzeugt, sondern dass das Ziel mit allen Mitteln, auch mit inhaltlich wenig überzeugenden Argumenten, erreicht werden soll.

Seite 45

6 **a** **Thema:** Feinstaub zu Silvester
Diagrammart: Kurvendiagramm
Maßeinheit: µg/m³ (senkrechte Achse)
b Die Feinstaubbelastung in der Silvesternacht steigt in allen Städten.

7 Mögliche Lösung:
Nein, ich hätte dieses Diagramm nicht ausgewählt, da die Feinstaubbelastung im Text als eher unwichtiges Argument von Feuerwerksgegnern eingestuft wird. Die zentralen Aspekte – Verschmutzung der Stadt und Gefährdung durch privates Feuerwerk – greift das Diagramm nicht auf.

+ **8** Mögliche Lösung:
Ich würde ein Säulendiagramm verwenden, das veranschaulicht, wie die Bevölkerung zu einem Feuerwerksverbot steht. Damit könnte der Autor seine These stützen, dass eine Mehrheit der Deutschen ein solches Verbot befürworte. Das Diagramm sollte außerdem verdeutlichen, wie sich die Ansicht der Bevölkerung in den letzten Jahren entwickelt hat. Denn Weiland argumentiert damit, dass sich die Böller-Problematik in letzter Zeit verschärft habe.

Einen Online-Kommentar schriftlich untersuchen

Seite 46 und 47

Die folgende Sachtextuntersuchung ist eine Musterlösung, die die Aufgaben 1 und 2 auf Seite 46 sowie die Aufgaben 3 bis 5 auf Seite 47 umfasst. Eine Zuordnung findest du in der Randspalte des Musteraufsatzes:

In seinem Kommentar „Her mit dem Verbot", der am 28.12.2018 bei Spiegel online erschienen ist, fordert der Autor Severin Weiland, dass privates Feuerwerk an Silvester in Berlin verboten wird.

Darum ist die Sachtextuntersuchung gelungen:
Die **Einleitung** (Aufgabe 1 a)
- enthält alle wichtigen Angaben zum Text und zum Thema.

Vor Silvester wird Berlin für die Touristen von der Stadtreinigung gesäubert, was z. B. das Radfahren in der Stadt angenehmer macht.
An Silvester selbst ändert sich das Bild jedoch, **da** es in Berlin vor allem bei Jugendlichen zu einem die Mitmenschen gefährdenden Umgang mit dem privaten Feuerwerk kommt. **Dies führt** bei Weiland zu der Entscheidung, Silvester woanders zu verbringen.
Vor allem zwei Probleme sind bei dem privaten Böllern zentral: **Zum einen** liegen im Anschluss an die Silvesternacht überall und oft lange Zeit Feuerwerkskörper herum, die von der Stadtreinigung erst spät entfernt werden, **da diese** sich zunächst auf die touristische Innenstadt konzentriert. **Zum anderen** wird das private Feuerwerk in den letzten Jahren zunehmend von Gewaltbereitschaft und Verletzungen begleitet. Viele Deutsche sprechen sich **deshalb** für ein Verbot von privatem Feuerwerk in der Innenstadt aus.
Andere Städte in Deutschland und Europa haben bereits strikte Verbote verhängt oder feuerwerksfreie Zonen eingerichtet. In Berlin **dagegen** wird lediglich über Einschränkungen diskutiert, die Umsetzung steht aber aus, **weil** von Kritikern vor allem die Umsetzbarkeit der Kontrollen in Frage gestellt wird. Weiland bezeichnet **dieses Argument** als Ausflucht und entkräftet es, **indem** er die Umsetzbarkeit von Kontrollen in anderen Situationen aufführt. **Abschließend** fordert er ein Verbot des privaten Feuerwerks in Berlin.

Der **Hauptteil**
(Aufgabe 1 b und c)
- fasst den Inhalt knapp und mit eigenen Worten im Präsens zusammen. Dabei werden **Zusammenhänge durch passende Satzverknüpfungen verdeutlicht**.

Das Kurvendiagramm veranschaulicht die Feinstaubbelastung in Großstädten zu Silvester. Anhand des Vergleichs der Messdaten zwischen dem 28.12.2017 und dem 3.1.2018 wird klar ersichtlich, dass in allen aufgeführten Städten (Berlin, Hamburg, Köln und München) die Spitze der Feinstaubbelastung am 1.1.2018 liegt und also ein unmittelbarer Zusammenhang zwischen der Feinstaubbelastung und dem Feuerwerk feststellbar ist. Auch wenn Weiland selbst die Feinstaubbelastung nicht für das schlagkräftigste Argument gegen das private Böllern hält, so stützt das Diagramm des Umweltbundesamtes doch seine Aussage, dass eine erhöhte Belastung vorliege. Entsprechend kann er sich in seiner Forderung, das private Böllern abzuschaffen, auch auf dieses Diagramm berufen.

- erklärt das Diagramm und stellt einen Zusammenhang zum Text her. (Aufgabe 2, Seite 46),

Dass es sich bei dem Text von Severin Weiland um einen Kommentar handelt, kann man an einigen Merkmalen erkennen. Zunächst fällt auf, dass der Autor ganz persönlich bzw. aus Sicht seiner Familie argumentiert, wenn er sagt: „Wir haben einfach genug von dem Schlachtfeld, in das sich die Stadt Jahr für Jahr an Silvester verwandelt" (Z. 11–12). Außerdem setzt er sich argumentativ mit Meinungen auseinander, indem er das Gegenargument der fehlenden Kontrollmöglichkeiten

- weist die Textsorte „Kommentar" nach, indem er typische Textsortenmarkmale anführt und mit Zitaten belegt. (Aufgaben 3 und 4, Seite 47), (vgl. Z. 48–53) anführt und dieses entkräftet, indem er es als „Ausrede“ (Z. 50) einordnet und die Umsetzbarkeit von Kontrollen in anderen Situationen (vgl. Z. 51–53) aufzeigt. Schließlich stellt er die Forderung auf, dass „das private Böllern [...] eingeschränkt oder am besten – ganz abgeschafft [wird]“ (Z. 55–56). Insgesamt wird deutlich, dass Weiland seinen Kommentar in der Absicht schreibt, die Meinung seiner Leser zu beeinflussen. Er möchte, dass sie mit ihm der Meinung sind, das private Böllern gehöre abgeschafft.

Mit Hilfe der beiden Links können sich die Leserinnen und Leser eingehender mit Aspekten des Themas beschäftigen, weil sie zu weiterführenden Informationen führen. Die Kommentarfunktion ermöglicht ihnen zudem, selbst zu der im Kommentar vertretenen Meinung Stellung zu nehmen und im Austausch mit anderen Pro- und Kontra-Argumente zu einer bestimmten Fragestellung abzuwägen. Beide Online-Funktionen ermöglichen daher eine Interaktion der Leserinnen und Leser mit dem Text und gegebenenfalls auch mit dem Autor bzw. mit weiteren Leserinnen und Lesern.

- die Vorteile von Online-Funktionen für Leserinnen und Leser erläutert (Aufgabe 5, Seite 47).

Seite 47

+6 Mögliche Lösung:
Beim Kommentieren ist es wichtig, konstruktiv zu bleiben und fundierte Argumente zu nennen, die eine kritische Beleuchtung des Diskussionsgegenstands von verschiedenen Seiten ermöglichen. Wombat jedoch bezeichnet den Autor als Spießer und trägt somit nicht zur inhaltlichen Auseinandersetzung mit dem Thema bei, da eine Einordnung des Autors als spießig weder Vor- noch Nachteile des privaten Feuerwerks aufzeigt. Zudem handelt es sich um einen persönlichen und zudem durch das Wort „immer“ verallgemeinernden Angriff, der gegen die Netiquette im Internet verstößt.

Grammatik

Was kannst du schon?

Seite 48

1 a 1 = Präteritum, 2 = Plusquamperfekt, 3 = Präteritum, 4 = Präteritum, 5 = Perfekt, 6 = Präsens, 7 = Präsens, 8 = Präsens, 9 = Futur I
Hinweis: Für jede richtig bestimmte Zeitform bekommst du 1 Punkt. Du kannst also insgesamt 9 Punkte erreichen.
b Verb 7
Hinweis: Für die richtig erkannte Konjunktivform erhältst du 1 Punkt.

2 A Geschichten von Lügnern und Hochstaplern mögen viele Leser sehr.
B Ihren Lesern bereiten diese spannenden Geschichten große Freude.
Hinweis: Für jede richtig durchgeführte Umstellprobe bekommst du 1 Punkt. Du kannst also insgesamt 2 Punkte erreichen.

3 A Der Roman „Jakob der Lügner“ (S) | handelt (P) | von einem Lügner aus Not (PO).
B Die Hauptfigur (S) | lebt (P) | während des Zweiten Weltkriegs (ABZ) | in einem jüdischen Ghetto (ABO).
C Den anderen Ghettobewohnern (DO) | erzählt (P) | Jakob (S) | eine folgenreiche Lüge (AO):

S P ABAW AO
D Er | besitze | verbotenerweise | ein Radio.
ABO P S PO P
E Dort | habe | er | vom baldigen Ende des Kriegs erfahren.
Hinweis: Für jede korrekte Unterteilung in Satzglieder bekommst du 1 Punkt. Du kannst in dieser Teilaufgabe also 12 Punkte erreichen.

4 a + b
A Die Geschichten vom Kriegsende machen | den verzweifelten Ghettobewohnern | neue Hoffnung.
B Sie | fiebern | täglich | guten Neuigkeiten aus dem Radio | entgegen.
C Jakob | wird | zum Helden des Ghettos.
Hinweis: Für jede korrekte Unterteilung in Satzglieder bekommst du 1 Punkt. Du kannst in dieser Teilaufgabe also 12 Punkte erreichen. Für jedes richtig unterstrichene Attribut erhältst du 1 weiteren Punkt. Du kannst in dieser Teilaufgabe also 6 Punkte erreichen. Insgesamt sind das 18 Punkte.

Seite 49

5 A = Satzgefüge, B = Satzreihe, C = Satzgefüge, D = Satzgefüge, E = Satzreihe
Hinweis: Für jedes richtige Kreuz bekommst du 1 Punkt. Du kannst in dieser Aufgabe also 5 Punkte erreichen.

6 a + b
A Die Novelle „Kleider machen Leute" handelt von einem armen Schneider, der sich vornehm kleidet.
B Deshalb glauben alle, dass er ein polnischer Graf ist.
C Obwohl er bei der Verlobung mit einer reichen Dame entlarvt wird, gibt es ein Happy End.
D Seine Braut glaubt an seine Liebe, sodass sie ihn nach einigen Wirren doch noch heiratet.
Hinweis: Für jeden richtigen unterstrichenen Nebensatz mit markiertem Einleitungswort bekommst du 1 Punkt. Du kannst in Teilaufgabe a also 4 Punkte erreichen. Für jedes richtig gesetzte Komma bekommst du 1 Punkt. Du kannst in Teilaufgabe b also ebenfalls 4 Punkte erreichen.
c A = Relativsatz, B = Objektsatz, C = Konzessivsatz, D = Konsekutivsatz
Hinweis: Für jedes richtige Kreuz bekommst du 1 Punkt. Du kannst in dieser Aufgabe also 4 Punkte erreichen.

Wiederholung: Mit Verben Zeitformen bilden

Seite 50

1 A: recherchierten = Präteritum; B: gelesen hatten = Plusquamperfekt; entdeckten = Präteritum; C: fanden = Präteritum; unterscheidet = Präsens; D: kennen = Präsens; überführt = Präsens; E: gezeigt hatten = Plusquamperfekt; sagte = Präteritum; F: habt recherchiert = Perfekt; G: werden sprechen = Futur I

Seite 51

2 So solltest du die Verben in den Klammern einsetzen:
A herausgefunden hatten, kann, gestalteten, B zeigten, auffallen, C fanden heraus, erröten, schwitzen, vermeiden, D war, können, E studiert hat, wird ... erkennen

3 In diesen Zeitformen solltest du die Verben einsetzen:
A fertiggestellt hatten, entwarfen, B wollten, wissen, sagen, C lügt, erinnert, D erinnert hatte

+ 4 A fertiggestellt hatten: Geschehen liegt vor Geschehen in der Vergangenheit; kann: Aussage gilt immer; gestalteten: Geschehen liegt in der Vergangenheit, B wollten: Geschehen liegt in der Vergangenheit, wissen/sagen: Aussage gilt immer, C lügt/erinnert: Aussage gilt immer, D erinnert hatte: Geschehen liegt vor Geschehen in der Vergangenheit

Das Verb – Der Konjunktiv

Der Konjunktiv II und die *würde*-Ersatzform

Seite 52

1 a Indikativformen sind unterstrichen, **Konjunktive** fett gedruckt:
Zauberkünstler sind Meister der Täuschung. Beherrschen sie ihre Tricks, ist die Illusion perfekt. Jeder weiß, dass der Magier seinen Assistenten nicht wirklich verletzt, und dennoch fiebert man mit, als ob er ihm etwas **antäte**. **Wüssten** wir allerdings, wie der Trick funktioniert, **wäre** die Spannung dahin.
b Der Konjunktiv II wird verwendet, weil es um etwas geht, das nur vorgestellt (irreal) ist.

2 Der Zauberer David Copperfield ist für seine Zauberkünste berühmt. Beispielsweise fasziniert er sein Publikum, indem er vortäuscht, er **könnte** einen Zugwaggon verschwinden lassen oder er **wäre** in der Lage, die Chinesische Mauer zu durchschreiten. Copperfield legt großen Wert darauf, dass seine Tricks nicht bekannt werden. Denn dann **fände** das Publikum die Kunststücke nicht mehr so interessant, sodass Copperfield sich immer neue Tricks ausdenken **müsste**. Außerdem **gäbe** es bald andere Zauberer, die mit seinen Kunststücken auf der Bühne **ständen**.

Seite 53

3 a A: würde ... empfehlen; B: würden verfügen
b A: Konjunktiv II: empfählen → ungebräuchlich oder unschön
B: Konjunktiv II: verfügten → nicht vom Indikativ Präteritum zu unterscheiden

4 A Ich **würde** mich in einen berühmten Fußballstar **verzaubern**.
B Ich **hätte** in der Schule am liebsten immer gute Noten.
C Ich **würde** mich gern in einen Vogel **verwandeln**.
D Ich **würde** mich am liebsten wie Harry Potter **fühlen**.

+ **5** Mögliche Lösung:
A Ich wäre gern 18 Jahre alt.
B Ich würde mich gern in fremde Länder beamen.

Der Konjunktiv I in der indirekten Rede

Seite 54

1 Ein Medienexperte erklärt, es **komme** häufig vor, dass Fotos bearbeitet werden. In der Werbung **finde** man heute kaum noch unretuschierte Fotos. Models etwa **seien** meist schlanker und makelloser als in Wirklichkeit. Ob man hier von einer Fälschung oder nur von einer Optimierung sprechen **solle**, **müsse** jeder für sich entscheiden. Bisweilen **arbeite** die Werbung heute jedoch auch ganz bewusst mit unretuschierten Fotos. Damit **zeige** sie, wie schön ein natürliches und „echtes" Aussehen **wirke.**

+ **2** Der Medienexperte erklärt, der ein oder andere Fotograf lege Wert darauf, Politiker möglichst perfekt aussehen zu lassen. Beispielsweise gebe es nachweislich Fotos, auf denen Schweißflecken wegretuschiert seien.

Seite 55

3 a Der Indikativ ist markiert, die *würde*-Ersatzform unterstrichen, der **Konjunktiv I** fett und der *Konjunktiv II* kursiv gedruckt:
Ein Fotohistoriker erklärt, dass es gefälschte Fotos auch schon vor der Erfindung digitaler Bildbearbeitungsprogramme gegeben hat. Zu den berühmtesten Fälschungen würden die Fotos des „Seeungeheuers" von Loch Ness aus dem Jahr 1934 gehören. Man **habe** sie Jahrzehnte nach ihrer Veröffentlichung als Fotos von einem kleinen Ungeheuer aus Ton auf einem Spielzeug-U-Boot entlarvt. „Nessies" Existenz *könnten* die Fotos also nicht beweisen.

b – „gegeben hat“ steht im Indikativ, weil der *dass*-Satz dies ermöglicht.
- „würden ... gehören“ steht in der *würde*-Ersatzform, weil sich „gehören“ nicht vom Indikativ Präsens und „gehörten“ nicht vom Indikativ Präteritum unterscheidet.
- „habe“ steht im Konjunktiv I, damit klar wird, dass es sich um die Aussage des Fotohistorikers handelt.
- „könnten“ steht im Konjunktiv II, weil der Konjunktiv I „können“ nicht vom Indikativ Präsens zu unterscheiden ist.

Seite 56

4 Seit den 1990er-Jahren trifft man in der Presse häufig auf manipulierte Bilder. Ein Medienexperte berichtet, dass man dafür vor allem in Illustrierten viele Beispiele **findet**. Titelbilder von Zeitschriften **würden** z.B Prinzessinnen oder Schauspielerinnen mit ihren Babys **zeigen**, allerdings schon einige Wochen vor der Geburt des Kindes. Prominente **könnten** in einem solchen Fall hohe Geldentschädigungen erhalten, was jedoch nicht immer **gelinge.** Häufiger **komme** es auf Titelseiten auch zu leidenschaftlichen Küssen zwischen Prominenten, obwohl man bei genauerer Betrachtung **sehe**, dass diese Prominenten etwas ganz anderes **machen würden** und die Fotos nur zusammengeschnitten **seien**. Geschickte Fotomontage **erwecke** aber den Eindruck von einem Kuss. Und auch obwohl die Regelungen für Pressefotos mittlerweile strenger **seien, fänden** sich auch heute noch gefälschte Fotos in Illustrierten.

+ **5** Der Medienexperte sagt, dass die meisten Leser/-innen völlig ahnungslos sind. Sie wüssten nicht, wie leicht man heute Fotos manipulieren könne. Sie würden einem Foto alles glauben. Deshalb würden sie häufig auf Fotomontagen und andere Möglichkeiten der Bildbearbeitung hereinfallen.

Die Modalverben

Seite 57

1 Das passende Modalverb ist jeweils ausgewählt, die Erlaubnis steht in Klammern:
Mit Hilfe digitaler Bildbearbeitungsprogramme kann (Möglichkeit) ein Pressefotograf ein Foto so bearbeiten, wie er möchte (Wunsch). Das heißt aber nicht, dass er das auch in jedem Fall darf (Erlaubnis). Denn es gibt Regelungen, die jeder Fotograf kennen sollte (Empfehlung). Beispielsweise muss (Gebot/Zwang) er darauf achten, dass er keine Inhalte verändert. Die Berichterstattung muss (Gebot/Zwang) den Tatsachen entsprechen. Ein Fotograf darf (Erlaubnis) seine Bilder aber durchaus bearbeiten, z.B. indem er die Lichtverhältnisse optimiert.

+ **2** Man **muss**. Sie **kann.** Er **will.** Man **kann.**

Teste dich! – Das Verb (Konjunktiv und Modalverben)

Seite 58

1 **Indikativ:** berichtet, entdecken**; Konjunktiv I:** handle, halte; **Konjunktiv II:** ließen, könnten; ***würde*-Ersatzform:** würden dokumentieren
Hinweis: Für jede richtig unterstrichene Verbform bekommst du 1 Punkt. Du kannst in dieser Aufgabe also 7 Punkte erreichen.

2 Richtig sind: Konjunktiv II, Präteritum, der Konjunktiv II nicht vom Indikativ Präteritum zu unterscheiden ist, ungebräuchlich.
Hinweis: Für jede richtige Lösung bekommst du 1 Punkt. Du kannst in dieser Aufgabe also 4 Punkte erreichen.

3 A Wenn ein Außerirdischer auf der Erde **landen würde, wäre** das für mich eine echte Überraschung.
B Ich **würde** mich aber wahrscheinlich **freuen** und **hätte** große Lust, ihn kennen zu lernen.
C Vielleicht **dürfte** ich ihn besuchen.
D Dann **könnte** ich ein Selfie mit ihm machen.
Hinweis: Für jede richtig eingesetzte Verbform bekommst du 1 Punkt. Du kannst in dieser Aufgabe also 6 Punkte erreichen.

Seite 59

4 A = falsch, B = falsch, C = richtig, D = richtig
Hinweis: Für jedes richtig eingesetzte Kreuz bekommst du 1 Punkt. Du kannst in dieser Aufgabe also 4 Punkte erreichen.

5 A Ein Grafiker erklärt, man könne mit moderner Bildbearbeitung ein Ufo-Foto leicht fälschen.
B Dazu fänden sich im Internet sogar konkrete Anleitungen.
C Mittlerweile gebe es für Fake-Fotos von Ufos sogar Wettbewerbe.
D Dabei gewännen die Fotografen mit den originellsten Bildern.
Hinweis: Für jede korrekte Wiedergabe in indirekter Rede bekommst du 1 Punkt. Du kannst in dieser Aufgabe also 4 Punkte erreichen.

6 Erlaubnis – dürfen; Fähigkeit – können; Wunsch – mögen
Hinweis: Für jede richtige Verbindung bekommst du 1 Punkt. Du kannst in dieser Aufgabe also 3 Punkte erreichen.

Satzglieder

Satzglieder wiederholen

Seite 60

1 So müssten die Fachbegriffe von oben nach unten und von links nach rechts eingetragen werden:
Erste Zeile: A Subjekt, B Prädikat, C Objekt, D adverbiale Bestimmung
Zweite Zeile: Akkusativobjekt, Genitivobjekt, Dativobjekt
Dritte Zeile: Zeit (temporal), Ort (lokal), Grund (kausal), Art und Weise (modal)

2 **a + b** Abkürzungen für die Satzglieder: S = Subjekt, P = Prädikat, AO = Akkusativobjekt, GO = Genitivobjekt, DO = Dativobjekt, PO = Präpositionalobjekt, ABZ = adverbiale Bestimmung der Zeit, ABO = adverbiale Bestimmung des Ortes, ABG = adverbiale Bestimmung des Grundes, ABAW = adverbiale Bestimmung der Art und Weise
A Der Hornissen-Glasflügler (S) | zählt (P) | zu den größten Hochstaplern des Tierreichs (PO).
B Durch seine gelb-schwarzen Streifen (ABG) | ähnelt (P) | der Falter (S) | einer Hornisse (DO).
C Auch gefährliche Greifvögel (S) | fürchten (P) | den Stich einer giftigen Hornisse (AO).
D Die Musterung des Glasflüglers (S) | schützt (P) | ihn (AO) | jederzeit (ABZ) | vor Raubtieren (PO).

Attribute als Teil eines Satzglieds

Seite 61

1 **a + b** GA = Genitivattribut, AA = Adjektivattribut, PA = präpositionales Attribut, AP = Apposition
Attribute sind unterstrichen und in Klammern bestimmt, Bezugswörter sind markiert:
Auch die Welt der Vögel (GA) ist voller gerissener (AA) Hochstapler. Zum Beispiel täuscht der Zebrafink aus Australien (PA) bei Krankheit vor, gesund zu sein. Obwohl die Kraft des Vogels (GA) nachlässt, tut er gegenüber seiner Partnerin, der Mutter seiner Kinder, (AP) so, als ob er über große (AA) Energiereserven verfügte.

2 schauspielerisches (AA), seine Frau und Kinder (AP), am Federkleid (PA), der Familie (GA), kerngesunde (AA)

+3 Ein Adjektivattribut ist unterstrichen, eine Apposition markiert und ein **präpositionales Attribut** fett gedruckt:
Vögel, intelligente Tiere, nutzen ihr Talent **zur geschickten Verstellung**, um zu überleben.

Texte mit Hilfe von Proben überarbeiten

Seite 62

1 So oder so ähnlich sollte deine Überarbeitung lauten:
Ein junger Pavian aus Südafrika entpuppte sich als ziemlich klug. ~~Der Pavian~~ (Er) beobachtete, wie eine alte Paviandame Kartoffeln ausgrub, und schrie laut auf. Damit alarmierte ~~der Pavian~~ (der Affe) seine Mutter sofort. ~~Die Mutter~~ (Diese) erschien ~~sofort~~ (augenblicklich) am Ort des Geschehens und vertrieb die alte Paviandame, die sie für eine Bedrohung ihres ~~Pavians~~ (Jungen) halten musste. ~~Der Pavian~~ (Dieser) machte sich im Anschluss über die erbeuteten Kartoffeln her.

2 *Woher?* aus einem chinesischen Zoo; *Wie?* kurzfristig; *Warum?* Wegen der Sonderbehandlung; *Wie lange?* über Monate; *Was?* Futter, *Wie ist es?* angenehmes; *Mit was?* mit einer Klimaanlage

Teste dich! – Satzglieder und Attribute

Seite 63

1 Abkürzungen für die Satzglieder: S = Subjekt, P = Prädikat, AO = Akkusativobjekt, GO = Genitivobjekt, DO = Dativobjekt, PO = Präpositionalobjekt, ABZ = adverbiale Bestimmung der Zeit, ABO = adverbiale Bestimmung des Ortes, ABG = adverbiale Bestimmung des Grundes, ABAW = adverbiale Bestimmung der Art und Weise
Schlangen (S) täuschen ihren Tod (AO) vor, um ihre Beutetiere auszutricksen. Diese (S) nähern (P) sich vorsichtig der vermeintlichen Leiche (DO). Wenn die Schlange sich ihrer Sache (GO) sicher ist, beißt sie zu. Ihre Opfer haben ab diesem Moment (ABZ) keine Chance (AO) mehr.
Hinweis: Für jedes richtig bestimmte Satzglied erhältst du 1 Punkt. Du kannst also insgesamt 8 Punkte erreichen.

2 adverbiale Bestimmung der Zeit, *des Ortes*, **der Art und Weise,** des Grundes:
Auch *unter Wasser* wird **fleißig** geflunkert: Bei den Winkerkrabben z.B. wird eine verlorene Schere durch eine Attrappe ersetzt. Dank dieser Täuschung können die Krabben ihre Gegner nach wie vor **mit beeindruckenden Scherentänzen** abwehren. Dabei pokern sie jedoch jedes Mal **hoch**, denn die dünnen Ersatzscheren sind im Kampf nutzlos.
Hinweis: Für jede richtig markierte adverbiale Bestimmung erhältst du 1 Punkt. Du kannst also insgesamt 7 Punkte erreichen.

3 GA = Genitivattribut, AA = Adjektivattribut, PA = präpositionales Attribut, AP = Apposition:
Der größte Gauner des Tierreichs (GA) ist der Kuckuck, ein betrügerischer Vogel (AP). Dieser legt seine Eier in fremde (AA) Nester. So erspart er sich nicht nur den Bau eines eigenen Nests (GA), sondern gibt auch die Kinder zur Pflege (PA) ab.
Hinweis: Für jedes richtig bestimmte Attribut erhältst du 1 Punkt. Du kannst also insgesamt 5 Punkte erreichen.

Sätze unterscheiden

Wiederholung: Satzreihe und Satzgefüge

Seite 64

1 **a + b**

A Thomas Manns Roman „Die Bekenntnisse des Hochstaplers Felix Krull" handelt von einem jungen Mann, (der) es mit seiner Hochstapelei weit bringt.
→ Satzgefüge

B Schon als kleiner Junge beeindruckt er in einem Orchester als talentierter Geiger, (obwohl) seine Geige in Wirklichkeit keinen Ton von sich gibt.
→ Satzgefüge

C In der Schule fälscht er Unterschriften (oder) er simuliert Krankheiten.
→ Satzreihe

2 A Felix Krull macht als Erwachsener schnell Karriere, indem er in einem Pariser Hotel vom Liftboy zum Oberkellner aufsteigt.
B Er darf zeitweise sogar mit einem Adligen die Rolle tauschen, denn er ist ein talentierter Schauspieler.

+ **3** Er darf zeitweise sogar mit einem Adligen die Rollen tauschen, weil er ein talentierter Schauspieler ist.

Nebensätze unterscheiden – Adverbialsätze

Seite 65

1 a + b
A Der Rumäne Georges Manolescu wurde schon früh reich, indem er sich als Hoteldieb betätigte.
Frage: Wie wurde Georges Manolescu schon früh reich?
Art des Adverbialsatzes: Modalsatz
B Später gab er sich als Fürst Lahovary aus, sodass er in die höhere Gesellschaft aufsteigen konnte.
Frage: Mit welcher Folge gab er sich als Fürst Lahovary aus?
Art des Adverbialsatzes: Konsekutivsatz
C Weil er als falscher Fürst eine deutsche Gräfin heiratete, wurde er auch als Heiratsschwindler bekannt.
Frage: Warum wurde er auch als Heiratsschwindler bekannt?
Art des Adverbialsatzes: Kausalsatz

Seite 66

2 a + b
A Obwohl er als Hoteldieb sehr erfolgreich war, gab es in seinem Leben mehrere Zwischenfälle. (Konzessivsatz)
B Als die Polizei ihm schon früh auf die Spur kam, wurde er wegen Diebstahls verhaftet und verurteilt. (Temporalsatz)
Oder: B Weil die Polizei ihm schon früh auf die Spur kam, wurde er wegen Diebstahls verhaftet und verurteilt. (Kausalsatz). Oder: B Nachdem die Polizei ihm schon früh auf die Spur gekommen war, wurde er wegen Diebstahls verhaftet und verurteilt. (Temporalsatz)
C Nachdem ihm ein besonders großer Beutezug durch Berliner Hotels gelungen war, wurde ihm der Prozess gemacht. (Temporalsatz)
D Weil sein Leben als Hochstapler völlig verrückt erschien, wurde ihm von Gutachtern Unzurechnungsfähigkeit attestiert. (Kausalsatz)
E Als er mit nur 37 Jahren in Mailand starb, hinterließ er 12 Anzüge, 40 Seidenhemden, 11 Paar Lackschuhe und einen gefälschten Adelsbrief. (Temporalsatz)

+ **3** Obwohl er sich nun nicht mehr als Hoteldieb betätigen konnte (Konzessivsatz), verdiente er dennoch gutes Geld, indem er seine Lebensgeschichte aufschrieb (Modalsatz).

Seite 67

4 A Indem sie eine spektakuläre Geschichte erfand, wurde Anna Anderson Anfang der 1920er-Jahre berühmt.
B Während sie sich in einem Krankenhaus aufhielt, gab sie sich als tot geglaubte Tochter des letzten russischen Zaren aus.
C Weil Beweise fehlten, erkannte das Gericht sie aber nicht als Erbin des Vermögens der Zarenfamilie an.

+ **5** Die adverbialen Bestimmungen sind unterstrichen.
A Trotz Zweifeln an ihrer Identität wurde das Rätsel um Anna Anderson lange nicht gelöst.
→ Obwohl es Zweifel an ihrer Identität gab. / Obwohl man an ihrer Identität zweifelte, wurde das Rätsel um Anna Anderson lange nicht gelöst.
B Erst zehn Jahre nach ihrem Tod konnte ein DNA-Test die fehlende Verwandtschaft mit der Zarenfamilie belegen.
→ Erst nachdem sie schon zehn Jahre tot war, konnte ein DNA-Test die fehlende Verwandtschaft mit der Zarenfamilie belegen.

Nebensätze unterscheiden – Subjekt- und Objektsätze

Seite 68

1 a + b

A Berichte über falsche Piloten zeigen, wie viele Personen auf illegalem Weg ihren Traumberuf „Pilot“ leben.
Frage: Wen oder was zeigen die Berichte? → Objektsatz
B Was alles möglich ist, belegt der Fall des arbeitslosen Italieners Andrea P.:
Frage: Wen oder was belegt der Fall des arbeitslosen Italieners Andrea P.? → Objektsatz
C Von der Crew wurde anstandslos akzeptiert, dass er im Cockpit den Sitz des dritten Piloten einnahm.
Frage: Wer oder was wurde anstandslos akzeptiert? → Subjektsatz
D Dass P.s Uniform und sein Pilotenausweis gefälscht waren, fiel nicht auf.
Frage: Wer oder was fiel nicht auf? → Subjektsatz

+ **2** A Dass der Pilot sehr jung aussah, führte schließlich zu seiner Entdeckung.
B Dass er schon häufiger mit gefälschtem Pilotenausweis geflogen war, gab P. nach seiner Verhaftung zu.

Seite 69

3 A Im Mai 2010 berichtete ein Sprecher der Polizei, dass sie mit Thomas Salme einen der größten Betrüger der Fliegerei verhaftet hätten.
B Er erklärte, dass der Schwede über 13 Jahre mit einem gefälschten Pilotenschein Passagiermaschinen durch die Welt geflogen sei.
C Er fügte hinzu, dass aufgrund seiner guten Flugkenntnisse jahrelang niemand Verdacht geschöpft habe.
D Weiter führte er aus, dass man einiges an krimineller Energie mitbringen müsse, um als falscher Pilot um die Welt zu fliegen.

4 A Die Journalistin fragte, warum Thomas Salme unbedingt Pilot werden wollte.
B Sie fragte, wieso er keine Pilotenausbildung durchlaufen habe.
C Sie fragte, was er über die Verantwortung eines Piloten denke.

+ **5** Zum Beispiel:
– Es würde mich interessieren, warum Salme nicht versucht hat, eine Ausbildung als Pilot zu absolvieren.
– Es würde mich interessieren, ob Salme sich der möglichen Folgen seiner Tat bewusst war.

Nebensätze unterscheiden – Relativsätze

Seite 70

1 a + b

A Gert Postel, der eigentlich Postbote war, arbeitete jahrelang als Arzt.

B Der Briefträger, der fast 20 Jahre lang den gesamten Medizinbetrieb an der Nase herumführte, genießt noch heute große Anerkennung.

C Als erfolgreicher Psychiater verwendete er sogar medizinisch klingenden Krankheitsbegriffe, die es gar nicht gab.

+ **2** A Postel, der als Dr. Dr. Bartholdy seine Karriere begonnen hatte, galt als kompetenter Psychiater.
B In Telefonaten mit Oberärzten, die er unter einer falschen Identität führte, lobte er sich selbst als Psychiater mit hervorragenden Qualifikationen.

das oder *dass*? – Achte auf die Wortart

Seite 71

1 Bei Satz A handelt es sich um die Konjunktion „dass", bei Satz B um das Relativpronomen „das". In Satz B kann „das" durch „welches" ersetzt werden *(... schrieb Postel ein Buch, welches ...).*

2 Das Buch, das Postel während seiner Haftstrafe schrieb, heißt „Doktorspiele – Geständnisse eines Hochstaplers". In diesem autobiografischen Werk, das seine Lebensgeschichte erzählt, kritisiert Postel den Psychiatriebetrieb. Er behauptet, dass es in diesem Beruf sehr leicht sei, als falscher Arzt Karriere zu machen. Wichtig sei nur, dass man ein Auftreten habe und über medizinisches Fachvokabular verfüge.
Postels Geständnisse als Hochstapler sind so interessant und amüsant, dass sein Buch ein Erfolg wurde.
Als Gutachter, so schreibt er beispielsweise, kreierte er ein neues Krankheitsbild, das er als „bipolare Depression dritten Grades nach Postel" bezeichnete.

+ **3** Dass das Buch, das Postel schrieb, ein Erfolg wurde, war nicht abzusehen. Der Zufall, dass Postel lange Zeit nicht als Hochstapler entlarvt wurde, war dabei sicherlich hilfreich.

Nebensätze unterscheiden – Partizipialgruppen

Seite 72

1 **a + b** Die Partizipien sind grau markiert, der Partizipialsatz unterstrichen.
A Nach Geld oder Anerkennung verlangend, so werden manche Menschen zu Hochstaplern.
(Das Komma ist verpflichtend, weil die Partizipialgruppe vom hinweisenden Wort „so" abhängt.)
B Ihre hochstaplerische Rolle spielend (,) kompensieren sie oft ein Gefühl der Minderwertigkeit.
C Hochstapler, am Aufrechterhalten ihrer Rolle Interesse habend, lügen oft sehr kreativ.
(Das Komma ist verpflichtend, weil die Partizipialgruppe eine nachgestellte Erläuterung ist.)
D Sich glaubhafte Lebensläufe ausdenkend (,) fallen sie meist lange Zeit nicht auf.

2 A Weil sie nach Geld oder Anerkennung verlangen, werden manche Menschen zu Hochstaplern.
B Indem sie ihre hochstaplerische Rolle spielen, kompensieren sie oft ein Gefühl der Minderwertigkeit.
C Weil sie am Aufrechterhalten ihrer Rolle Interesse haben / interessiert sind, lügen Hochstapler oft sehr kreativ.
D Weil sie sich glaubhafte Lebensläufe ausdenken, fallen sie meist lange Zeit nicht auf.

+ **3** Hochstapler, die am Aufrechterhalten ihrer Rolle Interesse haben / interessiert sind, lügen oft sehr kreativ.

Nebensätze unterscheiden – Infinitivgruppen

Seite 73

1 Die Infinitive (Verb + *zu*) sind grau markiert, der Infinitivsatz unterstrichen.
A Es ist nicht grundsätzlich strafbar, ein Hochstapler zu sein.
(Das Komma ist verpflichtend, weil die Infinitivgruppe von dem hinweisenden Wort „es" abhängt.)
B Um für Hochstapelei verurteilt zu werden, muss man bestimmte Straftatbestände erfüllen.
(Das Komma ist verpflichtend, weil die Infinitivgruppe durch „um" eingeleitet wird.)
C Es ist zum Beispiel verboten, Titel oder Berufsbezeichnungen zu missbrauchen.
(Das Komma ist verpflichtend, weil die Infinitivgruppe vom hinweisenden Wort „es" abhängt.)
D Demzufolge ist es strafbar, sich mit einem Doktortitel zu schmücken oder sich fälschlicherweise als Arzt oder Pilot auszugeben.
(Das Komma ist verpflichtend, weil die Infinitivgruppe vom hinweisenden Wort „es" abhängt.)

2 A Es ist verboten, ein erfundenes Unternehmen oder eine fremde Immobilie zu verkaufen.
B Es ist auch strafbar, falsche Zeugnisse, Urkunden oder Ausweise auszustellen.

+3 Satz 2 würde man überarbeiten, weil die Phrase im Nominalstil sehr lang ist.
Überarbeitung des Satzes 2: Um ein Leben als Hochstapler zu führen, bedarf es einer gewissen Skrupellosigkeit.

Teste dich! – Sätze untersuchen

Seite 74

1 a + b
A Der Komiker Rémi Gaillard ist kein Hochstapler im engeren Sinne, aber auch er schmückt sich oft mit fremden Federn. (Satzreihe)
B Sein Nachname „Gaillard“, der ein Künstlername ist, bedeutet übersetzt „Witzbold“. (Satzgefüge)
C Mit seinen verrückten Streichen, die er im Internet veröffentlicht, wurde er zum Star. (Satzgefüge)
D Weil er sich heimlich unter die großen Fußballstars mischte, gilt er auch als Komödiant der Fußballszene. (Satzgefüge)
Hinweis: Für jede richtig bestimmte Satzart (Satzreihe oder Satzgefüge) erhältst du 1 Punkt (= insgesamt 4 Punkte). Für jedes richtig gesetzte Komma erhältst du 1 Punkt (= insgesamt 6 Punkte). Du kannst also insgesamt 10 Punkte erreichen.

2 a Die Nebensätze sind markiert.
A Rémi Gaillards größter Coup bestand darin, sich nach dem französischen Pokalfinale auf das Spielfeld zu schummeln.
B Voller Begeisterung jubelnd, so mischte er sich unter die Fußballspieler der Siegermannschaft.
C Weil er ein Fußballtrikot trug, hielten ihn alle für ein Mannschaftsmitglied.
D Niemand fragte sich, wer genau da in Siegerlaune den Pokal hochhielt.
E Sogar dem französischen Präsidenten, der Gaillard überschwänglich für sein gutes Spiel lobte, fiel der Schwindel nicht auf.
F Dass Gaillard nach dem Spiel sogar Interviews gab und Fanartikel signierte, erstaunt besonders.
Hinweis: Für jeden richtig markierten Nebensatz erhältst du 1 Punkt. Du kannst also insgesamt 6 Punkte erreichen.
b F = Subjektsatz, D = Objektsatz, E = Relativsatz, C = Adverbialsatz, B = Partizipialgruppe, A = Infinitivgruppe
Hinweis: Für jeden richtig bestimmten Nebensatz erhältst du 1 Punkt. Du kannst also insgesamt 6 Punkte erreichen.

3
- Bei Satz A hängt die Infinitivgruppe von dem hinweisenden Wort „es“ ab.
- Bei Satz B wird durch das hinweisende Wort „so“ auf die Partizipialgruppe Bezug genommen.

Hinweis: Für jede richtige Begründung erhältst du 1 Punkt. Du kannst also insgesamt 2 Punkte erreichen.

Seite 75

4 a + b
A Weil Gaillard großen Spaß an medialer Aufmerksamkeit hat, schummelte er sich auch ins Team der französischen Volleyball-Nationalmannschaft. (Kausalsatz)
B Während die französische Nationalhymne gespielt wurde, stand er mitten in der Reihe der Spieler und sang lauthals mit. (Temporalsatz)
C Obwohl die Presse mittlerweile hätte misstrauisch sein müssen, konnte er sich sogar auf das offizielle Siegerfoto der Volleyball-Nationalmannschaft schmuggeln. (Konzessivsatz)
Hinweis: Für jedes richtig gebildete Satzgefüge bekommst du 1 Punkt (= insgesamt 3 Punkte). Für jeden richtig bestimmten Adverbialsatz erhältst du 1 Punkt (= insgesamt 3 Punkte). Du kannst also insgesamt 6 Punkte erreichen.

Rechtschreibung

Was kannst du schon?

Seite 76

1 Die eingesetzten **Buchstaben** sind **fett** gedruckt.
Wir sprechen von Bionik, wenn Wi**ss**enschaftler und Forscherinnen sich Tricks von der Natur abgu**ck**en. Weil sich im Lau**f**e der Evolution die Natur optimal an ihre Umwelt angepa**ss**t hat, kö**nn**en wir v**ie**les von ihr lernen. Warum sto**ß**en Fische, die in einem Schwarm schwi**mm**en, nicht zusa**mm**en? Warum haften die Saugnäpfe von Kraken auf gla**tt**en Oberflächen und welcher Trick der Natur ste**ck**t hinter den Kle**tt**en, die an unserer Kleidung ohne Klebsto**ff** haften bleiben? Damit beschäftigt sich die Bionik.
Hinweis: Für jeden richtig eingesetzten Buchstaben (einfacher Buchstabe oder Doppelkonsonant) bekommst du 1 Punkt. Du kannst also insgesamt 12 Punkte erreichen.

2 **a + b** Die eingesetzten **Buchstaben** sind **fett** gedruckt.

	A	V	Z
A Fl**ä**che • Vogelschw**ä**rme • zug**ä**nglich • Ern**ä**hrung • Ger**äu**sche	x		
B Run**d**flug • schla**g**kräftig • Den**k**sport • Wa**g**nis • sie**b**zig		x	
C gol**d**gl**ä**nzend • Wal**d**br**ä**nde • Techni**k**tr**äu**me • Ber**g**h**ä**nge	x	x	x

Hinweis: Für jede richtige Einsetzung bekommst du 1 Punkt (= insgesamt 22 Punkte). Für jede richtig angekreuzte Strategie erhältst du 1 Punkt (= insgesamt 5 Punkte). Du kannst also insgesamt 27 Punkte erreichen.

3 **a**

A die tägliche Aufgabe – ~~Tagsüber~~ – am Wochenende – die jährliche Versammlung
B mittwochmorgens – ~~Mittwochmorgens~~ – am Mittwochmorgen – mittwochs am Morgen
C heute Vormittag – vormittags – am Nachmittag – ~~gestern abend~~
D abends – immer dienstags – ~~heute morgen~~ – gestern Abend
Hinweis: Für jede richtig erkannte Falschschreibung bekommst du 1 Punkt. Du kannst also insgesamt 4 Punkte erreichen.

b tagsüber, mittwochmorgens, gestern Abend, heute Morgen
Hinweis: Für jede richtig geschriebene Zeitangabe bekommst du 1 Punkt. Du kannst also insgesamt 4 Punkte erreichen.

Seite 77

4 Die korrekten **Anfangsbuchstaben** sind **fett** gedruckt.
Auch beim **E**ntwerfen von Werkzeugen und anderen Gebrauchsgegenständen ist es oft am **b**esten, sich zunächst in der Natur **u**mzuschauen. Im Tier- und Pflanzenreich findet sich manches **N**ützliche, das auch zum **W**ohl des Menschen **W**esentliches beitragen kann. Die **v**erblüffendsten und überzeugendsten Lösungen der Natur sind allerdings nicht immer ganz **e**infach in **m**enschengemachte Technik zu übersetzen. Aber durch genaues **B**eobachten, intensives **N**achdenken und wissenschaftliches **K**önnen schaffen auch die **P**rofessionellen aus Design und Technik **E**rstaunliches!
Hinweis: Für jede richtige Groß- oder Kleinschreibung bekommst du 1 Punkt. Du kannst also insgesamt 14 Punkte erreichen.

5 Das r steht für eine richtige Schreibweise, das f für eine falsche.

	r	f
A Das Auseinanderfalten eines Stadtplans funktioniert auf faszinierende Weise.	r	
B Der Plan muss nur an zwei Punkten bewegt werden, um sich auseinander zu ziehen.		f
C Genauso lässt er sich auch wieder zusammen falten.		f
D Der Astrophysiker Koryo Miura hat sich diese Technik bei Blütenblättern abgeschaut.	r	
E Auch die Solarsegel von Satelliten können damit enorm schnell entfaltet werden.	r	

Hinweis: Für jedes richtige Kreuz bekommst du 1 Punkt. Du kannst also insgesamt 5 Punkte erreichen.

6 Haie gehören zu den schnellsten Schwimmern in unseren Ozeanen. Möglich ist das zum einen durch ihren extrem stromlinienförmigen Körper, der wenig Verwirbelung im Wasser hinterlässt. Zum anderen besitzen Haie aber auch eine spezielle Haut, die den Strömungswiderstand des Wassers erheblich mindert. Diese Riblet-Struktur, eine besondere Rillenstruktur auf der Haihaut, ist auch für Schiffe und Flugzeuge interessant, denn mit der Reduzierung der Reibung verringert sich natürlich auch der Kraftstoffverbrauch. Zu Testzwecken wurden die ersten Linienflugzeuge mit einer haihautähnlichen Folie, also einer Riblet-Folie, überzogen. Obwohl die Flugzeuge tatsächlich weniger Kerosin verbrauchten, gab es auch Probleme. Die Folie klebte nicht fest genug (,) und bei den Flugzeuginspektionen musste sie jedes Mal abgenommen werden, damit auch das Material der Flugmaschine überprüft werden konnte. Man forscht weiter, aber ob und wann sich die Beschichtung bei Flugzeugen durchsetzen wird, ist ungewiss.
TIPP: Das eingeklammerte Komma vor „und" kannst du setzen, du musst es aber nicht setzen.
Hinweis: Für jedes richtig gesetzte Komma bekommst du 1 Punkt. Du kannst also insgesamt 11 Punkte erreichen bzw. 12 Punkte, wenn du das Komma vor „und" mitzählst.

Wiederholung: Strategien und Regeln

Auf die erste Silbe achten – Doppelkonsonanten, *s*-Laut, *i* oder *ie*

Seite 78

1 Die **Einsetzungen** (einfacher Buchstabe oder Doppelkonsonant) sind **fett** gedruckt.
die Qua**ll**en, die Schne**ck**en, der Luftstro**m**, der Schwi**mm**anzug, der Kle**tt**verschlu**ss**, die Wa**ss**erpflanze, das Le**b**ewesen

2 Die eingesetzten ***s*-Laute (*s*, *ss* oder ß)** sind **fett** gedruckt.
A Dass Hasen Füchse ha**ss**en, kann man gut verstehen.
B Bei Schnupfen sind die Na**s**en na**ss**.
C Auf dem Rasen grasen gro**ß**e Strau**ß**e.
E Sie la**s**en immer weiter in ihren Büchern und konnten es einfach nicht la**ss**en.
F Wei**s**e ist, wer keine wei**ß**e Kleidung in der Hitze trägt.
G Bei einer Ma**ss**e von Fu**ß**ballspielern nahm er Ma**ß** für neue Trikots.

Seite 79

3 Die eingesetzten **Buchstaben (*i* oder *ie*)** sind **fett** gedruckt.

Die Welt mit besseren Augen sehen
Im Alltag nehmen wir fast drei Viertel aller Informationen mit unseren Augen auf. Da kannst du dir s**i**cher vorstellen, dass vor der Erf*i*ndung der Br**i**lle schlechtes Sehen ein r**ie**siges Problem war. Wurden die Augen im Alter schlechter, war man bei v**ie**len Dingen plötzlich auf H**i**lfe angew**ie**sen. Viele altersweits**i**chtige Menschen konnten nicht mehr in ihrem Beruf arbeiten und mussten andere Wege f**i**nden, um ihren Lebensunterhalt zu verd**ie**nen. Dabei war alles, was man für eine Br**i**lle braucht, schon lange bekannt. Wenn ein L**i**chtstrahl durch Glas oder Wasser fällt, verändert er seine R**i**chtung. Daher s**ie**ht zum Beisp**ie**l ein Löffel größer aus, wenn du ihn in ein Glas Wasser tauchst. Schon den Römern f*ie*l das auf. Aber erst der arabische W*i*ssenschaftler Abu Ali al-Hasan Ibn al-Haitham schaute genauer h**i**n und schr**ie**b seine Beobachtungen über die Optik auf.

+ **4** Die falsch geschriebenen Wörter sind durchgestrichen, die richtigen Schreibweisen findest du in Klammern hinter den Wörtern.

Um das Jahr 1250 ~~schlifen~~ (schliffen) Mönche erstmals dicke ~~Glaßlinsen~~ (Glaslinsen), die sie Lesesteine nannten. Da es damals sehr ~~schwirig~~ (schwierig) war, klares ~~Glaß~~ (Glas) ~~herzustelen~~ (herzustellen), ~~bestannden~~ (bestanden) die Lesesteine häufig auch aus Bergkristall oder Beryll. Noch heute ~~erinert~~ (erinnert) unser Wort „Brille" daran. Mit der Zeit konnte man die Lesesteine immer besser und ~~düner~~ (dünner) ~~schleiffen~~ (schleifen). Am Anfang hatte man den Lesestein noch direkt auf das Buch gelegt, jetzt ~~hiehlt~~ (hielt) man ihn sich einfach vors Auge. Bald schon konnte man ~~überal~~ (überall) in Europa Brillenmacher finden. Allerdings wurden die Brillen oft in schlechter ~~Maßenproduktion~~ (Massenproduktion) hergestellt und von ~~wannderden~~ (wandernden) Händlern verkauft. Erstaunlich lange suchte man nach der ~~beßten~~ (besten) Möglichkeit, die Brille am Kopf zu befestigen. Erst nach mehreren Hundert Jahren ~~sezte~~ (setzte) sich die Ohrenbrille durch, ~~derren~~ (deren) Form uns heute so ~~naheligend~~ (naheliegend) erscheint.

Verlängern und zerlegen – Wörter mit *b/p, d/t, g/k*

Seite 80

1 Die **eingesetzten Buchstaben** (*b* oder *p*, *d* oder *t*, *g* oder *k*) sind **fett** gedruckt.
(Die Verlängerungswörter, die dir bei der Schreibweise helfen, findest du unter dem Text.)

Der Staubsauger
Wie reini**g**te man vor run**d** hunder**t** Jahren den Fußboden? Man tru**g** die Teppiche nach draußen und schlu**g** mit dem Teppichklopfer den Staub heraus. 1901 fra**g**te sich daher der Ingenieur H. C. Booth, ob es nicht mö**g**lich sei, dass der Stau**b** eingesau**g**t wird statt aufgewirbelt. Als er mit Freunden in einem Restaurant saß, kam ihm eine Idee. Er le**g**te sein Taschentuch über die Armlehne des Polstersessels, stül**p**te seinen Mun**d** darüber und sau**g**te, so star**k** er konnte. Das Erge**b**nis waren ein Hustenanfall und ein Stau**b**fleck in seinem Taschentuch.

reinigte → reinigen, rund → runde, trug → trugen/tragen, schlug → schlugen/schlagen, Staub → staubig, fragte → fragen, möglich → mögen, Staub → staubig, eingesaugt → saugen, legte → legen, stülpte → stülpen, Mund → Münder, saugte → saugen, stark → stärker, Ergebnis → ergeben, Staubflecken → Staub + Flecken → staubig

+ **2** Die falsch geschriebenen Wörter sind durchgestrichen, die richtigen Schreibweisen findest du in Klammern hinter den Wörtern. (Die Verlängerungswörter, die dir bei der Schreibweise helfen, findest du unter dem Text.)

Die ersten Staubsauger, die Booth nach diesem ~~Prinzib~~ (Prinzip) baute, waren ~~riesick~~ (riesig). Ein Benzinmotor ~~triep~~ (trieb) eine große Vakuumpumpe an. Diese sog die ~~staupgefüllte~~[1] Luft durch einen Filterbehälter, der den Staub ~~auffink~~.[2] ~~Lärment~~[3] stand ein solches ~~Geräd~~[4] auf einem Pferdefuhrwerk vor dem Haus. Ein langer Schlauch ging in die Räume, die ~~gereinikt~~[5] werden sollten. Aber ~~balt~~[6] kamen ~~hantlichere~~[7] Modelle auf den Markt.

Prinzip → Prinzipien, riesig → riesige, trieb → trieben/treiben, staubgefüllte → Staub + gefüllt → staubig, auffing → auffingen/auffangen, Lärmend → lärmende, Gerät → Geräte, gereinigt → reinigen, bald → baldige, handlichere → Hände

[1] (staubgefüllte)
[2] (auffing)
[3] (Lärmend)
[4] (Gerät)
[5] (gereinigt)
[6] (bald)
[7] (handlichere)

Ableiten – Wörter mit *ä* und *äu*

Seite 81

1 Die fehlenden Buchstaben sind fett gedruckt, die verwandten Wörter, die die Schreibweise der Wörter mit *ä* oder *äu* begründen, findest du in Klammern direkt hinter den Wörtern.
Das Prinzip der Saugn**ä**pfe (verwandtes Wort, z. B. der Napf) wurde bei Tieren wie Kraken oder Käfern entdeckt. Ob Saugm**äu**ler (verwandtes Wort, z. B. das Maul), Saugfüße oder Saugtentakel – immer entsteht ein Unterdruck, während diese napfförmigen Gebilde an glatte Fl**ä**chen (verwandtes Wort, z. B. flach) gepr**e**sst werden. In den Hohlr**äu**men (verwandtes Wort, z. B. der Raum) unter den geschmeidigen N**ä**pfen (verwandtes Wort, z. B. der Napf) wird die Luft verdr**ä**ngt (verwandtes Wort, z. B. der Drang) und es wirken Kr**ä**fte (verwandtes Wort, z. B. die Kraft), die den Saugeffekt bewirken. Mittlerweile ist der Mensch fähig, künstliche Saugn**ä**pfe (verwandtes Wort, z. B. der Napf) herzustellen. Sie werden verw**e**ndet, wenn Gegenst**ä**nde (verwandtes Wort, z.B. der Gegenstand / der Stand) nur zeitweise bef**e**stigt werden sollen, z. B. Küchenger**ä**te (verwandtes Wort, z. B. geraten, der Rat, der Hausrat) auf der Arbeitsplatte oder Heizst**ä**be (verwandtes Wort, z. B. der Stab) im Aquarium.

+**2** Die Buchstaben in den Lücken sind markiert.
- Heute lege ich mich so lange in die Badewanne, bis ich Schwimmhäute bekomme.
- Das Glockenläuten sagt den Leuten, dass es in der Kirche einen Gottesdienst gibt.
- Das Einreißen der Trennwände bewirkte eine Wende im Zusammenleben der Hausbewohner.

Fremdwörter richtig schreiben

Seite 82

1 Die gesuchten Wörter sind im Wortgitter markiert.

P	R	A	E	P	O	S	I	T	I	O	N	A	R	T	Z	U	P	P	L	A	C	C	J	H	G
R	A	M	M	O	P	U	M	H	M	K	I	O	P	U	L	N	X	D	A	R	H	A	O	U	L
A	M	M	A	N	T	T	A	E	G	H	N	N	U	L	O	T	R	O	C	H	A	E	U	S	I
E	P	S	P	N	T	N	N	A	H	E	E	N	L	M	M	A	L	M	H	Y	M	A	R	T	O
F	X	T	O	T	Z	A	A	T	M	S	M	E	T	A	P	H	E	R	T	T	M	A	N	T	E
I	M	R	X	E	I	Q	P	E	I	G	A	M	F	Z	U	A	N	U	R	H	O	N	A	L	E
X	B	O	U	L	E	V	A	R	D	Z	E	I	T	U	N	G	U	M	A	M	R	M	L	A	G
R	O	P	B	F	F	I	E	U	P	H	E	M	I	S	M	U	S	T	K	U	F	M	I	N	I
D	L	H	N	T	H	E	S	A	U	R	U	S	A	U	U	O	M	I	U	S	M	J	S	I	U
M	I	E	T	H	Z	M	T	A	M	A	N	I	P	O	P	R	A	E	T	E	R	I	T	U	M

- Zwei Lyrik-Fachbegriffe aus dem Griechischen mit *ä* (= ae): *der Trochäus, der Anapäst*
- drei Grammatikbegriffe aus dem Lateinischen mit der Vorsilbe prä- (= prae): *das Präfix, die Präposition, das Präteritum*
- zwei Medienbegriffe aus dem Französischen mit *ou-*: *die Boulevardzeitung, der Journalist*
- sechs weitere Fachbegriffe des Deutschunterrichts aus dem Griechischen mit *th, rh* oder *ph*: *die Strophe, das Theater, der Thesaurus, der Euphemismus, die Metapher, der Rhythmus*

2

- Jogurt – ~~Joguhrt~~ – ~~Jogourt~~ – Joghurt
- ~~Spageti~~ – ~~Spagheti~~ – Spaghetti – Spagetti
- ~~Biografi~~ – ~~Biography~~ – Biographie – Biografie
- ~~Microphon~~ – Mikrophon – Mikrofon – ~~Mikrofohn~~
- fotografieren – ~~photographiren~~ – photografieren – ~~fotografiren~~

+ 3

A If you write a summary you use the present tense.
Wenn du eine Inhaltsangabe schreibst, benutzt du das Präsens.

B I like the film, especially the last scene.
Ich mag den Film, besonders die letzte Szene.

C The dialogue between the characters is really funny
Der Dialog zwischen den (einzelnen) Figuren ist sehr lustig.

D This beautiful song is actually my favorite.
Dieses Lied ist zur Zeit mein Favorit.

Teste dich! – Regeln und Strategien zum Rechtschreiben

Seite 83

1 Bionik
Hinweis: Für die richtige Antwort bekommst du 1 Punkt.

2 a Hier findest du die korrekte Schreibweise der Lückenwörter:
Entschlo**ss**enheit – na**nn**te – aufwie**s**en – verzö**g**ere – Gepä**ck** – bestan**d** – Wi**ll**en – überschri**tt** – schu**f** – Schwi**mm**bad
Hinweis: Für jede richtige Schreibweise bekommst du 1 Punkt. Du kannst also insgesamt 10 Punkte erreichen.

b Die Strategie, die dir bei der Schreibweise der Wörter hilft, ist, auf die erste Silbe zu achten. Ist die erste Silbe offen, steht nur ein Konsonant. Ist die erste Silbe geschlossen, folgen zwei Konsonanten. Hört man nur einen Konsonanten, so wird dieser verdoppelt.
Hinweis: Für das Anführen der richtigen Strategie erhältst du 2 Punkte.

3 Die sechs Wörter, die einen Fehler bei der *s*-Schreibung haben, sind:
beschloss (Z. 1), großer (Z. 1), fließende (Z. 4), hieß (Z. 6), Feuerwehrhäuser (Z. 9), Architekturpreis (Z. 11)
Hinweis: Für jedes korrigierte Wort bekommst du 1 Punkt. Du kannst also insgesamt 6 Punkte erreichen.

4 Die Schreibung des *i*-Lauts in den beiden Wörtern „Linien" (Z. 4) und „Pilot" (Z. 4) weist darauf hin, dass es sich um Fremdwörter handelt, weil in beiden Fällen die erste Silbe offen ist. Das führt im Deutschen regelhaft zu einer Schreibung mit *ie*, die Wörter Pilot und Linie werden aber nur mit *i* geschrieben.
Hinweis: Für die richtige Erklärung bekommst du 2 Punkte.

5 Zum Beispiel:
- bedeutendste (Z. 2 und Z. 11): bedeutend|ste → bedeutende
- Flugzeug (Z. 4): Flug|zeug → Flüge

Hinweis: Für jedes Wort (inkl. Zerlegung und Verlängerung) bekommst du 1 Punkt. Du kannst also insgesamt 2 Punkte erreichen.

6 Vier Wörter, deren Schreibweise sich aus einem verwandten Wort mit *a* ableiten lässt:
tatsächlich (Z. 2) → Tatsache, zählte (Z. 2) → Zahl, erklärte (Z. 4) → klar, Gepäck (Z. 6) → packen
Zwei Wörter, deren Schreibweise sich aus einem verwandten Wort mit *au* ableiten lässt:
Gebäude (Z. 3) → bauen, Feuerwehrhäuser (Z. 9) → Haus

Groß- und Kleinschreibung

Wiederholung: Nominalisierungen/Substantivierungen

Seite 84

1 a Die **Nominalisierungen** sind gefettet und unterstrichen, die Begleitwörter sind unterschlängelt.

Wie kann Schwaches stark gemacht werden?
Nehmen wir zum Beispiel ein dünnes Blatt Papier, also etwas ziemlich **Leichtes**, und legen es mit einigem Abstand zwischen zwei gleich dicke Bücher. Um zu beweisen, dass das Papier so nichts **Schweres** tragen kann, müssen wir nicht viel experimentieren: Beim **Ablegen** eines Stiftes auf der Mitte des Papierblatts biegt sich dieses sofort durch. Wie kann das Blatt belastbarer werden? Zum **Lösen** dieser Frage hilft das **Vergleichen** mit einem natürlichen Blatt: Palmenblätter sind wie eine Ziehharmonika gefaltet, damit sie bei starkem Wind vor dem **Zerreißen** geschützt sind. Kräftiges **Falten** in dieser Weise verleiht auch dem Papierblatt viel mehr Stabilität. Legt man es wieder zwischen die Bücher, ist es jetzt stark genug zum **Tragen** des Stiftes. Manch **Nützliches** wird nach diesem Prinzip möglich. Es wird zum Beispiel beim **Herstellen** von Kartonschachteln angewendet.

b Die Nominalisierung ohne Begleitwort findet sich in der Überschrift: (etwas) Schwaches.

2 Die Nomen und Nominalisierungen sind unterstrichen.
Das Falten von Sachen zum Anziehen gut zu beherrschen, hat auch beim Packen von Koffern etwas ausgesprochen Praktisches.

Seite 85

3 Die Anfangsbuchstaben der Wörter sind markiert gedruckt.

Im Stau sind die Kleinen am größten
Der erste und der letzte Ferientag werden von Stauforschern am meisten geschätzt. Denn diese Tage sind zum Beobachten des egoistischen und chaotischen Fahrverhaltens der Spezies Mensch bestens geeignet. Mit dem Rasen über die Autobahn, mit Drängeln und Wechseln der Spur in zu enge Lücken verursachen die rücksichtslos und vernunftfrei Fahrenden immer wieder das Gleiche: Störungen des Verkehrsflusses, die genau das verhindern, was eigentlich alle wollen: möglichst schnell und ungestresst am Urlaubsort ankommen. Wenn jeder der Erste sein will, läuft es auf der Straße am schlechtesten. Wie man es am besten macht, zeigen uns Lebewesen, die sich nie mit Urlaubmachen vom Arbeiten erholen: Auf den Straßen der Ameisen gibt es kein Drängeln und kein Zusammenstoßen. Das schaffen die kleinen Tiere über eine chemische und durch Berührung funktionierende Kommunikation. Hier zeigt sich: Nicht ein eigennütziges, sondern ein kooperatives Verhalten führt zum Erfolg. Für das Vernetzen von Fahrzeugen scheint hier ein wichtiger und erfolgversprechender Schlüssel zum Lösen des Problems zu liegen.

+ **4** So werden die Redewendungen richtig geschrieben: den Kürzeren ziehen, auf dem Laufenden halten, im Argen liegen, zum Besten geben, im Großen und Ganzen, das Für und Wider.

Schreibung von Eigennamen und Herkunftsbezeichnungen

Seite 86

1 a + b

- der **Westfälische Friede:** Bezeichnung für eine Reihe von Friedensverträgen, mit denen 1648 der sogenannte **Dreißigjährige Krieg** (auch ein Eigenname für ein historisches Ereignis!) endete
- die **Mecklenburgische Seenplatte:** Name einer Landschaft
- der **Schwarze Freitag:** (u.a.) Bezeichnung für einen Freitag im Jahr 1929, an dem die Börse an der New Yorker Wall Street zusammenbrach, was eine Weltwirtschaftskrise auslöste

2 **a + b** Die Wörter auf *-er*, die von geografischen Namen abgeleitet sind, sind unterschlängelt. Du schreibst sie groß. Die Adjektive (auch Adjektive auf *-isch*, die von geografischen Namen abgeleitet sind) sind unterstrichen. Sie werden kleingeschrieben.

Schneckenhäuser der tierischen Art findet man an norddeutschen Meeresküsten, in italienischen Weingärten und in heimischen Wiesen. Schneckenhäuser der ganz anderen Art gibt es in vielen deutschen Städten: Schneckenhaus nennen sich z. B. eine Berliner Wohnagentur und ein Restaurant im thüringischen Weimar. Als Schneckenhäuschen bezeichnen sich eine Rostocker, eine Leipziger, eine Potsdamer Kindertagesstätte und viele andere Kindereinrichtungen. Einen Schneckenturm gibt es unter anderem in einer evangelischen Kirche der hessischen Stadt Hungen, als Aussichtspavillon im rheinland-pfälzischen Ort Schillerhain und auf der mexikanischen Ruinenstätte Chichén Itzá. Tatsächlich gibt es im nordpfälzischen Odenbachtal sogar einen Ort namens Schneckenhausen. Ob beim Schneckenhausener Bauernmarkt auch Schneckenhäuser angeboten werden?

Schreibung von Zeitangaben

Seite 87

1 Die Zeitangaben werden so geschrieben: gestern Abend, heute Morgen, vor- und nachmittags, am Freitag und Sonntagabend.

2 Mögliche Sätze:

- Das Umweltzentrum ist sonntags und montags ganztägig geschlossen.
- Von dienstags bis donnerstags gibt es täglich das gleiche Programm.
- Nachtführungen gibt es nur am Freitag- und am Samstagabend.
- Freitags gibt es am späten Vormittag einen Mikroskopierkurs.
- Am Nachmittag finden immer Führungen statt, entweder durch den Bienengarten oder durch den Stinkgarten.

+ **3** Mögliche Beispiellösung:
Ich würde am liebsten freitags das Umweltzentrum besuchen, denn mich interessieren besonders der Mikroskopierkurs am Vormittag und die Führung durch den Stinkgarten, die nachmittags stattfindet.

Teste dich! – Textüberarbeitung (Groß- und Kleinschreibung)

Seite 88

1 Die Fehlerwörter sind durchgestrichen, die Korrekturen findest du hinter den Wörtern in Klammern.

Heute erfinden – morgen zum Patent anmelden

Man könnte ja meinen, dass Erfindungen die Welt von einem Tag auf den ~~Nächsten~~ (nächsten) auf einschneidende Weise verändern. Aber häufig ist es viel ~~Komplizierter~~ (komplizierter). Für viele Erfinder beginnt die Eigentliche (eigentliche) und unattraktivere Arbeit erst nach dem ~~erfinden~~ (Erfinden). Wenn man eine Erfindung patentieren lässt, ist das Nachbauen und ~~verkaufen~~ (Verkaufen) des ~~erfundenen~~ (Erfundenen) verboten. Vor dem Genehmigen wird geprüft, ob die Erfindung auch wirklich etwas ~~neues~~ (Neues) ist. Beim ~~anmelden~~ (Anmelden) muss sie genau beschrieben werden. Für ~~Zwanzig~~ (zwanzig) Jahre darf dann nur der Erfinder damit Geschäfte machen. Dafür erfährt die Öffentlichkeit, wie sie funktioniert. In Deutschland ist dafür seit 1877 das ~~deutsche~~ (Deutsche) Patent- und Markenamt in München zuständig, zu dem auch ~~berliner~~ (Berliner) und ~~jenaer~~ (Jenaer) Dienststellen gehören. Zusätzlich gibt es auch das ~~europäische~~ (Europäische) Patentamt. Die ~~Schweizerische~~ (schweizerische) Entsprechung heißt klangvoller „~~eidgenössisches~~ (Eidgenössisches) Institut für ~~geistiges~~ (Geistiges) Eigentum“. Zwischen Anmelden und ~~erteilen~~ (Erteilen) eines Patents vergehen in etwa zweieinhalb Jahre. Sobald jemand mit einer Erfindung Erfolg hat, behauptet fast immer jemand, das ~~gleiche~~ (Gleiche) oder etwas Ähnliches schon viel ~~Früher~~ (früher) gebaut zu haben. In Ländern der ~~europäischen~~ (Europäischen) Union zählt nur, wer als ~~erstes~~ (Erstes) das Patent angemeldet hat. In den ~~vereinigten~~ (Vereinigten) Staaten ist aber ausschlaggebend, wer die Erfindung tatsächlich am frühesten gemacht hat. Und das ist meistens nicht so einfach zu ~~Beweisen~~ (beweisen). Im Extremfall sagt der eine: „Ich hab's am Donnerstagabend erfunden!“, und die ~~Nächste~~ (nächste) Person: „Ich aber schon ~~Donnerstagnachmittags~~ (donnerstagnachmittags)!“

Hinweis: Für jedes richtig korrigierte Fehlerwort bekommst du einen 1 Punkt. Du kannst also insgesamt 25 Punkte erreichen.

2 a

A Tageszeiten und Wochentage werden kleingeschrieben, wenn sie Adverbien sind.	r	
B Adjektive im Superlativ mit *am* werden kleingeschrieben.	r	
C In mehrteiligen Eigennamen schreibt man alle Wörter groß.		f

Hinweis: Für jede richtig angekreuzte Regel bekommst du 1 Punkt. Du kannst also insgesamt 3 Punkte erreichen.

b Korrektur der falschen Aussage C: In mehrteiligen Eigennamen schreibt man alle Wörter groß, mit Ausnahme der Artikel, Konjunktionen und Präpositionen.
Hinweis: Für die korrigierte Regel bekommst du 1 Punkt.

3 Mögliche Lösung:
- Beispiel zu Regel A: donnerstagnachmittags (Z. 16)
- Beispiel zu Regel B: am frühesten (Z. 14)

Hinweis: Für jedes Beispiel aus dem Text bekommst du 1 Punkt. Du kannst also insgesamt 2 Punkte erreichen.

4 Die ~~dresdner~~/ Dresdner Melitta-Bentz-Straße erinnert an die Erfinderin des Kaffeefilters. Das ~~recklinghausener~~/ Recklinghausener ~~Mariecuriegymnasium~~/Marie-Curie-Gymnasium ist nach der Physikerin und Chemikerin polnischer/ ~~Polnischer~~ Herkunft benannt, die mit ihrem französischen/ ~~Französischen~~ Mann Pierre die Radioaktivität entdeckte.
Hinweis: Für jede richtige Schreibweise bekommst du einen 1 Punkt. Du kannst also insgesamt 5 Punkte erreichen.

5 gestern frühmorgens, gestern Nachmittag, morgen früh, noch heute kurz vor Mitternacht, früh am Morgen, frühmorgens
Hinweis: Für jede richtig geschriebene Zeitangabe bekommst du 1 Punkt. Du kannst also insgesamt 6 Punkte erreichen.

Zusammen- und Getrenntschreibung

Getrenntschreibung – Nomen + Verb

Seite 90

1 Tiere können für unsere Technik Vorbild sein, z. B. in Bezug auf das Energiesparen. Ein erstaunliches Beispiel dafür sind die Pinguine. Durch ihren tropfenförmigen Körper erzeugen sie unter Wasser kaum Widerstand und sind blitzschnell. So können sie durch gekonntes Hakenschlagen auch einem Orca auf der Jagd entkommen. Für das Autofahren der Zukunft kann das bedeuten, dass die Karosserien einfacher und stromlinienförmiger werden. Bewegte sich ein Wagen mit dem Verbrauch eines Pinguins von der Nordsee bis zu den Alpen, schluckte er gerade noch einen Liter Benzin. Wenn wir Menschen Forschung betreiben, ist es also wichtig, die Natur nicht aus den Augen zu verlieren. Dann können wir irgendwann umweltschonend in einem Auto fahren, mit einem Boot tauchen oder einem Flugzeug fliegen.

+ 2 Mögliche Lösung;
Das Loseziehen ist fester Bestandteil eines jeden Jahrmarktbesuchs.
Wer den Jahrmarkt besucht, kann nicht nur Riesenrad fahren, sondern auch Lose ziehen.
Wissenschaftler müssen sich vor Experimenten verschiedene Fragen stellen.
Das Fragenstellen ist vor der Durchführung die erste Aufgabe von Wissenschaftlern.

Getrenntschreibung – Verb + Verb, Wortgruppen mit *sein*

Seite 91

1 Wollt ihr die Natur verstehen lernen? Dann solltet ihr das Elefantenhaus im Kölner Zoo besuchen. Wenn die Dickhäuter nicht in der Sonne liegen bleiben und aktiv werden, könnt ihr sie beim Fressen beobachten. Ihr werdet feststellen, wie präzise sie mit ihrem Rüssel Nahrung ertasten und aufnehmen können. Beim Greifenüben kann man bereits die jüngsten Elefanten beobachten. Sie wollen ihre Fähigkeiten kennen lernen und trainieren. Die Industrie will nun erforschen lassen, was das Multitalent Rüssel so beweglich und sensibel macht, um einen Hightech-Greifer zu entwickeln.

2 Ein Hightech-Greifer, der Kraft und Sensibilität vereint, kann z.B. in der Produktionsindustrie sehr nützlich sein. Das detailgenaue Zusammenfügen empfindlicher Bauteile kann so schwierig sein, dass herkömmliche Maschinen oft überfordert sind. Da die Forscher aber noch an den Details tüfteln, muss die Industrie noch geduldig sein.

+ 3 Mögliche Lösung:
Bei der Präsentation neuer Forschungsergebnisse möchte die Presse meistens dabei sein.
Vor Forschungsbeginn muss man neuen Lösungen gegenüber offen sein.
Es muss möglich sein, zukünftig noch effizientere Maschinen zu entwickeln, um die Umwelt zu schonen.

Meist getrennt – Adjektiv + Verb

Seite 92

1 A Das Forschungsziel muss bereits vor Beginn des Experiments feststehen.
B Bei Experimenten müssen Gegenstände fest stehen, damit diese nicht umkippen.

2 Du fragst dich, was Autoreifen mit Katzenpfoten zu tun haben? Dafür musst du dir zunächst klarmachen, wie oft die Natur Pate für wissenschaftliche Erfindungen steht, und dann ganz genau hinschauen! Forscher konnten nun feststellen, dass Katzenpfoten sich als Vorbild für Reifenprofile empfehlen. Denn wenn Katzen schnell laufen, sind sie nur mit einer kleinen Fläche ihrer Pfotenballen auf dem Boden. Müssen sie dagegen rasch bremsen, vergrößert sich die Fläche. Davon beeinflusst haben die Forscher das Profil der Reifen neu entworfen. Sie besitzen nun eine ausgezeichnete Bodenhaftung und gleichzeitig einen geringen Rollwiderstand.

+ 3 Mögliche Lösung:
A Alle Wortarten mit Ausnahme der Nomen muss man kleinschreiben.
B Auf Postkarten muss man klein schreiben, da dort in der Regel nur sehr wenig Platz ist.

Meist zusammen – Adverb + Verb, Präposition + Verb

Seite 93

1 A Wenn Luftfahrttechniker und Bioniker sich untereinander austauschen, ist das meist hilfreich.
Erweiterungsprobe: Wenn Luftfahrttechniker und Bioniker sich untereinander über wissenschaftliche Themen austauschen, ist das meist hilfreich.

2 **a + b** Unterstreichungen zeigen Betonungen an:
A vorhersagen (zusammen), B dazwischenkommen (zusammen), C miteinander verständigen (getrennt),
D nochmals überprüfen (getrennt), E hinterher sagen (getrennt)

Seite 94

3 So könnte deine Lösung aussehen (es sind nicht alle Möglichkeiten, sondern nur die wahrscheinlichsten abgedruckt): aufpassen, aufsuchen, auffahren, aufbrechen, aufblicken, auffinden, mitlaufen, mitkommen, mitfahren, vorlaufen, vorfahren, vorfinden, unterlaufen, unterkommen, untersuchen, unterbrechen, hinauflaufen, hinaufkommen, hinauffahren, hinaufblicken.

4 Die Pomelo ist eine Art Grapefruit. Das Besondere: Sie kann aus bis zu 15 Metern unbeschadet herunterfallen. Ihren natürlichen Aufprallschutz haben Bionik-Forscher untersucht und herausgefunden, dass er für Fahrradhelme vorbildlich sein kann. Die Pomelo verfügt nicht nur über eine harte Schale, sondern im Inneren auch über eine Art Fruchtschaum, bei dem die Forscher eine besondere Eigenschaft nachweisen konnten: Üblicherweise werden Materialien schmaler, wenn man sie auseinanderzieht. Der Fruchtschaum der Pomelo wird beim Auseinanderziehen jedoch breiter und schmaler, wenn man ihn zusammendrückt. Dieses Prinzip haben Wissenschaftler verschiedener Disziplinen zusammen erforscht, erfolgreich ausprobiert und übernommen. Es lässt sich bereits heute abschätzen, dass sich der Aufprallschutz von Fahrradhelmen dadurch um 20 bis 30 Prozent erhöhen wird. In zwei Jahren wird der „Pomelo-Helm" möglicherweise erstmals angeboten.

+ **5** A weiterentwickeln, B hervorbringen, C hindeuten, D loslegen

Teste dich! – Getrennt- oder Zusammenschreibung?

Seite 95

1 Genau betrachtet konnte neben Leonardo da Vinci auch Otto Lilienthal in der Flugbionik Einfluss nehmen. Er hatte sich vom Gleitflug der Störche anregen lassen und wollte ihre Gleittechnik nun in einem Modell nachbauen. Nach anfänglichen Schwierigkeiten konnte er durch seine Forschung Grundlagen bilden, die sich in der Flugindustrie noch heute anwenden lassen und nutzen lassen.
Hinweis: Für jede richtige Markierung und jede richtige Verbesserung bekommst du je 1 Punkt. Du kannst also insgesamt 12 Punkte erreichen.

2 Was kann man sich von Pflanzen für die Flugtechnik abschauen? Wie kann man die Bauweise von Spinnennetzen für neue Erfindungen nutzbar machen? Wie schafft es ein kleiner Käfer, in der Wüste nicht zu verdursten, und wie kann diese Forschung Menschen weiterhelfen, die über wenig Wasser verfügen? Wenn du das selbst herausfinden willst und weitere Prinzipien der Bionik kennen lernen möchtest, dann kannst du bei den Aktionstagen des Technischen Museums in Wien vorbeischauen. Falls ihr nun wirklich den Entschluss fassen solltet, das Museum zu besuchen, solltet ihr lieber sichergehen und morgens kommen, da wird es noch nicht so voll sein.
Hinweis: Für jede richtige Schreibweise bekommst du 1 Punkt. Du kannst also insgesamt 9 Punkte erreichen.

Zeichensetzung

Das Komma zwischen Sätzen (Satzreihe und Satzgefüge)

Seite 96

1 Bioniker sind professionelle Abgucker, denn sie übertragen die besten Erfindungen der Natur auf die Technik. Viele unserer heutigen Erfindungen sind gar nicht neu, sondern sie haben schon jahrhundertealte Vorbilder in der Natur, denn im Laufe der Evolution haben sich Tiere und Pflanzen perfekt an ihre Umgebung angepasst und dabei besondere Eigenschaften und Fähigkeiten entwickelt. Ein Klassiker in der Bionik ist der sogenannte Lotuseffekt. In den 1970er-Jahren machte der Bonner Bioniker Wilhelm Barthlott eine wichtige Entdeckung: Die Blätter der Lotuspflanze sind immer sauber, denn sie können sich selbst reinigen. Die Oberfläche der Blätter besitzt winzige Wachskristalle (,) und so perlen Wasser und Schmutz einfach von den Blättern ab. Dieser Effekt wurde auf künstliche Oberflächen übertragen, so gibt es zum Beispiel Wasser und Schmutz abweisende Fassadenfarbe. Es gibt so viele perfekte Lösungen in der Natur, aber erst die Bionik nutzt diese Erfindungen systematisch.

Seite 97

2 Die Konjunktionen und Relativpronomen sind markiert, die gebeugten Verben am Ende des Nebensatzes unterstrichen.

1 Der Gecko, der kopfüber an der Decke entlanglaufen kann, wird oftmals als Paradebeispiel der Bionik angeführt. 2 Obwohl er sich an vielen Flächen festhalten kann, bekommt er aber auf nassen Oberflächen Probleme. 3 Tiere der Unterwasserwelt verfügen hingegen auch auf nassen Oberflächen über besondere Klebekünste, die sich der Mensch zunutze machen möchte. 4 Miesmuscheln haften zum Beispiel auch unter Wasser bombenfest, indem sie einen Proteinkleber produzieren, den sie an ihrem Fuß ausscheiden. 5 Nach dem Vorbild der Miesmuschel wird nun ein medizinischer Klebstoff entwickelt, der beispielsweise Zahnimplantate oder gebrochene Knochen verkleben soll, sodass Schrauben und Metallplatten, die bisher in solchen Fällen eingesetzt wurden, überflüssig wären.

3

Satzbaupläne	Ziffern der Sätze
___ Ns___ , ___ Hs___ .	2
___ Hs___ , ___ Ns___ , ___ Hs (Fortsetzung.)___ .	1
___ Hs___ , ___ Ns 1___ , ___ Ns 2___ , ___ Ns 3___ , Ns 2___ (Fortsetzung)	5
___ Hs___ , ___ Ns___ .	3
___ Hs___ , ___ Ns 1___ , ___ Ns 2___ .	4

+ **4** Individuelle Lösung

Das Komma bei Infinitivgruppen

Seite 98

1 **a + b** Die Infinitive mit *zu* sind markiert, die Infinitivgruppen unterstrichen.

Trocken und sauber dank Lotuseffekt

In der Bionik versucht man (,) technische Probleme nach dem Vorbild der Natur zu lösen. Um Wasser abweisende Oberflächen herzustellen, nutzen Forscher/-innen zum Beispiel die Lotusblume als Vorbild. Diese Pflanze hat nämlich die Eigenschaft, sich selbst zu reinigen. Wasser und Schmutzpartikel perlen einfach vom Lotusblatt ab, ohne dieses nass zu machen oder zu verunreinigen. Jahrelang hat man geforscht, um diesem sogenannten Lotuseffekt auf die Spur zu kommen. Das Lotusblatt besitzt winzige Wachskristalle, um festhängende Tautropfen abzuschütteln. Statt auf dem Blatt zu verlaufen, kugeln die Wassertropfen die Blattoberfläche hinunter und nehmen dabei Schmutz- und Staubpartikel mit. Forscher/-innen ist es nun gelungen, diese Oberflächenstruktur künstlich herzustellen. Sie wird zum Beispiel genutzt, um Wasser und Schmutz von Kleidung, Hauswänden oder Dachziegeln fernzuhalten.

2
- Jacken, Schuhe oder T-Shirts benötigen wie die Lotusblume eine wachsartige Oberfläche, um Wasser abweisende zu sein.
- Anstatt Wachs auf die Kleidung zu reiben, wird ein Imprägnierspray genutzt.

+ **3** Lesart 1: Der Lotuseffekt ermöglich euch, nie wieder zu putzen.
Lesart 2: Der Lotuseffekt ermöglicht, euch nie wieder zu putzen.
Bei der Lesart 1 muss der/die angesprochene Leser/-in nie mehr putzen. Bei der Lesart 2 muss der/die angesprochene Leser/-in sich selbst nie mehr putzen.

Das Komma bei Partizipialgruppen

Seite 99

1 **a + b**

Glas nach Schmetterlingsart

Nie wieder Fenster putzen! Dieses Ziel anstrebend (,) versuchen sich Wissenschaftler/-innen an einer Innovation. Sie wollen den Lotuseffekt auf durchsichtige Oberflächen übertragen. Bei Regen trocken und sauber bleibend, so soll das neue Superglas beschaffen sein. (Komma zwingend wegen des hinweisenden Wortes „so".) Vorbild für diese Entwicklung ist ein kleines Tier: der Glasflügelfalter. Die Oberfläche seiner Flügel, mit unregelmäßigen, winzig kleinen Strukturen versehen, ermöglichet ihre Selbstreinigung. (Komma zwingend, weil die Partizipialgruppe eine nachgestellte Erläuterung ist.) Um diesen Effekt auf Glas zu übertragen, wird eine vergleichbare Struktur in die Glasoberfläche geätzt. Das neue Glas, selbst in feuchter Umgebung nicht beschlagend, könnte zum Beispiel die aufwendige Reinigung von Glasfassaden an Wolkenkratzern überflüssig machen. (Komma zwingend, weil die Partizipialgruppe eine nachgestellte Erläuterung ist.)

+ **2** **a** – Der Selbstreinigungseffekt der Lotuspflanze, 1970 von dem Bonner Biologen Wilhelm Barthlott entdeckt, wird heute vielfältig genutzt.
– Selbstreinigende Kleidung entwickelnd (,) fanden Forscher/-innen eine neue Nutzungsmöglichkeit des Lotuseffekts.

b individuelle Lösung

Das Komma bei Appositionen und nachgestellten Erläuterungen

Seite 100

1 Die Appositionen sind unterstrichen, die nachgestellten Erläuterungen sind unterschlängelt.

Der Trick der Klette

Hast du dich schon einmal gefragt, wie der Klettverschluss erfunden wurde? Bei einem Spaziergang entdeckte Georges de Mestral, ein Schweizer Ingenieur, kleine Früchte der Klettpflanze im Fell seines Hundes. Er legte diese Früchte, kleine stachelige Kugeln, unter sein Mikroskop und erkannte, dass Kletten am Ende ihrer Stacheln winzige Häkchen haben. Damit klammern sich die Klettfrüchte, also die Samen der Pflanze, im Fell von vorbeikommenden Tieren, zum Beispiel Füchsen oder Wildschweinen, fest und sorgen so für ihre Verbreitung. Rund zehn Jahre brauchte Georges de Mestral, bis er diese Häkchen-Methode nachahmen und den Klettverschluss mechanisch herstellen konnte. Heute besteht der Klettverschluss, ein patentiertes Haltesystem, aus zwei Nylonstreifen: Der eine besitzt Widerhaken, der andere eine weiche Schlaufenstruktur. Presst man die beiden Streifen zusammen, ergibt das einen festen Schnellverschluss. Klettverschlüsse gehören heute zu unserem Alltag und finden sich überall, z. B. an Schuhen, Jacken, Taschen, Rucksäcken und sogar an den Raumanzügen der Astronauten.

2 Die eingesetzten nachgestellten Erläuterungen sind unterstrichen.
Der Klettverschluss wurde bereits 1951 als Patent, das heißt als geschützte Erfindung, angemeldet. Heute wird diese Verschlusstechnik vielfältig genutzt, vor allem als Alternative zu Schnürsenkeln. Sollte der Klettverschluss nicht mehr so gut halten, müssen die kleinen Widerhaken lediglich gereinigt werden, z. B. mit einer harten Zahnbürste.

+ **3** zum Beispiel:
– Das Wort Bionik besteht aus zwei Wörtern, d.h. aus den beiden Wörtern Biologie und Technik.
– Im Forschungsfeld der Bionik arbeiten verschiedene Wissenschaftler/-innen miteinander, z. B. aus dem Bereich der Technik, der Medizin und der Biologie.

Teste dich! – Zeichensetzung

Seite 101

1 a

Sprechen wie die Delfine

1 Delfine, die zur Gruppe der Wale gehören, gelten als sehr intelligente und soziale Tiere.

2 Auch für die Bionik sind die Meeressäuger von großem Interesse, denn sie können sich im Gegensatz zum Menschen mit Leichtigkeit unter Wasser verständigen.

3 Indem sie Töne im Ultraschallbereich produzieren, unterhalten sie sich über Kilometer hinweg mit ihren Artgenossen.

4 Einem Team der Technischen Universität Berlin ist es nun gelungen, ein leistungsstarkes Unterwassermodem nach dem Vorbild der Delfin-Kommunikation zu entwickeln.

5 Dieses neue Modem, eine zuverlässige und kabellose Kommunikation möglich machend, soll nun unter realen Bedingungen getestet werden.

6 Die Kommunikation über Ultraschall könnte bei der Steuerung von Unterwasserrobotern zum Einsatz kommen, zum Beispiel bei der Erkundung von schwer zugänglichen Unterwassertiefen.

Hinweis: Für jedes richtig gesetzte Komma erhältst du 1 Punkt. Du kannst also insgesamt 8 Punkte erreichen.

b

Infinitivgruppe: Das Komma trennt eine Infinitivgruppe vom Hauptsatz ab.	Satz 4
Satzreihe: Das Komma trennt zwei selbstständige Hauptsätze.	Satz 2
Satzgefüge: Das Komma trennt einen Nebensatz vom Hauptsatz ab.	Sätze 1 und 3
Partizipialgruppe: Das Komma trennt eine Partizipialgruppe vom Hauptsatz ab.	Satz 5
Nachgestellte Erläuterung: Das Komma trennt eine nachgestellte Erläuterung vom Hauptsatz ab.	Satz 6

Hinweis: Für jeden richtigen Beispielsatz erhältst du 1 Punkt. Du kannst also insgesamt 6 Punkte erreichen.

Ich teste meinen Lernstand

A Texte verstehen

Seite 103

1 **Richtig** sind C und E; **falsch** sind A, B und D.
Hinweis zur Bewertung: Für jede richtige Antwort erhältst du 1 Punkt. Du kannst also insgesamt 5 Punkte erreichen. Errechne deine Punktzahl und trage sie im Heft auf der Seite 103 bei der Aufgabe 1 ein.

2 Richtig ist Antwort B.
Mögliche Beispiele für Personifikationen, z. B.: aufheult, über die Straßen herfällt, sie unter sich zu zwingen, sie zu verschlingen (Z. 1–3), lüde es ein (Z. 20–21), kriechenden Fluss (Z. 22)
Hinweis zur Bewertung: Für die richtige Antwort und zwei geeignete Beispiele erhältst du jeweils 1 Punkt. Du kannst also insgesamt 2 Punkte erreichen. Errechne deine Punktzahl und trage sie im Heft auf der Seite 103 bei der Aufgabe 2 ein.

3 a Richtig ist Antwort C.
Hinweis zur Bewertung: Für die richtige Antwort erhältst du 1 Punkt. Trage ihn gegebenenfalls im Heft auf der Seite 103 bei der Aufgabe 3 a ein.

b So oder so ähnlich sollte deine Lösung lauten:
Die Zeit ist stark gerafft, weil die Erzählzeit kürzer ist als die erzählte Zeit, das heißt, die Fahrt der Figur dauert länger als unsere Lesezeit.
Hinweis zur Bewertung: Für die richtige Erklärung erhältst du 2 Punkte. Trage sie gegebenenfalls im Heft auf der Seite 103 bei der Aufgabe 3 b ein.

4 So oder so ähnlich sollte deine Lösung lauten:
Der Erzähler zeigt hier eine verpasste Möglichkeit auf: Der Rennfahrer könnte in dem Haus zur Ruhe kommen, wenn er nicht viel zu schnell daran vorbeirasen würde.
Hinweis zur Bewertung: Für die richtige Antwort erhältst du 2 Punkte. Trage sie gegebenenfalls im Heft auf der Seite 103 bei der Aufgabe 4 ein.

5 So oder so ähnlich sollte deine Lösung lauten:
Julias Erklärung ist überzeugender, weil sie herausarbeitet, dass der Rausch der Fahrt den Rennfahrer in seinem Leben nicht weiterbringt.
Emmas Erklärung ist weniger überzeugend, denn sie versteht das Ende nicht richtig. Von der Enttäuschung des Fahrers ist im Text nicht die Rede und auch der Wunsch, die Fahrt wieder aufzunehmen, lässt sich nicht am Text belegen.
Hinweis zur Bewertung: Wenn du die beiden Antworten von Emma und Julia grundsätzlich richtig eingeschätzt und wenigstens eine gute Begründung gefunden hast, erhältst du 3 Punkte. Trage sie gegebenenfalls im Heft auf der Seite 103 bei der Aufgabe 5 ein.

Seite 105

6 In dieser Reihenfolge solltest du die Absatznummern notieren: 5, 1, 4, 2, 6, 3.
Hinweis zur Bewertung: Für jede richtig notierte Nummer erhältst du 1 Punkt. Du kannst also insgesamt 6 Punkte erreichen. Trage deine Punktzahl im Heft auf der Seite 105 bei der Aufgabe 6 ein.

7 A: arg. – B: inf. – C: app.
Hinweis zur Bewertung: Für jede richtige Antwort erhältst du 1 Punkt. Du kannst also insgesamt 3 Punkte erreichen. Trage dein Punktzahl im Heft auf der Seite 105 bei der Aufgabe 7 ein.

Seite 106

8 Auf diese vorangegangenen Informationen beziehen sich die Verknüpfungswörter:
- „Doch dann" (Z. 21) bezieht sich darauf, dass es den Fahrern gelingt, den Puls beim Start auf 130 zu halten.
- „Dazu" (Z. 36) bezieht sich darauf, dass die Fahrer ihre Konkurrenten im Auge behalten und sich die beste Position vor der ersten Kurve sichern müssen.
- „Dabei" (Z. 44) bezieht sich darauf, dass ein Rennwagen extrem schnell abbremst, in weniger als zwei Sekunden von 160 auf 0.
- „Das" (Z. 83) bezieht sich auf einen Mangel an mentalem Training bei Spitzensportlern und das daraus resultierende „Alles-oder-nichts-Gefühl".

Hinweis zur Bewertung: Für jede richtige Antwort erhältst du 1 Punkt. Du kannst also insgesamt 4 Punkte erreichen. Trage deine Punktzahl im Heft auf der Seite 106 bei der Aufgabe 8 ein.

9 Man kann den Artikel in sozialen Netzwerken teilen, ihn weiterschicken und ihn kommentieren. Außerdem kann man Links folgen und ein Video anklicken.
Hinweis zur Bewertung: Wenn du mindestens zwei der oben aufgezählten Antworten gegeben hast, erhältst du 2 Punkte. Trage sie gegebenenfalls im Heft auf der Seite 106 bei der Aufgabe 9 ein.

10 Mögliche Erklärung:
Der Artikel enthält beide Suchbegriffe mehrfach. Außerdem wird er immer noch von vielen Interessierten gelesen und verlinkt. Deswegen erscheint er bei den Suchergebnissen ganz oben.
Hinweis zur Bewertung: Wenn du mindestens eine der oben genannten Antworten gegeben hast, erhältst du 2 Punkte. Trage sie gegebenenfalls im Heft auf der Seite 106 bei der Aufgabe 10 ein.

B Wortbedeutung und Grammatik

Seite 107

11 **a + b** Wie langsam das Leben bis zum Mittelalter vonstattenging – **das** (Dem.-pron.) kann man sich heute kaum noch vorstellen. Verkehrssysteme, die sich durch den Handel ab ca. 1450 bis ca. 1800 entwickelten, sorgten dafür, **dass** (Kon.) sich das Leben beschleunigte. Das Auto, **das** (Rel.-pron.) Ende des 19. Jahrhunderts erfunden wurde, steigerte die Schnelligkeit und die Reichweite der Bewegung enorm. Aber **dass** (Kon.) wir heute in gut 31 Stunden um den gesamten Globus fliegen können, hätte damals noch niemand gedacht. **Das** (Art.) einmal erreichte Geschwindigkeitsniveau weckt stets den Wunsch nach noch größerer Geschwindigkeit. „Schneller! Schneller! Schneller!" – Man kann sagen, **dass** (Kon.) durch digitale Technologie heute immer mehr Bereiche unseres Lebens beschleunigt werden. Wie die Beschleunigung unser Leben erfasst hat, **das** (Dem.-pron.) zeigt sich auch in der Sprache: „Fast Food", „Liveticker", „Speeddating", „Coffee to go", „Multitasking".
Hinweis zur Bewertung: Für jede richtige Schreibweise sowie die richtige Bestimmung der Wortart erhältst du 1 Punkt. Du kannst also insgesamt 7 Punkte erreichen. Trage deine Punktzahl im Heft auf der Seite 107 bei der Aufgabe 11 ein.

12 Eben (Gerade) erst angeschafft, ist das neue Smartphone schon veraltet.
Ich muss eben (halt) nicht immer auf dem neuesten Stand sein.
Kann ich eben (schnell, kurz) mal telefonieren?
Der Weg ist eben (ohne Steigung oder Gefälle).
Hinweis zur Bewertung: Für jede richtige Lösung erhältst du 1 Punkt. Du kannst also insgesamt 4 Punkte erreichen. Trage deine Punktzahl im Heft auf der Seite 107 bei der Aufgabe 12 ein.

Seite 108

13 So oder so ähnlich sollte deine Lösung lauten (geringfügige Abweichung sind z.B. bei der Wahl der Konjunktionen möglich, etwa „da" anstelle von „weil" oder bei der Wortwahl der umformulierten Sätze):
A **Kausalsatz:** Unsere Kommunikation hat sich verändert, weil wir ständig erreichbar sind.
B **Temporalsatz:** Seit wir sekundenschnell mailen, müssen wir nicht mehr tagelang auf Briefe warten.
C **Konditionalsatz:** Wenn wir schrittweise arbeiten, kommen wir besser ans Ziel.
D **Finalsatz:** Die Menschen müssten mehr Zeit haben, damit sie Erholung finden.
Hinweis zur Bewertung: Für jeden richtig umformulierten Satz sowie eine passende Konjunktion und das gesetzte Komma erhältst du 1 Punkt. Du kannst also insgesamt 4 Punkte erreichen. Trage deine Punktzahl im Heft auf der Seite 108 bei der Aufgabe 13 ein.

14 **a** Inzwischen wird von vielen Menschen Entschleunigung gefordert. Diese wird von ihnen in Augenblicken gefunden, in denen ihre Umwelt durch sie bewusst wahrgenommen wird.
Hinweis zur Bewertung: Für jede korrekt unterstrichene Passivform erhältst du 1 Punkt. Du kannst also insgesamt 3 Punkte erreichen. Trage deine Punktzahl im Heft auf der Seite 108 bei der Aufgabe 14 a ein.
b Inzwischen fordern viele Menschen Entschleunigung. Sie finden diese in Augenblicken, in denen sie ihre Umwelt bewusst wahrnehmen.
Hinweis zur Bewertung: Für jede richtige Umformung ins Aktiv erhältst du 1 Punkt. Du kannst also insgesamt 3 Punkte erreichen. Trage deine Punktzahl im Heft auf der Seite 108 bei der Aufgabe 14 b ein.

15 Wenn ich nur könnte, würde ich mein Smartphone öfter ausschalten *(oder alternativ „schaltete ich mein Smartphon öfter aus", da die Konjunktivform durch den Kontext erkennbar ist)*. Dann käme ich öfter zur Ruhe und hätte mehr Zeit für vieles. Ich nähme an der Robotik-AG teil oder verbrächte Nachmittage in der Natur.
Hinweis zur Bewertung: Für jede richtige Lösung erhältst du 1 Punkt. Du kannst also insgesamt 6 Punkte erreichen. Trage deine Punktzahl im Heft auf der Seite 108 bei der Aufgabe 15 ein.

C Rechtschreibung

Seite 109

16 Die falsch geschriebenen Wörter sind durchgestrichen und dahinter verbessert. In den Klammern findest du jeweils Hinweise zur Fehlerart.

Was genau ist eigentlich E-Sport? Damit ist das wettkampfmäßige ~~spielen~~ **Spielen** *(Großschreibung von nominalisierten Verben)* von Computerspielen gemeint**,** *(Komma vor nachgestellter Erläuterung)* das können z. B. Strategiespiele**,** *(Komma bei Aufzählungen)* Ego-Shooter oder Sportsimulationen sein. Für die einen ist das nur ein ~~zocken~~ **Zocken** *(Großschreibung von nominalisierten Verben)*, *(Komma zwischen Hauptsätzen)* für andere ist es eine Sportart**,** *(Komma bei Relativsätzen)* die man ~~ernstnehmen~~ **ernst nehmen** *(Getrenntschreibung von Adjektiv und Verb)* sollte. E-Sportler trainieren viele Stunden am Tag ~~an gesagte~~ **angesagte** *(Zusammenschreibung von Präposition und Verb)* Games**,** *(Komma bei Infinitivsätzen mit „um")* um ihre Fähigkeiten zu verbessern. Durch gezieltes ~~trainieren~~ **Trainieren** *(Großschreibung von nominalisierten Verben)* optimieren sie die Schnelligkeit ihrer Bewegungen**,** *(Komma bei Aufzählungen)* ihre Reaktionsfähigkeit und Zielgenauigkeit. Sämtliche Bewegungen werden geübt**,** *(Komma vor Nebensätzen)* bis sie ~~blitz schnell~~ **blitzschnell** *(Zusammenschreibung von Nomen und Adjektiv)* ablaufen. E-Sportler brauchen eine hohe Konzentrationsfähigkeit**,** *(Komma zwischen Hauptsätzen)* denn die ~~zahl reich~~ **zahlreich** *(Zusammenschreibung von Nomen und Adjektiv)* ~~aufeinander treffenden~~ **aufeinandertreffenden** *(Zusammenschreibung von Adverb und Verb)* Reize fordern ein schnelles und richtiges ~~reagieren~~ **Reagieren** *(Großschreibung von nominalisierten Verben)*. Dafür sind sensomotorische Fähigkeiten wie die Hand-Auge-Koordination**,** *(Komma bei Aufzählungen)* aber auch Geschicklichkeit**,** *(Komma bei Aufzählungen)* die Fähigkeit zu kombinieren und Teamgeist immens wichtig. Neurowissenschaftler haben ~~fest gestellt~~ **festgestellt** *(Zusammenschreibung von Adjektiv und Verb)*, *(Komma vor Nebensätzen)* dass sich diese Fertigkeiten durch regelmäßiges ~~üben~~ **Üben** *(Großschreibung von nominalisierten Verben)* verbessern lassen. Das ~~gute~~ **Gute** *(Großschreibung von nominalisierten Adjektiven)* daran: Unsere Eltern wird es freuen!

Hinweis zur Bewertung: Für jede richtige Verbesserung erhältst du 1 Punkt. Du kannst also insgesamt 12 Punkte erreichen. Trage deine Punktzahl im Heft auf der Seite 109 bei der Aufgabe 16 ein.

17 Die fehlenden Kommas sind im Text gesetzt (siehe Lösung zu Aufgabe 16 oben). In den Klammern findest du jeweils Hinweise darauf, warum das Komma gesetzt werden muss.

Hinweis zur Bewertung: Für jedes richtig gesetzte Komma erhältst du 1 Punkt. Du kannst also insgesamt 11 Punkte erreichen. Trage deine Punktzahl im Heft auf der Seite 109 bei der Aufgabe 17 ein.

D Argumentieren – Materialgestützt Stellung nehmen

Seite 110

18 Die folgende materialgestützte Stellungnahme ist eine Musterlösung:

Darum ist die Stellungnahme gelungen:

Die Herzen von Spielerinnen und Spielern rasen an Bildschirm und Spielkonsole. Da schnellt der Puls auch schon mal in die Höhe. Und das nicht nur bei den aktiven E-Sportlern, sondern auch bei ihren faszinierten Fans. Denn wer könnte sich dieser Spannung entziehen? Wer würde hier nicht mitfiebern und seinem Team die Daumen drücken? Computerspiele sind als rezipierter und ausgeübter Sport längst in unserer Gesellschaft und in vielen Ländern der Welt angekommen und sollten nun auch in unser Schulsportprogramm aufgenommen werden.

Einleitung, die mit einem anschaulichen Beispiel und einer rhetorischen Frage ins Thema einführt und eine klare Position zeigt

Ich bin fest davon überzeugt, dass E-Sport das Sportleben an unserer Schule bereichern kann.

Überleitung zum Hauptteil

Zunächst einmal sollte man sich klarmachen, dass E-Sport inzwischen ein riesiges Publikum hat – er ist keine Randerscheinung mehr. *So erreicht der E-Sport im Jahr 2020 zum Beispiel knapp 500 Millionen Zuschauer und im Jahr 2023 sollen es sogar schon knapp 650 Millionen sein. Die Folge davon ist, dass der E-Sport in mehr als 50 Ländern bereits als Sportart anerkannt wurde.*

Hauptteil mit überzeugenden Argumenten und anschaulichen *Beispielen*

Für eine Anerkennung von Computerspielen als Sport spricht außerdem die Tatsache, dass die körperliche Belastung von E-Sportler/-innen der von anderen sportbegeisterten Personen gleicht. *So entspricht etwa die Puls- und Herzfrequenz der von Marathonläufer/-innen, wie ein Sportwissenschaftler festgestellt hat. Auch 400 Bewegungen pro Minute an Tastatur und Maus sind eine weit überdurchschnittliche Leistung, die Training voraussetzt.*
Ein weiteres wichtiges Argument ist, dass der E-Sport jedem Menschen eine Teilnahme ermöglicht, egal, wie es um seine körperliche Fitness bestellt ist. Denn beim E-Sport kommt es eher auf den Kopf, auf Aufmerksamkeit und Reaktionsgeschwindigkeit an. *So hätten wir zum Beispiel an unserer Schule die Möglichkeit, unser Sportangebot für viele Schülerinnen und Schüler zu öffnen, die im traditionellen Sport weniger Chancen auf Erfolg haben, aber sehr gut im Computerspielen sind.*
Natürlich ist unbestreitbar, dass es fragwürdige und brutale Ballerspiele gibt, deren Ziel es ist, Gegner/-innen zu vernichten. **Allerdings darf man den E-Sport darauf nicht verkürzen. Denn** es gibt zahlreiche anspruchsvolle Strategiespiele und Sportsimulationen, die sogar als Teamsport betrieben werden und bei denen ein fairer Wettkampf herrscht.
Viele wenden zudem ein, dass die Zeit, die Jugendliche mit Computerspielen verbringen, der Bewegung an der frischen Luft verloren ginge. **Dieses Argument erscheint jedoch wenig stichhaltig. Wer sagt denn,** dass Jugendliche, wenn sie den Computer abschalten, nicht ein Buch lesen, Fernsehen oder Musik hören? Alles schöne Beschäftigungen, aber keine Bewegung!

Aus all diesen Gründen sollten wir Computerspiele in unser schulisches Sportprogramm aufnehmen. Deshalb schlage ich vor, dass wir unsere Sport-AGs dem öffnen, was viele unserer Schülerinnen und Schüler aktiv und wettkampfmäßig trainieren. Lasst uns dem modernen Trend folgen: Engagiert euch für die Anerkennung dieses Sports auch an unserer Schule!

Argumente werden sprachlich gut eingeleitet und miteinander verknüpft; Beispiele werden mit entsprechenden Signalwörtern kenntlich gemacht.

Ein **Einwand** wird mit einem Argument **entkräftet.**

Zweites Beispiel für einen **entkräfteten Einwand**

Am **Schluss** wird der Standpunkt noch einmal zusammengefasst und es werden ein Vorschlag und ein Appell formuliert.

Hinweise zur Bewertung: Gehe die folgenden Punkte nacheinander durch. Vielleicht kann dir auch eine Mitschülerin oder ein Mitschüler bei der Beurteilung helfen. Notiere dir zu jedem Bereich, den du als gelungen bewertest, die angegebene Punktzahl.

- Ist deine Argumentation klar gegliedert? Ziehe Querlinien zwischen Einleitung, Hauptteil und Schluss. (2 P)
- Hast du in der **Einleitung** ins Thema eingeführt, den Anlass deiner Argumentation und deine Meinung genannt? Hast du deine Leser/-innen auf das Thema neugierig gemacht? (2 P)
- Hast du für den **Hauptteil** überzeugende Argumente und Beispiele aus den Materialien entnommen und sie für deine Position aufgeführt? (9 P)
- Hast du im Hauptteil auch einen möglichen Einwand (ein Gegenargument) genannt und entkräftet? (3 P)
- Hast du im **Schlussteil** deinen Standpunkt noch einmal zusammengefasst und einen Appell (Aufruf), Vorschlag oder Wunsch für die Zukunft formuliert? (2 P)
- Prüfe: Hast du deine **Argumente sprachlich gut eingeleitet und miteinander verknüpft** (z. B.: *Ein Argument/Beispiel für ... ist ... • Dafür/Dagegen spricht außerdem die Tatsache, dass ... • Hinzu kommt, dass ... • Ein weiterer Grund für/gegen ... ist ... • Besonders wichtig / Noch wichtiger ist ... • zudem • außerdem • darüber hinaus • daher • deshalb • weil • da • denn*)? (3 P)
- Prüfe: Hast du einen möglichen **Einwand sprachlich gut entkräftet** (z. B.: *Viele wenden ein, dass ... Das ist aus meiner Sicht falsch, denn ... • Einige kritisieren, dass ... Dagegen kann ich sagen, ... • Zwar ..., aber*)? (2 P)

Auswertung deiner gesamten Testergebnisse:

- Nachdem du deinen Lernstandstest mit Hilfe des Lösungsteils (▶ S. 43–47) korrigiert hast, hast du auf den Seiten 103 bis 110 des Arbeitsheftes bei jeder Aufgabe deine Punktzahl eingetragen.
- Rechne nun aus, wie viele Punkte du in den Bereichen A „Texte verstehen“, B „Grammatik“, C „Rechtschreibung“ und D „Argumentieren – Materialgestützt Stellung nehmen“ erreicht hast.

Gesamtpunktzahl für:	deine Punktzahl	Höchst-punktzahl	Hinweise
A Texte verstehen		32	Du solltest von den 32 Punkten mindestens 16 Punkte erreicht haben. Wenn du weniger als 16 Punkte im Bereich „Texte verstehen“ hast, solltest du verstärkt Texte lesen. Lies die Texte genau und kläre alle Begriffe, die du nicht verstehst. Fasse bei jedem Text die wesentlichen Informationen zusammen. Die W-Fragen können dir dabei helfen. Bitte auch deine Deutschlehrerin oder deinen Deutschlehrer, dir entsprechende Übungen zu geben.
B Wortbedeutung und Grammatik		27	Du solltest von den 27 Punkten mindestens 13 Punkte erreicht haben. Wenn du weniger als 13 Punkte hast, solltest du den Bereich „Grammatik“ im Arbeitsheft noch einmal üben (▶ S. 48–75). Wiederhole auch die entsprechenden Regeln zur Grammatik aus deinem Schülerbuch.
C Rechtschreibung		23	Du solltest von den 23 Punkten mindestens 11 Punkte erreicht haben. Wenn du weniger als 11 Punkte hast, solltest du den Bereich „Rechtschreibung“ im Arbeitsheft noch einmal üben (▶ S. 76–101). Wiederhole auch die entsprechenden Regeln zur Rechtschreibung aus deinem Schülerbuch.
D Argumentieren – Materialgestützt Stellung nehmen		23	Du solltest von den 23 Punkten mindestens 11 Punkte erreicht haben. Wenn du weniger als 11 Punkte hast, solltest du den Bereich „Argumentieren“ im Arbeitsheft noch einmal üben (▶ S. 10–15). Wiederhole auch die entsprechenden Regeln und Beispiele zum Argumentieren aus deinem Schülerbuch.
den ganzen Test		105	

☺ 105 – 71 Punkte	😐 70 – 35 Punkte	☹ 34 – 0 Punkte
Du liegst im guten bis sehr guten Bereich. Vielleicht siehst du dir trotzdem noch einmal die Bereiche (siehe Tabelle oben) an, in denen du dich noch verbessern kannst.	**Einiges gelingt dir gut, manches musst du aber noch einmal üben.** Prüfe mit Hilfe der Tabelle oben, in welchen Bereichen (A, B, C oder D) du wenige Punkte hast. Diese Bereiche solltest du noch einmal üben.	**Du musst vieles wiederholen und noch einmal gründlich üben.** Prüfe mit Hilfe der Tabelle oben, in welchen Bereichen (A, B, C oder D) du wenige Punkte hast. Diese Bereiche solltest du noch einmal üben. Frage auch deinen Lehrer oder deine Lehrerin, wie du vorgehen kannst, um dich zu verbessern.

Rechtschreibung

bearbeitet am ☺ 😐 ☹

Ich teste meinen Lernstand

bearbeitet am ☺ 😐 ☹

So arbeitest du mit der Übersicht im Inhaltsverzeichnis:
Trage in die Spalte „bearbeitet am“ das Datum ein, an dem du die Übung gemacht hast.
Überprüfe deine Lösungen mit dem Lösungsheft und trage dann ein, wie dir die Übungen gelungen sind:

☺ gut gemacht 😐 das meiste richtig ☹ häufig unsicher

⊕ Dieses Symbol kennzeichnet im Arbeitsheft knifflige Aufgaben oder Aufgaben für Schnellere.

Materialgestützt informieren

Einen Informationstext untersuchen

Information **Einen Informationstext verfassen**

In einem Informationstext fasst du knapp und gut **verständlich die wichtigsten Informationen über ein Thema** (z. B. die freiwillige Feuerwehr) zusammen.

- Gliedere deinen Text in **Einleitung** (z. B. Einführung ins Thema), **Hauptteil** (einzelne Fragen zum Thema werden beantwortet) und **Schluss** (z. B. Zusammenfassung, Ausblick, Ausgangsfrage aufgreifen, Appell). Verdeutliche diese Gliederung durch Absätze.
- Stelle die Informationen verständlich dar. **Beschreibe und erkläre** wichtige Zusammenhänge oder (Fach-)Begriffe.
- Formuliere **sachlich** und in **eigenen Worten.** Mache dir klar, wer deine **Adressaten** (Jugendliche, Erwachsene usw.) sind: Welches Vorwissen zum Thema haben sie? Wie musst du dich sprachlich ausdrücken?

1 **Lies das Merkwissen oben und den folgenden Informationstext.**
Untersuche mit Hilfe der Aufgaben auf Seite 5, inwiefern dieser Informationstext gelungen ist.

Die 112 gehört zu den Telefonnummern, die man schon als Kind lernt. Denn so kann im Brandfall schnell die Feuerwehr alarmiert werden. Doch die wenigsten wissen, dass die anrückenden Männer und Frauen ehrenamtlich arbeiten, das heißt für ihren Rettungseinsatz nicht bezahlt werden.

Weil viele Städte sich eine Berufsfeuerwehr, also eine von der Gemeinde finanzierte Feuerwehr, nicht leisten können, hilft dort die freiwillige Feuerwehr. Wie wichtig diese Organisation ist, zeigt eine Statistik: Ohne die ehrenamtlichen Helfer/-innen wären 70 Prozent der Bevölkerung in Deutschland ohne Hilfe bei Bränden, Unfällen oder Überschwemmungen. Selbst in Millionenstädten wie Hamburg, München oder Berlin wird die Berufsfeuerwehr durch die freiwillige Feuerwehr verstärkt und unterstützt.

Die Aufgaben der Feuerwehr werden unter den Schlagworten „Retten, Bergen, Löschen, Schützen" zusammengefasst, was Folgendes bedeutet: Feuerwehren retten und bergen Mensch und Tier bei Bränden, Unwettern und Verkehrsunfällen, sie bekämpfen alle Arten von Bränden und sie wehren Gefahren für die Umwelt ab, indem sie z. B. Ölspuren beseitigen oder sich bei Aufräumarbeiten betätigen.

Doch das deutsche System der freiwilligen Feuerwehr ist in Gefahr, denn die Organisation findet kaum noch Nachwuchs. Die Gründe hierfür sind vielfältig: Viele junge Menschen ziehen aus den ländlichen Regionen fort, andere pendeln täglich zur Arbeit, sodass sie im Notfall gar nicht mehr schnell genug vor Ort sein könnten. Aber auch der Rückgang der Geburtenrate ist ein Grund für die Nachwuchssorgen. Das ist umso dramatischer, weil 95 Prozent aller Feuerwehrleute ehrenamtliche Helfer sind.

Bei der freiwilligen Feuerwehr können alle mitmachen und sich so für ihre Stadt und die Gesellschaft engagieren. Überlegt doch mal, ob ihr nicht ein solches Ehrenamt übernehmen wollt. Die meisten Feuerwehren haben einen Tag der offenen Tür oder eine Sprechstunde, in der man sich vor Ort informieren kann.

2 Im Hauptteil deines Informationstextes beantwortest du die einzelnen Fragen zum Thema.
Kreuze die drei Fragen an, die im Hauptteil (► Z. 4–23) beantwortet werden.
Notiere die Zeilenangaben des Textabsatzes, in dem diese drei Fragen beantwortet werden.

- ☐ Warum ist das System der freiwilligen Feuerwehr in Gefahr? Z. ____________
- ☐ Welche Kosten entstehen bei einem Einsatz der freiwilligen Feuerwehr? Z. ____________
- ☐ Warum ist die freiwillige Feuerwehr so wichtig? Z. ____________
- ☐ Welche Tätigkeitsfelder gibt es bei der Feuerwehr? Z. ____________
- ☐ Welche Probleme hat die Berufsfeuerwehr? Z. ____________

3 In einem Informationstext werden auch wichtige (Fach-)Begriffe und Sachverhalte erklärt.
Kreuze an, welche Aussagen richtig sind.

		richtig	falsch
A	Im Text wird erklärt, was ehrenamtliches Arbeiten heißt.	☐	☐
B	Im Text wird der Begriff der Berufsfeuerwehr erläutert.	☐	☐
C	Im Text wird dargestellt, warum sich Jugendliche bei der freiwilligen Feuerwehr engagieren.	☐	☐
D	Der Text erklärt, was mit den Schlagworten „Retten, Bergen, Löschen, Schützen" gemeint ist.	☐	☐
E	Der Text beschreibt, wie der Brandschutz ohne die freiwillige Feuerwehr aussähe.	☐	☐

4 Durch Satzverknüpfungen und Überleitungen (*weil, obwohl, daher, das bedeutet Folgendes …*) werden die Zusammenhänge der Informationen besonders deutlich. Markiere im Text fünf solcher Satzverknüpfungen und Überleitungen. In der Einleitung findest du schon entsprechende Markierungen.

5 Untersuche, wie der Schluss des Informationstextes (► Z. 24–29) gestaltet ist. Streiche falsche Wörter in der folgenden Beschreibung durch und begründe deine Antwort, indem du den Satz weiterführst.

Der Schluss enthält eine Zusammenfassung / einen Appell (Aufruf) / einen Ausblick auf die Zukunft, denn

____.

6 Mache dir klar, wer die Adressaten des Textes sind. Kreuze die richtige Lösung an.

☐ Fachleute aus der Feuerwehrbranche ☐ Erwachsene ☐ Jugendliche

7 Formuliere eine treffende Überschrift für den Informationstext.
Schreibe sie auf die Zeile über dem Text auf Seite 4.

Einen Informationstext verfassen

Methode **Schritt für Schritt einen Informationstext verfassen**

Beim Verfassen eines Informationstextes erhältst du verschiedene Materialien (z. B. Texte und Grafiken), die du für deinen Text verwenden kannst. Gehe so vor:

1 Kläre, was die **Aufgabenstellung** von dir verlangt: Um welches Thema geht es? Welche Aspekte sollst du berücksichtigen? Wer sind deine Leser/-innen? Was bedeutet das für deinen Text?

2 Lege dir eine **Stoffsammlung** für deinen Text an: Suche aus den Materialien die Informationen heraus, die für die Bearbeitung der Aufgabe wichtig sind.

3 Schreibe den **Informationstext:** Gliedere ihn in **Einleitung** (Einführung ins Thema), **Hauptteil** (Aspekte der Aufgabenstellung bearbeiten) und **Schluss** (Zusammenfassung, Ausblick, Appell).
- Stelle die Informationen verständlich dar. **Beschreibe und erkläre** wichtige Zusammenhänge und (Fach-)Begriffe. Mache diese **Zusammenhänge** auch sprachlich deutlich, z. B. durch Satzverknüpfungen und Überleitungen *(weil, obwohl, daher, interessant ist ...)*.
- Formuliere **sachlich** und in **eigenen Worten.** Schreibe vorwiegend im **Präsens**.

1 **Lies die folgende Aufgabenstellung und markiere die Aspekte, die du in deinem Informationstext berücksichtigen musst. Ein Anfang ist vorgegeben.**

Während der Projektwoche unter dem Motto „Engagiert euch im Ehrenamt" sollst du einen Eintrag zum Thema „Ärzte ohne Grenzen" für euren Klassenblog schreiben. Verfasse mit Hilfe der folgenden Materialien (► S. 6–7) einen Text, in dem du
- mit Beispielen beschreibst, welche Hilfen und Projekte „Ärzte ohne Grenzen" anbietet und wie sich diese Organisation finanziert,
- erläuterst, inwiefern die Mitarbeit in dieser Organisation als „Ehrenamt" bezeichnet werden kann,
- darstellst, in welcher Form man diese Organisation unterstützen kann.

2 **Verschaffe dir einen Überblick über die Materialien M1 bis M3 (► S. 6–7), indem du sie zügig liest.**

M1

Podcast-Interview mit Dr. Thaum

Im Rahmen der Projektwoche wurde Dr. Tim Thaum vom Podcast-Team deiner Schule interviewt. Der 37-jährige Arzt arbeitete in zwei Projekten von „Ärzte ohne Grenzen" mit und berichtet von seinen Erfahrungen.

Anja: Unsere Schule befasst sich diese Woche mit dem Thema ehrenamtliches Engagement. Warum denken Sie, Dr. Thaum, dass Ihre Arbeit für unsere Projektwoche interessant sein könnte?

Dr. Thaum: Nun ja, ich engagiere mich seit rund fünf Jahren ehrenamtlich in der Organisation „Ärzte ohne Grenzen". Das bedeutet, dass ich für meine Arbeit als Arzt nur eine kleine Aufwandsentschädigung anstatt eines richtigen Gehalts bekomme. Zudem arbeiten wir in Regionen, in die ein normaler Reisender nicht kommt, und leben monatelang unter sehr einfachen Bedingungen. Was die Mitarbeiter/-innen von „Ärzte ohne Grenzen" motiviert, ist also nicht das Geld, sondern der Wunsch, anderen zu helfen.

Anja: Wie sehen die Hilfen aus, die die Organisation „Ärzte ohne Grenzen" anbietet?

Dr. Thaum: Oh, es gibt eine Vielzahl von Situationen, in denen Menschen Hilfe brauchen. Naturkatastrophen, wie Erdbeben, erfordern z. B. schnelles Handeln. Oft ist die medizinische Versorgung in den

Gebieten zusammengebrochen. Hier leisten wir z. B. medizinische Nothilfe und unterstützen die Kranken durch psychologische Betreuung. Eine Katastrophe führt nämlich oft zu Traumata.

Anja: Das klingt nach Aufgaben für Ärztinnen und Ärzte. Wenn ich mich richtig informiert habe, gehört aber nicht nur medizinisches Personal zu Ihrer Organisation, richtig?

Dr. Thaum: Genau! Wir arbeiten als Team in ganz unterschiedlichen Bereichen. Naturkatastrophen führen beispielsweise häufig dazu, dass sich die Lebensmittelversorgung verschlechtert. In diesen Fällen organisieren wir Ernährungsprogramme und sorgen für die Verteilung von Nahrung und sauberem Trinkwasser.

Anja: In welchen anderen Situationen hilft die Organisation denn noch?

Dr. Thaum: Ein weiteres Projekt sind die Impfprogramme, um vor allem Kinder vor tödlichen Krankheiten zu schützen.

Anja: Wie kann ich mir denn so eine Kampagne vorstellen?

Dr. Thaum: „Ärzte ohne Grenzen" bietet kostenlos Impfungen an. Wir klären die Bewohner/-innen über die Krankheiten auf. Durch Massenimpfungen können wir z. B. Epidemien vorbeugen und die Kindersterblichkeit senken. 2014 haben wir mehr als 1,5 Millionen Menschen gegen Masern geimpft.

Anja: Wie wird die Organisation „Ärzte ohne Grenzen" finanziert?

Dr. Thaum: Eine Besonderheit ist, dass wir uns zu über 90 Prozent aus Spenden von Privatpersonen finanzieren. Dass wir nicht vom Staat finanziert werden, ist uns wichtig. Nur so sind wir neutral und unparteiisch und können allen Menschen, unabhängig von ihren religiösen und politischen Orientierungen oder ihrer ethnischen Herkunft, helfen. Gerade in politischen Konflikten, wie sie in Afghanistan oder Syrien der Fall sind, ist es wichtig, unabhängig zu bleiben und keine Gelder von der Regierung anzunehmen.

Anja: Wie können wir als Privatpersonen helfen?

Dr. Thaum: Einerseits kann man der Organisation natürlich direkt seine Mitarbeit anbieten, z. B. wenn man Medizin studiert oder eine Ausbildung als Pflegekraft absolviert hat. Auch Hebammen werden weltweit gebraucht. Unterstützen kann man die Organisation natürlich auch durch Spenden, denn das ermöglicht ja erst unsere Arbeit in den Kriegs- und Krisengebieten. Das kann auch im größeren Stil passieren, z. B. mit der Durchführung einer Spendenaktion. Ob Spendenlauf, Fußballturnier oder ein Konzert – es gibt viele Ideen, um Spenden zu sammeln. Und natürlich kann man auch online eine Spendenaktion starten. Wichtig finde ich auch, über unsere Organisation und unsere Anliegen zu informieren, z. B. indem man unsere Posts teilt, in einem Blog, wie ihr das jetzt tut, andere über unsere Arbeit informiert, auf einer Website mit einem Werbebanner auf uns aufmerksam macht oder unsere Info-Flyer verteilt.

M2 Wie wird „Ärzte ohne Grenzen" finanziert?

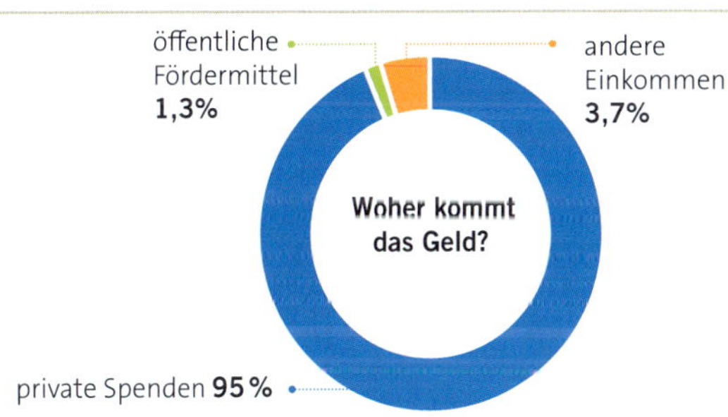

Quelle: Ärzte ohne Grenzen

M3 Lexikonartikel zu „Ärzte ohne Grenzen"

Die Hilfsorganisation „Ärzte ohne Grenzen" wurde 1971 gegründet und betreibt in mehr als 70 Ländern Hilfsprojekte in Kriegs- und Krisengebieten. Die Projekte reichen von medizinischer Nothilfe über die Bereitstellung von Trinkwasser und Nahrungsmitteln bis hin zur medizinischen Aufklärung der Bevölkerung. Finanziert wird die Vereinigung zu über 90 Prozent durch private Spenden, sodass sie unabhängig von Politik und Wirtschaft ist. Weltweit arbeiten 35.000 Menschen für diese Organisation. Darunter befinden sich Ärztinnen und Ärzte, Krankenpfleger/-innen, Psychologen und Psychologinnen, aber auch Mitarbeiter/-innen, die sich um die Verwaltung und Finanzierung von Projekten kümmern. Für die zahlreichen Einsätze erhielt „Ärzte ohne Grenzen" im Jahr 1999 den Friedensnobelpreis.

3 Markiere in den beiden Texten (M1 und M3, S. 7) mit verschiedenen Farben die Informationen, die du für deinen eigenen Text verwenden kannst. Nutze für die einzelnen Teilaufgaben unterschiedliche Farben:
- Welche Hilfen und Projekte (mit Beispielen) bietet „Ärzte ohne Grenzen" an und wie finanziert sich die Organisation? = orange
- Warum kann man die Arbeit bei „Ärzte ohne Grenzen" als Ehrenamt bezeichnen? = grün
- Wie kann man die Organisation unterstützen? = blau

4 Untersuche die Grafik (▶ M2, S. 7). Notiere die Informationen, die du für deinen eigenen Text benötigst.

Die Grafik macht deutlich, wie sich

5 Ergänze im folgenden Schreibplan für den Hauptteil stichpunktartig die passenden Informationen aus den Texten. Nutze deine Markierungen.

1. Hilfen und Projekte von „Ärzte ohne Grenzen" und Finanzierung der Organisation

2. Gründe für die Bezeichnung der Arbeit als Ehrenamt

3. Möglichkeiten der Unterstützung von „Ärzte ohne Grenzen"

6 **Schreibe mit Hilfe deines Schreibplans und deiner Vorarbeiten einen zusammenhängenden Informationstext in dein Heft.**

a **Formuliere eine Einleitung, mit der du die Leser/-innen ins Thema einführst. Du kannst einen der folgenden Anfänge nutzen. Schreibe in dein Heft.**

- Unabhängig von Hautfarbe und Religion hilft die Organisation „Ärzte ohne Grenzen" ...
- „Ärzte ohne Grenzen" leistet weltweit medizinische Hilfe, wenn in Krisengebieten das Leben vieler Menschen ...

b **Verfasse nun den Hauptteil deines Textes in deinem Heft. Formuliere sachlich und mache die Zusammenhänge durch Konjunktionen und Überleitungen deutlich.**

weil • da • denn • indem • um ... zu • sodass • trotzdem • obwohl • zum Beispiel • das heißt • laut einer Grafik • wie eine Grafik zeigt • Darüber hinaus

„Ärzte ohne Grenzen" leistet weltweit in Kriegs- und Krisengebieten ... So hilft die Organisation zum Beispiel bei Naturkatastrophen, weil hier die medizinische Versorgung ...
Dabei werden die Kranken nicht nur medizinisch, sondern auch psychologisch betreut, denn ...
Ein anderes Projekt sind die Impfprogramme ...
Über diese medizinische Nothilfe hinaus bietet „Ärzte ohne Grenzen" auch ...
Finanziert wird die Organisation ... Wie eine Grafik zeigt ...
Die Arbeit bei „Ärzte ohne Grenzen" kann man als eine ehrenamtliche Tätigkeit bezeichnen, denn ...

c **Formuliere einen Schluss, indem du das Wichtigste über die Organisation zusammenfasst oder darstellst, warum man sich für diese Organisation engagieren sollte.**
Du kannst die folgenden Formulierungsbausteine verwenden:

Mit Hilfe der Spendengelder setzt „Ärzte ohne Grenzen" weltweit Projekte um, die ...
Zehntausende Helfer/-innen engagieren sich ... Auch wir können ...

d **Formuliere eine treffende Überschrift für deinen Text.**

⊕ **7** **Du sollst deinen Beitrag für den Klassenblog mit Schlagworten (Tags) versehen, damit der Post bei der Internetsuche schneller gefunden wird. Markiere im Wortspeicher die Tags, die den Leserinnen und Lesern anzeigen, worum es in deinem Blogbeitrag geht. Begründe deine Auswahl kurz im Heft.**

Ärzte ohne Grenzen • Nothilfe • Ehrenamt • Hilfsgüter • Wasserversorgung • Ärzte • Masern • Hilfsprojekte • spenden • Ernährungsprogramm • Friedensnobelpreis • impfen • Kampagne • Erdbeben

Argumentieren

Eine Argumentation untersuchen

Information **Argumentieren: Meinung, Argument, Beispiel**

- Beim Argumentieren stellst du deine **Meinung (Standpunkt, Wunsch, Forderung)** auf, die du durch **Argumente** begründest und durch **Beispiele** (z. B. Beispiele aus deinem eigenen Erfahrungsbereich, Belege aus Umfragen oder Zitate von Experten/Expertinnen) stützt, z. B.: *Ich finde, wir sollten weniger Zeit am Smartphone verbringen (Meinung), denn wir sind viel zu sehr damit beschäftigt (Argument). Wenn wir uns zum Beispiel im Freundeskreis treffen, liegen unsere Handys immer griffbereit auf dem Tisch und lenken uns ab (Beispiel).*
- Deine Argumentation wird noch überzeugender, wenn du einen **möglichen Einwand** (Gegenargument) nennst und **entkräftest**, z. B.: *Viele denken, dass das Handy auch im Urlaub unverzichtbar ist, weil man es unbedingt zur Navigation braucht. Dagegen möchte ich einwenden, dass man auch mit einer einfachen Landkarte zum Zielort findet, sogar in Regionen, in denen es kein Internet gibt.*

1 **Lies die Informationen im Merkwissen oben und danach die folgende Argumentation. Untersuche dann mit Hilfe der Aufgaben auf Seite 11, inwiefern diese Argumentation gelungen ist.**

Ab in den Urlaub mit Digital Detox!

Egal, ob wir den Weg zum nächsten Café suchen oder das Status-Update unserer Freunde liken – das Handy ist unser ständiger Begleiter. Dass sich viele kaum noch einen Tag ohne das Gerät vorstellen können, ist Besorgnis erregend. Darum werbe ich auf unserem Klassen-Blog für eine digitale Entgiftung, auch „Digital Detox" genannt. Hierbei reduziert ihr euren Handykonsum, indem ihr euch Auszeiten von dem Gerät gönnt.

Ein Grund für die bewusste Reduktion der eigenen Smartphone-Zeit ist, dass die ständige Erreichbarkeit durch das Handy zu Stress führt. So erwarten heute zum Beispiel viele, dass wir sofort auf eine Nachricht oder einen Post reagieren und andere Tätigkeiten dafür unterbrechen. Das führt zu einem permanenten Zeitdruck und lenkt oft von wichtigen Aufgaben ab.

Außerdem ist eine digitale Diät für das soziale Miteinander wünschenswert, denn das Handy erschwert oft ein intensiveres Gespräch. Man ist beispielsweise durch das Smartphone abgelenkt und hört einander nicht genau zu. Untersuchungen ergaben, dass ca. 70 Prozent aller jungen Erwachsenen mehr als fünfmal stündlich auf das Handy schauen.

Viele Handynutzer wenden ein, dass durch den Verzicht auf das Handy der Austausch mit Freunden erschwert wird. Dem möchte ich entgegenhalten, dass es bei der digitalen Diät nicht um einen vollständigen Handyverzicht geht, sondern darum, den unüberlegten Konsum von Handys, Tablets und Computern einzuschränken. Für eine Verabredung könnte man es demnach trotzdem nutzen.

Macht mit bei der digitalen Entgiftung! Reduziert euren Handykonsum im Alltag oder verzichtet für eine Weile ganz auf das Gerät. Fangt mit Kleinigkeiten an und entscheidet selbst, wie eure Auszeit vom Smartphone aussehen soll. Falls ihr Tipps für eure Handy-Diät sucht, folgt diesem Link: www.lottas-tipps.ve oder kommt in der Pause auf mich zu!

Eure Marija

2 **Untersuche, wie Marija in ihrem Blogeintrag (▸ S. 10) argumentiert.**

a **Kreuze an, welche Position Marija in ihrem Text vertritt:**

☐ Die Schüler/-innen der Klasse 8 sollen bei der digitalen Diät mitmachen.

☐ Die Teilnahme an einer digitalen Diät soll das Klassenklima verbessern.

☐ Für alle Schüler/-innen der Klasse 8 soll ein rigoroses Handyverbot gelten.

☐ Alle Schüler/-innen der Klasse 8 sollen ihr Handy verschenken.

b **Marija nennt in ihrem Beitrag zwei Argumente mit Beispielen, um ihre Meinung zu stützen. Markiere die beiden Argumente blau und die dazugehörenden Beispiele grün.**

3 **Eine Argumentation wird noch überzeugender, wenn du einen möglichen Einwand aufgreifst und entkräftest. Benenne den Abschnitt mit Zeilenangaben, wo dies im Text getan wird.**

Gegenargument aufgegriffen und entkräftet: Z. ____________

4 **Benenne die Adressaten des Textes und belege deine Antwort mit einer Textstelle.**

Der Text richtet sich an ____

____. Das wird deutlich durch ____________

____

5 **Untersuche die Einleitung (▸ Z. 1–8) des Blogbeitrags. Wie führt Marija ihre Leser/-innen in das Thema ein? Kreuze die richtige Antwort an.**

☐ Sie führt ein Beispiel von Handykonsum im Alltag an, nennt dann das Anliegen ihres Blogs und erklärt, was eine digitale Diät ist.

☐ Sie berichtet über den Handykonsum im Alltag und erklärt, was eine digitale Diät ist.

☐ Sie erklärt, was eine digitale Diät ist, und berichtet über ihre Erfahrungen bei einer solchen Diät.

☐ Sie erklärt, wie man bei einer digitalen Diät vorgeht, und begründet, welche Vorteile diese hat.

6 **Untersuche, wie der Schluss (▸ Z. 24–27) gestaltet ist. Kreuze die richtige Antwort an.**

☐ Zum Schluss formuliert Marija einen Appell (Aufruf), bei der digitalen Diät mitzumachen.

☐ Zum Schluss fasst Marija noch einmal ihren Standpunkt zusammen.

☐ Zum Schluss gibt Marija einen Ausblick, welche positiven Auswirkungen eine digitale Diät haben könnte.

☐ Zum Schluss erklärt sie, für wen die digitale Diät geeignet ist und für wen nicht.

⊕ **7** **Ein Mitschüler aus der 8a hat auf den Blogeintrag geantwortet. Kommentiere seine Aussage, indem du Marijas Überschrift deutest. Schreibe in dein Heft.**

Ich verstehe echt nicht,
was an der digitalen Diät
„Urlaub“ sein soll!!!
Samuel

Materialgestützt argumentieren

Information **Materialgestützt argumentieren**

Beim materialgestützten Argumentieren erhältst du verschiedene Materialien (z. B. Texte und Grafiken), die du für deine Argumentation verwenden kannst. Gehe so vor:

1 Kläre, was die **Aufgabenstellung** von dir verlangt. Um welches Thema geht es? Welches Ziel hat deine Argumentation? Wer sind deine Adressaten (Leser/-innen)?

2 Lege eine **Stoffsammlung** an: Suche aus den Materialien **Argumente und Beispiele** heraus, die du für deine Argumentation verwenden kannst.

3 Die Argumentation schreiben:
- **Führe in der Einleitung in das Thema ein** (z. B. Anlass der Argumentation nennen; Leser/-innen neugierig auf das Thema machen). Du kannst hier schon deine Meinung formulieren.
- **Nenne im Hauptteil Argumente und Beispiele für deine Position.** Deine Argumentation wird noch überzeugender, wenn du einen **Einwand** (Gegenargument) nennst und **entkräftest.**
- **Schluss:** Fasse zum Schluss deinen Standpunkt zusammen, formuliere einen Appell (Aufruf), mache einen Vorschlag oder äußere einen Wunsch für die Zukunft.

1 **a Lies die folgende Aufgabenstellung genau.**

Deine AG „Serien" benötigt größere Monitore und einen Beamer, um gemeinsam Filmszenen anzuschauen und zu analysieren.
Schreibe einen Blogbeitrag für die Schulhomepage, in dem du Mitglieder des Fördervereins davon überzeugst, eure AG mit Fördergeldern zu unterstützen.
Nutze die folgenden Materialien (▶ S. 12–13), um Argumente und Beispiele zu finden, die den Förderverein überzeugen.

b Kreuze an, was die Aufgabenstellung von dir verlangt:

Ich soll dafür argumentieren, dass der Förderverein ...

- [ ] die Monitore der Serien-AG austauscht.
- [ ] Werbung für die Serien-AG macht.
- [ ] Geld für die Serien-AG freigibt.
- [ ] die Serien-AG besucht.

2 **Verschaffe dir zunächst einen Überblick über die Materialien (▶ S. 12–13), indem du sie zügig liest.**

M1

Lexikonartikel

Eine Serie ist eine Folge von thematisch zusammengehörenden Fernsehsendungen mit wiederkehrenden Figuren. Die Handlung kann rein fiktional (z. B. Science-Fiction-Serien) oder an der Realität orientiert sein. Serien lassen sich – ähnlich wie Bücher – in verschiedene Genres einteilen. Es gibt Abenteuerserien, Fantasy-Serien, Science-Fiction-Serien, Krimiserien, Krankenhausserien, Doku-Soaps, Jugendserien, Kinderserien usw. Da Serien meist aus mehreren Staffeln bestehen, werden weitere Folgen gedreht, während die ersten bereits im Fernsehen laufen. Dadurch können die Produzenten einer Serie die Reaktion des Publikums bei ihrer weiteren Serienplanung mit einbeziehen. Einschaltquoten und die öffentliche Diskussion über eine Serie entscheiden in der Regel über deren Fortsetzung.

M2

Interview mit einem Filmlehrer

Herr Tautz leitet seit vergangenem Schuljahr die AG „Serien" an unserer Schule. Im folgenden Interview erklärt er, was hinter dieser AG steckt.

Wie kamen Sie auf die Idee, diese AG anzubieten?

Tautz: Als Deutschlehrer versuche ich, neben klassischer Literatur wie Schiller und Goethe auch Filme und Serien mit der Klasse zu besprechen. Während wir im Unterricht eine Folge von „How I Met Your Mother" analysierten, wurde mir bewusst, wie motiviert die Schüler/-innen waren. Doch die Zeit im Deutschunterricht ist begrenzt. Um den Serien mehr Raum zu geben, gründete ich deshalb die AG.

Sie vergleichen Serien mit Literatur. Ist das wirklich möglich? Viele Serien im Fernsehen wirken nicht besonders hochwertig.

Tautz: Klar gibt es bei der Serienvielfalt auch Mist! Aber das trifft genauso auf Literatur zu. Da ist die Auswahl entscheidend. Die Handlung und die Gestaltung einer Serie können wie bei einem guten Roman sehr klug und kunstvoll arrangiert sein. Es gibt eine große Anzahl von interessanten und hochwertigen Serien für fast jede Altersstufe, wie zum Beispiel „The Big Bang Theory" für Ältere oder die ZDF-Produktion „Druck" oder auch ausgewählte Folgen der „Simpsons" für Jüngere.

Viele Jugendliche schauen in ihrer Freizeit bereits zahlreiche Serien. Warum sollte man das auch noch in der Schule tun?

Tautz: Genau deshalb! Die Schüler/-innen konsumieren dieses Medium. Daher sollte die Schule sie dazu ausbilden, über Serien nachzudenken. Ähnlich wie bei einem Text kann man auch eine Serienepisode analysieren und interpretieren.

Wie kann man sich eine Stunde in der Fernsehserien-AG vorstellen?

Tautz: Natürlich sitzen wir nicht mit Popcorn vor einer Folge und gehen nach dem Abspann nach Hause. Wir schauen uns meist Ausschnitte aus einzelnen Episoden an, vergleichen das Verhalten der Hauptfiguren, sprechen über die Handlung oder untersuchen die Kameraführung. Wir entwerfen auch selbst Drehbücher für Miniserien, stehen vor und hinter der Kamera und schneiden das Filmmaterial am Computer. Dadurch lernen die Schüler/-innen die unterschiedlichen Bereiche aus dem Film kennen wie Regiearbeit, Schauspiel, Kameraführung und lernen beim Musik- und Filmschnitt natürlich auch den Umgang mit digitalen Medien.

M3

Sehverhalten der Jugendlichen

Umfrage: Wie oft streamen[1] Jugendliche Videos, Filme und Serien?

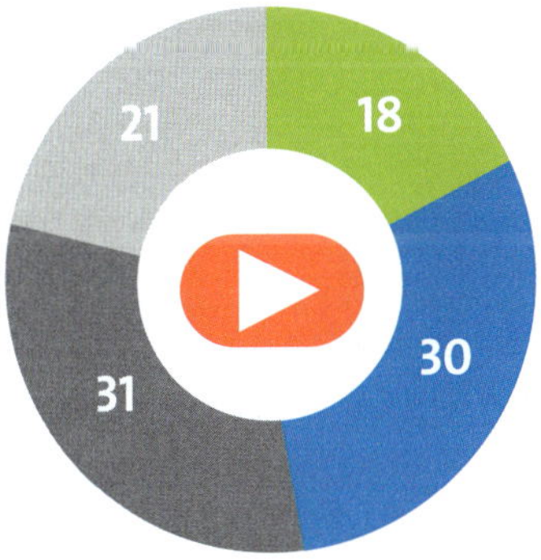

Videos, Filme, Serien streamen

- mehrmals am Tag (grün)
- = mindestens einmal am Tag (blau)
- = mindestens einmal in der Woche (dunkelgrau)
- = weniger (hellgrau)

Angaben in Prozent (%)

Quelle: Shell-Jugendstudie 2019

1 etwas streamen: Übertragung von Inhalten über das Internet

3 **Schau dir die Grafik (▸ M3, S. 13) genau an. Halte wichtige Informationen für deine Argumentation fest, indem du den folgenden Lückentext ergänzt.**

Die Grafik zeigt, dass fast ______________ Prozent aller Jugendlichen täglich oder sogar mehrmals täglich

Serien schauen. Das macht deutlich, dass diese für Schüler/-innen ______________________________.

Daher sollten Serien auch in der Schule ______________________ werden, damit ____________________

____.

4 **a** **Lege dir eine Stoffsammlung für deine Argumentation an. Markiere im Lexikonartikel (▸ M1, S. 12) und im Interview (▸ M2, S. 13) die Informationen, die du für deine Argumentation verwenden kannst, und halte sie in Stichworten fest. Schreibe in dein Heft.**

Stoffsammlung: Gründe, die für eine finanzielle Unterstützung der AG „Serien" sprechen:

Argumente	Beispiele zu den Argumenten
– Serien spielen große Rolle ... – Schüler/-innen lernen ... – ... – ...	– Umfrage zeigt, dass ... – Schnittprogramme, ... und ... – ... – ...

b **Markiere in deiner Stoffsammlung drei Argumente (mit Beispielen), die du verwenden willst. Nummeriere, in welcher Reihenfolge du die Argumente nennen möchtest.**

5 **Du überzeugst noch mehr, wenn du einen Einwand nennst und widerlegst. Entkräfte den nebenstehenden Einwand gegen die AG „Serien".**

Kommentare:

@mecker_hans: fürs serienschauen schicke ich meine kids nicht in die schule. nen fernseher haben wir auch zu hause!!!

Einige sind der Meinung, dass ____

____

____

____

Dagegen möchte ich einwenden, dass ____

____

____

____

6 **Schreibe mit Hilfe deiner Vorarbeiten den Blogbeitrag für die Schulhomepage. Überzeuge darin die Mitglieder des Fördervereins, eure AG „Serien" mit Geldern zu unterstützen. Gehe so vor:**

a **Verfasse eine Einleitung, in der du Interesse für das Thema weckst und deine eigene Meinung nennst. Du kannst die folgenden Bausteine zu Hilfe nehmen.**

☐ Was machen die meisten Schüler/-innen täglich? Sie schauen ... Serien prägen unseren Alltag. Aber wie funktionieren ...
Mit Hilfe unserer AG ...
Darum möchte ich die Mitglieder des Fördervereins bitten ...

b **Schreibe den Hauptteil in dein Heft. Führe hier drei Argumente (mit Beispielen) an und entkräfte mindestens einen Einwand. Du kannst die folgenden Formulierungsbausteine verwenden:**

☐ Ein zentrales Argument für die Unterstützung der ... ist, dass ...
Eine Umfrage bestätigt, dass fast ... Prozent aller Jugendlichen ...
Ein weiterer Grund für ...
So lernen ...
...
Einige sind der Meinung, dass ... Dagegen möchte ich einwenden, ...

c **Kreuze an, welche Idee für den Schluss dir am besten gefällt. Schreibe dann den Schlussteil in dein Heft.**

☐ **A** Um auch zukünftig in der Serien-AG etwas über ... zu lernen, brauchen wir ... Daher möchte ich Sie bitten, ...

☐ **B** Die Serien-AG ist ein Projekt, bei dem wir uns über das austauschen können, was wir täglich konsumieren und was uns wirklich interessiert. Darüber hinaus ... Deshalb möchte ich Sie ...

7 **Ein Blogbeitrag wird meistens mit einer Überschrift veröffentlicht, die die Leserschaft anregt, den Beitrag anzuklicken. Wähle einen der folgenden Vorschläge aus. Begründe deine Auswahl in deinem Heft.**

A ☐ Unterstützen Sie unsere Fernsehserien-AG!

B ☐ Warum Serien wichtig sind

C ☐ Der (Alb-)Traum „Serien-AG"?

D ☐ Geld für die Fernsehserien-AG – warum sich eine Investition lohnt

⊕ **8** **Formuliere selbst zwei „packende" Überschriften für deinen Blogbeitrag.**

Beschreiben und erklären

Eine Ortsbeschreibung untersuchen

Information **Einen Ort beschreiben**

Einleitung: Benenne den Ort und mache **allgemeine Angaben**, z. B. zur Größe und zur Funktion des Raumes, z. B.: *Auf dem Foto sieht man ein ca. 35 m^2 großes Tonstudio, in dem man Musik aufnehmen kann.*

Hauptteil: Beschreibe den Ort in einer **sinnvollen Reihenfolge**, z. B. vom Wesentlichen zum Unwesentlichen, im Uhrzeigersinn oder von vorne nach hinten. Benenne wichtige Elemente der Raumgestaltung und Einrichtungsgegenstände und erläutere ihre Funktion.

- Nutze möglichst **treffende Begriffe** (auch **Fachbegriffe**) zur Bezeichnung einzelner Gegenstände, z. B. *Mischpult, Mikrofon, Verstärker.*
- Verwende **treffende Adjektive** (z. B. *funktional, griffbereit)* und **Verben** (z. B. *befinden, stehen*).
- Beschreibe die genaue **Lage der Gegenstände**, z. B. *links, vorn, unterhalb, daneben.*
- Schreibe im **Präsens** und verwende eine **sachliche Sprache**.

Schluss: Beschreibe, wie der Ort auf dich wirkt.

1 **Auf dem Foto siehst du ein Tonstudio, in dem Musik aufgenommen wird. Lies das Merkwissen oben und dann die folgende Ortsbeschreibung, die Zweck und Ausstattung des Tonstudios beschreibt.**

Auf dem Foto sieht man ein ca. 35 m^2 großes Tonstudio, in dem man Musik aufnehmen und über ein Mischpult bearbeiten kann. Beim Betreten des Raumes fällt auf, dass dieser keine Fenster hat, sodass kein Lärm von außen in das Tonstudio eindringen kann. Für Licht sorgt eine Lichtleiste, die an der weißen Decke angebracht ist. An allen Wänden sowie an der Decke befinden sich sogenannte Breitband-Absorber, die wie viereckige, schwarze Platten aussehen. Sie haben die Aufgabe, störenden Schall während der Musikaufnahmen abzufangen. Zur Schallreduzierung trägt auch der schwarze Teppich bei, der auf dem hellen Holzfußboden liegt. Vor der hinteren Wand des Raumes stehen sechs schwarze Lautsprecherboxen, die die bearbeitete Musik präzise wiedergeben können. Vor den Lautsprecherboxen steht quer im Raum ein langer Tisch, auf dem ein modernes Mischpult aufgebaut ist, das verschiedene Knöpfe und Regler zur Veränderung der Musikaufnahmen enthält. In der Mitte des Tisches befindet sich ein großer Bildschirm, unterhalb des Tisches weitere Aufnahmetechnik. Mittig vor dem Mischpult steht ein bequemer Bürostuhl, auf dem der oder die Tontechniker/-in während der Aufnahmen sitzt. Rechts neben dem Mischpult sind ein schwarzer Notenständer sowie ein Mikrofon aufgestellt, um den Gesang eines Sängers oder einer Sängerin aufzunehmen. Die Kopfhörer, die auf dem Notenständer liegen, braucht der Sänger oder die Sängerin, um während der Aufnahme den Playback-Sound zu hören. Links im Vordergrund stehen auf einem Gitarrenhalter zwei E-Gitarren. An der rechten Wand sieht man eine schwarze Ledercouch und an der gegenüberliegenden linken Wand stehen zwei schwarze Musikhocker.

Insgesamt wirkt das Tonstudio aufgeräumt und durch die vielen technischen Geräte sehr funktional.

2 **Untersuche die Beschreibung des Tonstudios genauer.**

a **Kennzeichne im Text (▸ S. 16) Einleitung, Hauptteil und Schluss, indem du zwischen den Teilen jeweils eine Trennlinie ziehst.**

b **Kreuze an, in welcher Reihenfolge die einzelnen Raumelemente und Einrichtungsgegenstände im Hauptteil des Textes beschrieben werden.**

Zuerst werden die wichtigsten Raumelemente benannt, dann werden die einzelnen Einrichtungsgegenstände ...

- ☐ im Uhrzeigersinn beschrieben.
- ☐ von vorne nach hinten beschrieben.
- ☐ von oben nach unten beschrieben.
- ☐ von hinten nach vorne beschrieben.

3 **a** **Markiere im Text drei Stellen orange, in denen Raumelemente oder Einrichtungsgegenstände beschrieben werden und deren Funktion erklärt wird. Ein Beispiel ist vorgegeben (▸ Z. 6–8).**

b **Notiere anschließend drei Einrichtungsgegenstände und erläutere ihre Funktion stichpunktartig.**

Raumelement, Einrichtungsgegenstand	Funktion
keine Fenster	kein Lärm von außen

c **Weshalb ist die Verwendung von Fachbegriffen, wie z. B. Breitband-Absorber (▸ Z. 13), Mischpult (▸ Z. 19), Mikrofon (▸ Z. 23) oder Gitarrenhalter (▸ Z. 26), wichtig für eine Beschreibung? Kreuze die zwei richtigen Antworten an.**

- ☐ Mit Fachbegriffen kann man Gegenstände genau bezeichnen.
- ☐ Fachbegriffe sind wichtig, damit der Text möglichst ausführlich wird.
- ☐ Durch die Verwendung von Fachbegriffen wirkt eine Beschreibung professionell.
- ☐ Durch die Verwendung von Fachbegriffen wirkt der Text spannend.

4 **Markiere in Grün sechs Wörter, die die genaue Lage der Einrichtungsgegenstände bezeichnen, z. B.: *auf, hinter, links, rechts, vor, in der Mitte, im Hintergrund, im Vordergrund, oberhalb, unterhalb* usw. Zwei Beispiele sind dir in Zeile 16 vorgegeben.**

5 **Im Text werden aussagekräftige Adjektive und Partizipien verwendet, um die Gegenstände genauer zu beschreiben (vgl. Z. 10 und Z. 15). Markiere in Blau fünf weitere Adjektive/Partizipien.**

⊕ **6** **Durch Vergleiche kann man Dinge sehr anschaulich beschreiben. Markiere im Text den Satz, in dem ein Fachbegriff durch einen Vergleich mit „wie" genauer beschrieben wird.**

Einen Ort (Arbeitsplatz) beschreiben

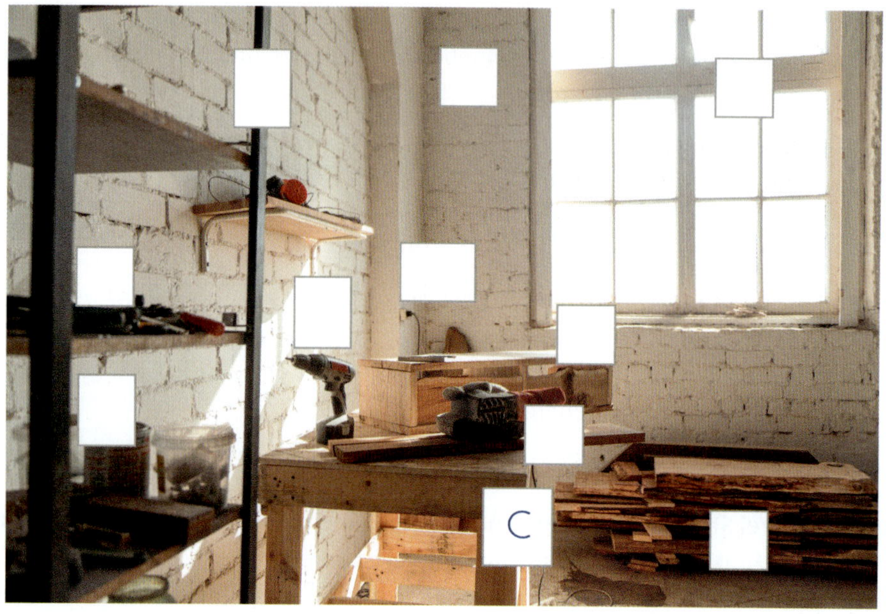

1 **Das Foto zeigt eine Schreinerei, in der aus Holz Möbel, Türen, Fenster oder Fußböden hergestellt werden.**

a **Benenne alle Raumelemente und Einrichtungsgegenstände der Schreinerei. Trage hierzu in jedes Kästchen den Buchstaben des richtigen (Fach-)Begriffs ein.**

A Akkubohrer • B großes, weißes Holzfenster • C Werkbank • D Holzlasur • E Wandregal • F Schleifmaschine • G Holzplatten • H Holzwerkzeuge • I weiße Ziegelwand • J Steckdose • K Holzregal, das gerade angefertigt wird

b **Verbinde jeden Gegenstand in der Schreinerei mit seiner passenden Funktion.**

A Holzlasur	1 Zur Aufbewahrung von Werkzeugen
B Schleifmaschine	2 Zur Versiegelung von Naturhölzern
C Holzplatten	3 Zur Herstellung von Möbeln
D Wandregal	4 Zur Nutzung als Arbeitsfläche
E Werkbank	5 Zum Glätten von rauen Holzoberflächen

2 **a** **Ergänze in der folgenden Einleitung der Beschreibung treffende Verben. Nutze hierzu Wörter aus dem Kasten.**

herstellen • hereinlässt • gestrichen • sieht man • befindet sich

Auf dem Foto ____________________ eine Schreinerei, in der Schreiner/-innen z. B. Wohnmöbel, Fenster und Türen aus Holz ____________________ ____________________. Die Wände der Schreinerei sind weiß ____________________ und an der hinteren Wand ____________________ ein großes, weißes Holzfenster, das genügend Licht in den Raum ____________________.

b **Führe die Beschreibung fort, indem du die einzelnen Einrichtungsgegenstände, Werkzeuge und Arbeitsmaterialien, ihre Lage im Raum sowie ihre Funktion beschreibst. Nimm das Foto sowie die Vorarbeiten aus Aufgabe 1 zu Hilfe.**
Verwende die Wörter aus dem Wortschatzkasten.

vor • auf • neben • über • rechts • links • mittig • in der Mitte • oberhalb • unterhalb • daneben • darunter • hinter • dahinter • im Hintergrund • im Vordergrund

An der linken Wand der Schreinerei befindet sich ein Regal mit mehreren Einlegeböden. Hierin kann neben dem Werkzeug auch weiteres Material wie

c **Verfasse einen Schluss, in dem du beschreibst, wie die Schreinerei auf dich wirkt. Du kannst die folgenden Adjektive verwenden:**

funktional • ordentlich • hell • lichtdurchflutet • großzügig • praktisch • modern • geräumig

Einen Vorgang (Arbeitsablauf) beschreiben

Information **Einen Arbeitsablauf beschreiben und erklären**

Einleitung: Nenne alle notwendigen Materialien und Vorbereitungen für den Ablauf.
Hauptteil: Beschreibe und erkläre den Arbeitsablauf Schritt für Schritt.

- Mache die Reihenfolge der Arbeitsschritte durch passende Satzanfänge deutlich, z. B. *zu Beginn, zuerst, dann, danach, zum Schluss.*
- Nutze möglichst **treffende Begriffe,** auch **Fachbegriffe** (z. B. *Schutzbrille, Kreissäge),* **treffende Adjektive** (z. B. *kreisförmig)* und **Verben** (z. B. *abmessen, fixieren*).
- Verwende **Aktiv- und Passivformulierungen**, damit dein Text nicht eintönig klingt.
- Verwende das **Präsens** und eine **sachliche Sprache.**

Schluss: Gib an, worauf man bei diesem Ablauf besonders achten sollte, was das Interessante daran ist oder formuliere einen weiterführenden Hinweis.

1 **a** Schau dir die Bilder an und lies die Liste der Materialien und die Hinweise zu den Bildern. Mache dir die einzelnen Arbeitsschritte klar.
b Notiere für die letzten drei Bilder in Stichworten die einzelnen Arbeitsschritte.

Der Stuhl besteht nur aus zwei Holzbrettern, die ineinandergesteckt werden. Daher der Name „Steckstuhl".

Einen Steckstuhl bauen

Materialien: Papier, Bleistift, Lineal, Holzbretter, Zollstock, Schutzbrille, Stichsäge, Akkubohrer, Schleifpapier, Holzlasur, Pinsel

Bauplan für den Stuhl erstellen

Maße von Sitz- und Lehnenbrett mit Zollstock auf Holzbrett übertragen

Schutzbrille aufsetzen

Holzteile mit Stichsäge aussägen

Loch im Lehnenbrett mit Akkubohrer vorbohren

Loch mit Stichsäge aussägen

2 **Erkläre, welche Funktion die folgenden Arbeitsschritte und Werkzeuge haben. Verwende hierzu die Satzanfänge und -verknüpfungen aus dem Kasten unten:**

- Schutzbrille → Schutz der Augen vor Holzsplittern
- mit Akkubohrer Loch im Lehnenbrett vorbohren → Stichsägeblatt kann angesetzt werden
- Schleifpapier → Glätten der Holzkanten, Vermeidung von Holzsplittern
- Holzlasur auftragen → Schutz vor Witterung

Vor dem Sägen setzt man eine Schutzbrille auf, damit

Satzanfänge und Satzverknüpfungen:
- Dies/e wird gebraucht, um ...
- Hiermit kann man ...
- Um ..., verwendet/nimmt man ...
- Danach ...., damit ...
- Damit ...., nimmt man ...

3 **Verfasse eine Beschreibung des Arbeitsablaufs mit Einleitung, Hauptteil und Schluss. Nimm die Ergebnisse aus den Aufgaben 1 und 2 zu Hilfe. Verwende die man-Form. Gehe so vor:**

a **Verfasse eine Einleitung, in der du alle nötigen Materialien nennst, z. B.:**
Um einen Steckstuhl aus Holz zu bauen, benötigt man ...

b **Beschreibe im Hauptteil, wie du Schritt für Schritt vorgehst, z. B.:**
Zuerst erstellt man einen Bauplan, indem man die beiden Stuhlteile mit einem Bleistift auf ...

c **Formuliere am Schluss einen weiterführenden Tipp. Wähle hierzu einen der folgenden Hinweise aus:**

- ☐ Stuhl bemalen oder mit Lötkolben Muster ins Holz einbrennen
- ☐ Sitzlehne mit Schnitzereien verzieren
- ☐ Achtung: Bretter parallel sägen, da sonst Wackelgefahr besteht
- ☐ Weiches Holz wie Fichte, Kiefer oder Lärche erleichtert Sägearbeiten

Mache die **Reihenfolge der einzelnen Schritte** deutlich (*zuerst, dann, danach, zum Schluss*) und **wechsle Aktiv- und Passivformen** ab.

4 **Stell dir vor: Die Bauanleitung für den Steckstuhl soll in einem Online-Jugendmagazin erscheinen. Formuliere hierfür eine treffende Überschrift und ein paar Anfangszeilen, die deine Leser/-innen dazu anregen, diesen Stuhl zu bauen. Schreibe in dein Heft.**

Schildern

Einen schildernden Text untersuchen

Information **Schildern**

Wenn du schilderst, **beschreibst** du **eine Situation oder eine Atmosphäre so anschaulich wie möglich.** Besonders gut gelingt dir das, wenn du **Beobachtungen und Sinneseindrücke** (z. B. sehen, hören, fühlen, riechen) sowie **persönliche Gedanken und Empfindungen** wiedergibst.
Außerdem helfen dir die folgenden **sprachlichen Mittel:**

- anschauliche **Adjektive** und **Partizipien,** z. B.: *messerscharfe Dornen, gezackte, funkelnde Blitze.*
- **ausdrucksstarke Verben,** z. B.: *toben, stürmen, zucken.*
- **sprachliche Bilder** wie **Vergleiche, Metaphern** und **Personifikationen** (▶ S. 25).
- **Aufzählungen** und **Wiederholungen** als Mittel der Hervorhebung, z. B.: *Es donnerte, donnerte so heftig, donnerte so krachend, dass wir vor Angst zusammenzuckten.*

1 **Lies den folgenden Auszug aus dem Roman „In den Augen der Nacht" und gleich im Anschluss die schildernde Fortsetzung eines Schülers auf Seite 23.**

Inés Garland

In den Augen der Nacht (Auszug 1)

Dalila, die Ich-Erzählerin, braucht Abstand von Buenos Aires und ihrer Beziehung zu Pablo. Sie will in Ruhe nachdenken und sich über ihre Gefühle klar werden. Deshalb entscheidet sie sich im Sommer, mit ihrer Schwester Lucia und deren Freundinnen in den argentinischen Wäldern zu zelten. Doch gleich in der ersten Nacht, die sie in der Nähe eines Sees verbringen, kommt es zu einem Sturm und einem heftigen Gewitter.

Mitten in der Nacht wachte ich mit dem Gefühl auf, dass es plötzlich unheimlich still geworden war, als wären die Tiere alle auf einmal verstummt. So eine Stille war mir völlig fremd. Kurz darauf erhob sich ein Wind, der einen der Heringe fürs Vordach herausriss. Die lose Schnur begann, gegen die Plane zu schlagen. Minuten später weckte ein Donner wie eine Bombe die anderen drei. Blitz um Blitz knisterte, gefolgt von Donnerschlägen, die auf das Zelt niederzugehen schienen, und durch den Eingang, den Petra aufhielt, sahen wir ein Wirrwarr aus abgerissenen Ästen, entwurzelten Sträuchern und totem Holz vorbeiwirbeln. Wie durch ein Wunder hielt das Zelt stand. Wir hockten alle am Eingang und schreckten bei jedem Donnerkrachen zusammen.

Bei jedem Blitz kam es uns so vor, als würde der See über die Ufer laufen und bald das Zelt erreichen und bis zum Eingang schwappen. Unsere Gaslaterne wagten wir nicht anzuzünden, aber Maite leuchtete die direkte Umgebung mit ihrer Taschenlampe ab, und da war der umgestürzte Grill, der Reistopf, den wir auf einem Baumstumpf hatten stehen lassen und der jetzt umgekippt im Sand lag, undefinierbare Teile unserer Erfindungen des Nachmittags. Sogar ein Handtuch, das Lucia zum Trocknen aufgehängt hatte, wehte in der Dunkelheit vorbei wie ein Gespenst. Es dauerte nicht lange, bis die ersten Tropfen fielen, als wären sie aus Blei.

Überleitung:
Am nächsten Morgen öffnete ich ängstlich den Reißverschluss des Zeltes.

Beim ersten Blick nach draußen wurde mir beinahe schlecht. Wir konnten von Glück sagen, dass wir überhaupt noch lebten. Nur einen Katzensprung entfernt lag die Krone eines gewaltigen Baumes, den der Sturm entwurzelt und vor unser Zelt geschleudert hatte. Ich hörte Lucia leise neben mir schluchzen. „Mist!", flüsterte sie mehrmals. „Mist!" Keine Frage, der Baum hätte uns erschlagen, er hätte uns einfach wie Würmer in unserem Zelt zerquetscht, wenn der Wind ihn nur ein paar Meter weiter getragen hätte. Ich zitterte und versuchte, den dicken Kloß in meinem Hals irgendwie herunterzuschlucken. „Wäre ich doch in Buenos Aires geblieben!", schoss es mir durch den Kopf. Klar, auch in der Großstadt lauerten Gefahren, man konnte sich zum Beispiel, wenn man dumm genug war, in den falschen Jungen verlieben. Aber Naturgewalten? Nein, Naturgewalten gehörten bisher nicht dazu.

Über dem See waberten ein paar Nebelschwaden und unsere Badesachen vom Vortag lagen überall verstreut, als hätte jemand sich einen Scherz daraus gemacht, sie möglichst weitläufig in der Landschaft zu verteilen. Töpfe, Tassen, Teller waren zum Teil zerbrochen, teilweise wie durch ein Wunder heil geblieben. Was für ein Chaos! Da fiel ein dicker, eiskalter Wassertropfen vom Vordach des Zeltes auf meine Stirn und riss mich aus meiner Erstarrung. „Na, dann!", sagte ich möglichst gelassen, um den anderen Mut zu machen. „Räumen wir mal auf!"

2 **Überprüfe, ob die Fortsetzung zum Romanauszug passt. Kreuze jeweils die richtige Antwort an.**

A ☐ Die Fortsetzung schildert Verwüstungen, die nach dem nächtlichen Sturm zu erwarten sind.

B ☐ Die Fortsetzung schildert die friedliche Stimmung nach dem nächtlichen Sturm.

C ☐ Die Fortsetzung greift das Tempus der Vorlage auf und schildert die Situation im Präsens.

D ☐ Die Fortsetzung greift das Tempus der Vorlage auf und schildert die Situation im Präteritum.

E ☐ Wie in der Vorlage wird in der Er-/Sie-Form von den Gedanken und Gefühlen Dalilas erzählt.

F ☐ Wie in der Vorlage werden Gedanken, Gefühle, Wahrnehmungen Dalilas in der Ich-Form geschildert.

3 **Lies das Merkwissen (▶ S. 22) und weise nach, dass es sich um einen gelungenen schildernden Text handelt.**

a **Erkläre mit eigenen Worten in deinem Heft, was du anhand der orange markierten Textstellen über die Gedanken und Gefühle Dalilas erfährst, z. B.:**

Dalila ist von den Verwüstungen einerseits ... Andererseits ... Außerdem geht ihr durch den Kopf, dass ...

b **Notiere stichwortartig, was Dalila sieht und hört.**

sehen: ____________________

____

hören: ____________________

c **Markiere im Schülertext die folgenden sprachlichen Mittel mit verschiedenen Farben:**

- zehn ausdrucksstarke Verben oder anschauliche Adjektive und Partizipien grün,
- drei sprachliche Bilder (Metapher, Vergleich und Personifikation ▶ S. 25) blau,
- eine Aufzählung und eine Wiederholung lila.

Einen Romanauszug schildernd weiterschreiben

Inés Garland

In den Augen der Nacht (Auszug 2)

Am nächsten Tag geht Dalila im Wald Brombeeren pflücken. Erst nach und nach wird ihr bewusst, dass sie sich verirrt hat.

Erst als der Topf randvoll mit Brombeeren war und überzulaufen drohte, blickte ich auf und merkte, dass alles um mich herum genau gleich aussah. Ich weiß nicht, wie viel später – ich hatte keine Uhr dabei – ich mir eingestand, dass ich nicht den blassesten Schimmer hatte, wo ich war. Anfangs hatte ich keine Angst. Der Wald war so schön, dass ich mich beschützt fühlte. Der Geruch nach frischem Grün, die Wassertropfen, die auf die Blätter fielen, das Schmatzen meiner eigenen Schritte – irgendwann würde ich etwas sehen, woran ich mich orientieren konnte, so weit hatte ich mich nicht von unserem Lager entfernt. Ich versuchte es mit ein paar halbherzigen Schreien, die wir verabredet hatten, wenn wir uns rufen wollten, aber mir antwortete nur der Wald: das Flügelschlagen eines Vogels, den ich nicht entdecken konnte, das Gefühl, von Leben umringt zu sein, das mir ganz einfach deswegen nicht antwortete, weil es nicht meine Sprache sprach. Mir schoss durch den Kopf, dass es hier Schlangen und Wildschweine geben könnte, die mir auflauerten. Gab es in den Wäldern im Süden nicht Wildkatzen und Pumas und Tiere, die ich gar nicht kannte? Ich glaubte, Tiere zu hören, die flüchteten, wenn ich mich näherte. Ich kam mir dumm vor, weil ich mich nicht unter Kontrolle hatte, aber ich bekam immer mehr Angst.

1 Sammle Ideen für eine Fortsetzung dieses Romanauszugs. Versetze dich dazu in die Situation Dalilas.

a Notiere, was sie im Wald wahrnehmen (sehen, hören, riechen, spüren) könnte.

Flattern eines Vogels,

b Notiere, was sie in ihrer Situation fühlen und denken könnte.

Information **Sprachliche Bilder**

- **Vergleiche** veranschaulichen z. B. Gefühle und Eigenschaften: *Der Wald war so dicht und undurchdringlich wie eine einzige Mauer.* Man erkennt sie an den Wörtern *wie* und *als ob*.
- **Personifikationen** schreiben z. B. Gegenständen, Tieren und der Pflanzenwelt menschliche Verhaltensweisen zu: *Die Ranken rissen mir an den Haaren.*
- **Metaphern** nutzen Wörter und Formulierungen in einem übertragenen Sinn: *grüne Hölle = gefährlicher, lebensfeindlicher Wald.*

2 **Dalila hat sich im Wald verirrt und ihre Angst wächst. Sammle passende sprachliche Bilder (▶ Merkwissen oben) zu dieser Situation. Verwende den Wortspeicher als Anregung und finde auch eigene Formulierungen.**

Dickicht • Ranken • Höhle • Schlingpflanzen • Dornen • Baum • Riese • Schlange • Puma • Vogel • Messer • Schatten • schrill • finster • scharf • dunkel • undurchdringlich • grün • dicht • reißen • zischen • schleichen • züngeln • schlucken • brüllen • krachen • knistern • peitschen • winden

Dornen, scharf wie Messer; das Dickicht verschluckte mich,

3 **Setze den Romanauszug mit Hilfe deiner Vorarbeiten aus Aufgabe 1 und 2 fort. Schildere Dalilas Situation, ihre Gedanken und Gefühle so anschaulich wie möglich. Arbeite in deinem Heft und beginne so:**
Ich wollte mich nicht unabsichtlich noch weiter vom Lager entfernen. Mein Instinkt sagte mir zwar: „Renn weg! Renn, so schnell du kannst!", aber ich zwang mich, stehen zu bleiben. Irgendwann würde Lucia mein Fehlen bemerken und mich suchen. Währenddessen wurde es dunkler und die Schatten krochen …

4 **Überarbeite deinen Text anschließend mit der ESAU-Methode unten.**

⊕ **5** **Versetze dich in Lucia, die sich bei Einbruch der Dämmerung mit einer Taschenlampe auf die Suche nach ihrer Schwester macht. Was nimmt sie wahr? Was fühlt und denkt sie? Schreibe einen kurzen schildernden Text aus Lucias Perspektive in dein Heft.**

Methode **Texte überarbeiten: Das ESAU-Verfahren**

E steht für **Ergänzen:** Ergänze fehlende Wörter, Sätze und Gedanken.
S steht für **Streichen:** Streiche überflüssige Wörter, Sätze und Gedanken.
A steht für **Austauschen:** Tausche unpassende Wörter und Formulierungen durch treffende aus.
U steht für **Umstellen:** Bringe Wörter und Satzteile in eine richtige und gut lesbare Reihenfolge.

Kurzgeschichte

Eine Kurzgeschichte verstehen

Information Die Kurzgeschichte

Eine **Kurzgeschichte** ist meist von **geringem Umfang.** Du kannst sie oft an mehreren der folgenden Merkmale erkennen:

- Es wird von **einer entscheidenden Situation im Leben der Figuren** erzählt.
- Der **Einstieg** in die Handlung erfolgt **unmittelbar**, ohne Vorgeschichte und Erklärungen.
- Die **Handlung entwickelt sich zielstrebig auf einen Höhe- oder Wendepunkt** zu.
- Der **Schluss ist offen** und lässt verschiedene **Deutungsmöglichkeiten** oder Entwicklungen zu.
- Die **Sprache** nähert sich häufig der **Alltagssprache** an. Beispielsweise werden eher kurze Sätze und **umgangssprachliche Ausdrücke** in der direkten Rede verwendet.
- Ein **Leitmotiv** (z. B. ein sprachliches Bild, ein Gegenstand, ein Traum, irgendein Detail wie eine Geste oder ein Blick) ist von besonderer Bedeutung und kehrt in der Geschichte häufig wieder.

William M. Harg: Der Retter

Der Schoner[1] „Christoph“ ging so sanft unter, dass Senter, der einzige Mann am Ausguck[2], nichts empfand als Staunen über das Meer, das zu ihm emporstieg. Im nächsten Augenblick war er klatschnass, das Wasser schlug über ihm zusammen, und das Takelwerk[3], an das er sich klammerte, zog ihn in die Tiefe. Also ließ er es los.

Senter schwamm benommen und verwirrt, wie ein Mensch, dessen Welt plötzlich versunken ist. Mit einem Mal hob sich, wie aus der Kanone geschossen, eine Planke mit einem Ende aus dem Wasser und fiel mit Dröhnen zurück. Er schwamm darauf zu und ergriff sie. Er sah, dass noch etwas auftauchte, und das musste einer seiner acht Kameraden sein. Als aber der Kopf sichtbar wurde, war es nur der Hund. Senter mochte den Hund nicht, und da er erst so kurze Zeit zur Bemannung gehörte, erwiderte das Tier seine Abneigung. Aber jetzt hatte es die Planke erblickt. Es mühte sich ab, sie zu erreichen, und legte die Vorderpfoten darauf. Dadurch sank das Ende tiefer ins Wasser. Senter überkam die furchtbare Angst, sie könnte untergehen. Er zog verzweifelt an seinem Ende: Die Pfoten des Hundes rutschten ab und er versank.

Aber der Hund kam wieder hoch, und wieder schwamm er schweigend, ohne Hass oder Nachträglichkeit, zur Planke zurück und legte seine Pfoten darauf. Wieder zog Senter an seinem Ende und wieder versank der Hund. Das wiederholte sich ein Dutzend Mal, bis Senter, vom Ziehen ermüdet, mit Entsetzen und Verzweiflung erkannte, dass der Hund es länger aushalten konnte als er.

Senter wollte nicht mehr an das Tier denken. Er stützte die Ellenbogen auf die Planke und hob sich, soweit es ging, aus dem Wasser empor, um sich umzusehen. Der Schrecken seiner Lage überwältigte ihn. Er war Hunderte von Meilen vom Land entfernt. Selbst unter den günstigsten Umständen konnte er kaum hoffen, aufgefischt zu werden. Mit Verzweiflung sah er, was ihm bevorstand. Er würde sich einige Stunden lang an der Planke festhalten können – nur wenige Stunden. Dann würde sich sein Griff vor Erschöpfung lösen und er würde versinken.

Dann fiel sein Blick auf die geduldigen Augen des Hundes. Wut erfüllte ihn, weil der Hund offenbar nicht begriff, dass sie beide sterben mussten. Seine Pfoten lagen am Rande der Planke. Dazwischen hatte er die Schnauze gestützt, sodass die Nase aus dem Wasser ragte und er atmen konnte. Sein Körper war nicht angespannt, sondern trieb ohne Anstrengung auf dem Wasser. Er war nicht aufgeregt wie Senter. Er spähte nicht nach einem Schiff, dachte nicht daran, dass sie kein Wasser hatten, machte sich nicht klar, dass sie bald in ein nasses Grab versinken mussten. Er tat ganz einfach, was im Augenblick getan werden musste.

In der halben Stunde, seit sie sich beide an der Planke festhielten, war Senter bereits ein Dutzend Mal gestorben. Aber der Hund würde nur einmal sterben. Plötzlich war es Senter klar: Wenn er selbst zum letzten Mal ins Wasser rutschte, würde der Hund noch immer oben liegen. Er wurde böse, als er das begriff, und er zog sich die Hosen aus und band sie zu einer Schlinge um die Planke. Und er triumphierte, denn er wusste: So konnte er es länger aushalten. Dann aber warf er einen Blick auf die See, und Entsetzen erfasste ihn aufs Neue. Schnell sah er den Hund an und versuchte, so wenig an die Zukunft zu denken wie das Tier.

Am Nachmittag des zweiten Tages fingen die Pfoten des Hundes an, von der Planke abzurutschen. Mehrere Male schwamm er mit Anstrengung zurück, aber jedes Mal war er schwächer. Jetzt wusste Senter, dass der Hund ertrinken musste, obwohl er selbst es noch nicht ahnte. Aber er wusste auch, dass er ihn nicht entbehren konnte. Ohne diese Augen, in die er blicken konnte, würde er an die Zukunft denken und den Verstand verlieren. Er zog sich das Hemd aus, schob sich vorsichtig auf der Planke vorwärts und band die Pfoten des Tieres fest.

Am vierten Abend kam ein Frachter vorüber. Seine Lichter waren abgeblendet. Senter schrie mit heiserer, sich überschlagender Stimme, so laut er konnte. Der Hund bellte schwach. Aber auf dem Dampfer bemerkte man sie nicht. Als er vorüber war, ließ Senter in seiner Verzweiflung und Enttäuschung nicht ab zu rufen. Aber als er merkte, dass der Hund aufgehört hatte zu bellen, hörte auch er auf zu rufen. Danach wusste er nicht mehr, was geschah, ob er lebendig war oder tot. Aber immer suchten seine Augen die Augen des Hundes …

Der Arzt des Passagierdampfers „Vermont“, der zur Freude und Aufregung der Passagiere und Mannschaft einen jungen Kameraden und einen Hund auf der See entdeckt und sie hatte auffischen lassen, schenkte den abgerissenen Fieberfantasien des jungen Menschen keinen Glauben. Denn danach hätten die beiden sechs Tage lang auf dem Wasser getrieben, und das war offenbar unmöglich. Er stand an der Koje[4] und betrachtete den jungen Seemann, der den Hund in den Armen hielt, sodass eine Decke sie beide wärmte. Man hatte ihn erst beruhigen können, als auch der Hund gerettet war. Jetzt schliefen beide friedlich. „Können Sie das verstehen“, fragte der Arzt einen neben ihm stehenden Offizier, „warum in aller Welt ein junger Bursche, der den gewissen Tod vor Augen sah, sich solche Mühe gab, das Leben eines Hundes zu retten?“

1 der Schoner: großes Segelboot
2 der Ausguck: erhöhter Beobachtungsplatz auf einem Schiff
3 das Takelwerk: Masten, Segel und Taue des Schiffs
4 die Koje: Schiffsbett

1 **Ist diese Kurzgeschichte für dich z. B. spannend, lehrreich, unglaubwürdig oder überraschend? Notiere deinen ersten Eindruck und begründe ihn kurz.**

2 **Beantworte die beiden folgenden W-Fragen stichwortartig, um dir die äußere Handlung der Geschichte klarzumachen: Wer sind die wichtigsten Figuren? Was geschieht?**

3 **a** **Lies die Geschichte noch einmal gründlich. Unterstreiche im Text wichtige Schritte der äußeren Handlung blau und die innere Handlung (Gefühle und Gedanken Senters) orange. Für die beiden ersten Textabschnitte ist das bereits gemacht.**

b **Erkläre, wie sich die Einstellung Senters zu dem Hund verändert. Schreibe im Präsens.**

Zuerst sieht Senter in dem Hund ______________________________

______________. Nach und nach jedoch ______________________________

____

4 **a** **Es gibt mehrere Retter in dieser Geschichte. Kreuze alle korrekten Antworten an.**

A ☐ Der Hund rettet Senter durch seine Ruhe und seinen Blick davor, verrückt zu werden.

B ☐ Senter rettet den Hund vor dem Ertrinken, indem er dessen Pfoten an der Planke festbindet.

C ☐ Der Offizier des Passagierdampfers „Vermont“ rettet Senter und den Hund aus dem Meer.

D ☐ Der Schiffsarzt rettet Senter und den Hund vor dem Tod auf dem Meer.

b **Welcher Retter könnte im Titel der Geschichte gemeint sein? Begründe deine Ansicht in deinem Heft.**

5 **Bestimme das Thema der Geschichte. Kreuze das zutreffende Thema an und begründe deine Wahl.**

A ☐ Sinnloser Kampf ums Überleben

B ☐ Feindschaft zwischen Mensch und Tier

C ☐ Überleben in der Not durch Zusammenhalten

D ☐ Angst vor dem Ertrinken

____

____

6 **a** **In dieser Kurzgeschichte sind die Augen des Hundes ein Leitmotiv. Markiere alle Textstellen, in denen es um dieses Leitmotiv geht.**

b **Erkläre mit eigenen Worten in deinem Heft, was die Augen des Hundes für Senter bedeuten.**

7 **Entscheide, welche typischen Merkmale von Kurzgeschichten sich auch in der Geschichte „Der Retter“ finden lassen. Streiche die Formulierungen durch, die nicht zutreffen.**

> Die Geschichte hat einen *geringen/großen* Umfang. Sie stellt eine *unwichtige Alltagssituation/entscheidende Situation* aus dem Leben eines Menschen dar. Die Handlung beginnt *nach einer umfassenden Einführung in das Geschehen / unmittelbar* und läuft dann *zielstrebig auf einen Höhe- oder Wendepunkt / auf einen unlösbaren Konflikt* zu. Der Schluss lässt *Fragen offen/keine Deutungsmöglichkeiten zu.* Die sprachliche Gestaltung der Geschichte ist eher *anspruchsvoll/einfach.*

⊕ **8** **Lies den Schluss der Geschichte und gib dem Arzt eine Antwort auf seine Frage. Arbeite im Heft.**

Die Kurzgeschichte zusammenfassen

Information **Eine Inhaltsangabe schreiben**

Eine Inhaltsangabe fasst den Inhalt eines Textes **knapp und sachlich** zusammen, sodass andere, die den Text nicht gelesen haben, über das Wesentliche informiert werden.

- In der **Einleitung** nennst du die Art des Textes (z. B. Kurzgeschichte), den Titel, den Namen der Autorin / des Autors, das Erscheinungsjahr (falls angegeben) und das Thema des Textes.
- Im **Hauptteil** fasst du die wichtigsten Ereignisse der Handlung (Handlungsschritte) in der zeitlich richtigen Reihenfolge zusammen. Verzichte dabei auf die Darstellung von Einzelheiten und beschränke dich auf das Wesentliche.

1 **Formuliere in deinem Heft einen Einleitungssatz für deine Inhaltsangabe (▶ Merkwissen oben), z. B.:**
In der ... „Der Retter" von ... geht es darum, dass ...

2 **Bereite den Hauptteil deiner Inhaltsangabe vor, indem du den Text in acht Handlungsschritte gliederst.**

a **Ziehe im Text Querlinien, wo ein neuer Handlungsschritt beginnt, und nummeriere die Handlungsschritte am Rand links. Für den ersten Handlungsschritt ist das bereits gemacht.**

b **Notiere im Heft Stichworte zu jedem Handlungsschritt. Die Hinweise unten helfen dir dabei.**

TIPP: Notiere die Handlungsschritte in Form eines Flussdiagramms, dann siehst du besonders gut, wie die Schritte aufeinander aufbauen und die Handlung sich entwickelt.

Handlungsschritte
Ein **neuer Handlungsschritt** beginnt z. B., wenn:

- die Handlung eine **Wendung** erfährt,
- der **Ort** wechselt,
- ein **Zeitsprung** stattfindet,
- eine neue **Figur** auftaucht.

Handlungsschritte

1 (Z. 1–8) Schiffsuntergang: Senter und Hund → einzige Überlebende

↓

2 (Z. 9–...) Senter und Hund mögen sich nicht, kämpfen um ...

↓

Hinweise zum Inhalt:
ausweglose Lage • Unterschied Senter und Hund • Wut auf Hund – Triumph und Entsetzen • 2. Tag: Blick des Hundes • 4. Tag • 6. Tag

Information **Den Hauptteil der Inhaltsangabe sprachlich gestalten**

- **Verdeutliche Zusammenhänge** der Handlung (z. B. zeitliche) **durch passende Satzanfänge und Satzverknüpfungen**, z. B.: *zuerst, daraufhin, nachdem, erst, als, weil, aber, dabei, deshalb.*
- Schreibe **sachlich** und **nüchtern,** vermeide ausschmückende Formulierungen.
- Schreibe im **Präsens** (bei Vorzeitigkeit im Perfekt).
- Verwende **keine wörtliche Rede.** Gib besonders wichtige Äußerungen der Figuren in der **indirekten Rede** (▸ Konjunktiv I, S. 54) wieder oder umschreibe sie.

3 **Verdeutliche in den Sätzen A und B die inhaltlichen Zusammenhänge durch geeignete Satzanfänge und Satzverknüpfungen (▸ Merkwissen).**
TIPP: Es gibt verschiedene Möglichkeiten, die Zusammenhänge sinnvoll zu verdeutlichen.

A Senter gibt den Kampf um die Planke auf. Er erkennt, dass der Hund nicht nachlassen wird.
B Der Hund weiß nichts von seiner Zukunft. Er ist entspannt. Senter stirbt vor Angst mehrere Tode.

A: ______________________________

____

____

B: ______________________________

____

____

4 **a** **Fasse den Inhalt des folgenden Satzes mit eigenen Worten zusammen. Schreibe im Präsens.**

Danach wusste er nicht mehr, was geschah, ob er lebendig war oder tot (Z. 48).

____

____

b **Gib die wörtliche Rede des Arztes in indirekter Rede wieder. Unterstreiche die Konjunktiv-Formen in deinen Sätzen.**

Der Arzt fragt einen Offizier, ob ______________________________

____

____

____

> Können Sie das verstehen, warum ein Bursche, der den gewissen Tod vor Augen sah, sich solche Mühe gab, das Leben eines Hundes zu retten?

5 **Verfasse mit Hilfe deiner Ergebnisse aus den Aufgaben 2 bis 4 den Hauptteil deiner Inhaltsangabe, indem du die Handlung knapp und in eigenen Worten zusammenfasst. Schreibe in dein Heft.**

Den Text deuten: Eine weiterführende Aufgabe bearbeiten

Information **Textdeutung: Eine weiterführende Aufgabe bearbeiten**

Im Anschluss an die Inhaltsangabe bearbeitest du eine **weiterführende Aufgabe zum Text.** Dabei musst du z. B. Veränderungen im Verhalten einer Figur oder das Leitmotiv erklären oder auch Textsortenmerkmale nachweisen. Du schreibst einen **zusammenhängenden Text** und **belegst deine Aussage mit Hilfe von Zitaten oder Paraphrasen** (▶ Seite 41):

- **Zitat:** *Senter schätzt seine Situation realistisch ein: „Selbst unter den günstigsten Umständen konnte er kaum hoffen, aufgefischt zu werden" (Z. 20–21).*
- **Paraphrase:** *Senter schätzt seine Situation realistisch ein. Eine Rettung scheint aussichtslos (vgl. Z. 19–23).*

1 **Bearbeite die beiden weiterführenden Aufgaben A und B in deinem Heft. Verfasse jeweils einen zusammenhängenden Text, in dem du deine Aussagen mit Zitaten oder Paraphrasen belegst.**

A Die Einstellung Senters zu dem Hund verändert sich im Lauf der Geschichte. Erkläre, welche Rolle dabei das Leitmotiv der Augen spielt. Nutze die folgenden Satzanfänge.

Zu Beginn sieht Senter in dem Hund nur einen Konkurrenten um/im ...
Senter betrachtet seine Lage auf dem riesigen offenen Meer als ... (vgl. Z. ...).
Doch in den „geduldigen" (Z. ...) Augen des Hundes findet ...
Denn er versteht, dass er von dem Tier lernen kann, ...
Als der Hund ermüdet, rettet Senter ihn, weil er ohne den Blick des Hundes ... (vgl. Z. ...).
Am Ende sind die beiden ...

B Begründe, dass es sich um eine Kurzgeschichte handelt, indem du typische Textsortenmerkmale aufzeigst. Ergänze die folgenden Sätze.

Der Anfang verzichtet auf langwierige Einführungen und steigt ...: „..." (Z. ...).
Außerdem stellt die Geschichte ... im Leben Senters dar. Denn ...
Auffällig ist in diesem Zusammenhang auch das ... der Augen, die wiederholt im Text auftauchen (Z. ..., ... und ...) und für das Überleben Senters von ...
Da auch das Ende ... und zum Nachdenken ..., lässt sich zusammenfassend sagen, dass ...

⊕ **2** **Schreibe eine kurze Leseempfehlung für eine Freundin oder einen Freund.**

Ein Gedicht untersuchen und vortragen

Methode **Ein Gedicht sinngestaltend vortragen I: Erste Annäherungen**

Ein Gedicht **vorzutragen bedeutet** immer auch, es zu interpretieren, also **das eigene Verständnis des Gedichts zum Ausdruck zu bringen.** Ein gelungener Gedichtvortrag setzt deshalb eine genaue Analyse des Gedichts voraus. Erste Schritte dazu sind:

- über den **Titel** nachdenken: Was fällt dir zu dem Titel ein? Gibt er dir einen Deutungshinweis?
- Das Gedicht **aufmerksam lesen,** schwierige Begriffe klären und den ersten Eindruck festhalten.

1 **„Luftveränderung": Notiere deine spontanen Einfälle (Assoziationen) zum Titel des Gedichts.**

2 **Lies das Gedicht aufmerksam. Achte auf die Begriffserläuterungen in den Fußnoten.**

Kurt Tucholsky

Luftveränderung

Fahre mit der Eisenbahn,
fahre, Junge, fahre!
Auf dem Deck vom Wasserkahn
wehen deine Haare.

Tauch in fremde Städte ein,
lauf in fremden Gassen;
höre fremde Menschen schrein,
trink aus fremden Tassen.

Flieh Betrieb und Telefon,
grab in alten Schmökern[1],
sieh am Seinekai[2], mein Sohn,
Weisheit still verhökern[3].

Lauf in Afrika umher,
reite durch Oasen;
lausche auf ein blaues Meer,
hör den Mistral[4] blasen!

Wie du auch die Welt durchflitzt
ohne Rast und Ruh –:
Hinten auf dem Puffer[5] sitzt
du.

1 der Schmöker: weniger anspruchsvolles Buch, dessen Inhalt fesselt
2 der Seinekai: Am Ufer des Flusses Seine in Paris werden viele gebrauchte Bücher verkauft.
3 verhökern: (billig) verkaufen
4 der Mistral: ein kalter, trockener Wind, besonders in Frankreich
5 der Puffer: eine Art Stoßdämpfer an Lokomotiven und Eisenbahnwagen

3 **Notiere deine ersten Leseeindrücke im Heft. Passen sie zu deinen Assoziationen aus Aufgabe 1?**

Methode **Ein Gedicht sinngestaltend vortragen II: Inhalt und Sprechsituation**

Der **Inhalt** und die **Sprechsituation** sind wichtig für die Art und Weise, in der du vorträgst:

1 Dein **Vortrag muss zum Inhalt bzw. zum Thema des Gedichts passen.** Du kannst den Text je nach Stimmung z. B. heiter, traurig, ernst oder nachdenklich vortragen. Achte dabei auch auf **Wendepunkte in der Handlung** oder auf **Stimmungsumschwünge.**

2 **Versetze dich in die Rolle des Sprechers / der Sprecherin** im Gedicht (das kann ein lyrisches Ich oder ein ungenannter lyrischer Sprecher sein) und gib seine/ihre Gedanken und Gefühle wieder. Falls es einen bestimmten **Adressaten** gibt, überlege dir, wie du die **Beziehung zwischen Sprecher und Adressat zum Ausdruck bringen** kannst.

TIPP: Stelle dir Sprecher und Adressat so anschaulich wie möglich vor.

4 **Untersuche den Inhalt und den Aufbau des Gedichts.**

a Kreuze die zutreffenden Aussagen an.

A ☐ In den Strophen 1–4 wird ein junger Mann aufgefordert, die Welt kennen zu lernen.

B ☐ In den Strophen 1–4 wird ein junger Mann dringend gebeten, zu Hause zu bleiben.

C ☐ In den Strophen 1–4 wird die weite Welt als ermüdend und anstrengend geschildert.

D ☐ In den Strophen 1–4 wird die weite Welt der Enge des Alltags gegenübergestellt.

E ☐ In Strophe 5 wird deutlich, dass man durch Reisen ein völlig neuer Mensch werden kann.

F ☐ In Strophe 5 wird deutlich, dass man sich auch durch Weltreisen nicht selbst entfliehen kann.

b Fasse den Inhalt der Strophen stichwortartig in der folgenden Tabelle zusammen.

1. Strophe	2.–4. Strophe	5. Strophe
Aufforderung, die Welt zu erkunden		

c Erkläre den inhaltlichen Wendepunkt des Gedichts mit eigenen Worten.

5 Untersuche die Sprechsituation in diesem Gedicht.

a Unterstreiche im Gedicht alle Imperative, die der Sprecher gegenüber dem Adressaten verwendet.

b Imperative können Unterschiedliches zum Ausdruck bringen. Markiere mit einem oder zwei Kreuzen auf dem folgenden Strahl, wie die Imperative des Sprechers in diesem Gedicht zu verstehen sind.

Befehle — Anweisungen — Arbeitsaufträge — Aufforderungen — Ratschläge/Empfehlungen →

c Stelle die Sprechsituation in dem folgenden Schaubild zusammenfassend dar. Gehe so vor:
- Beschreibe in der linken und in der rechten Spalte stichwortartig, wie du dir den Sprecher und den Adressaten des Gedichts vorstellst. Führe für deine Vorstellungen Textbelege an.
- Beschrifte die mittlere Spalte mit Hilfe deiner Ergebnisse aus Aufgabe 5a.

Vorstellung vom Sprecher:	**Art der Ansprache und der Beziehung:**	**Vorstellung vom Adressaten:**
schon etwas älter,		
Textbelege:		Textbelege:

d Charakterisiere die Art der Beziehung zwischen Sprecher und Adressat in einem Satz.

6 **a** Kreuze zwei Adjektive an, die die Stimmung des Gedichts treffend beschreiben.

☐ humorvoll	☐ ermunternd	☐ gefühlvoll	☐ ironisch
☐ belehrend	☐ ernüchternd	☐ drängend	☐ ruhig
☐ sachlich	☐ kritisch	☐ ärgerlich	

b Versetze dich in den lyrischen Sprecher und probe den Gedichtvortrag. Berücksichtige dabei im Tonfall die Adjektive, die du in Aufgabe 6a ausgewählt hast.

Methode **Ein Gedicht sinngestaltend vortragen III: Form und Sprache**

1 Berücksichtige die **Form** (= Strophe, Vers, Reim, Metrum) beim Vortrag, indem du z. B.
- Strophengrenzen als Pausen umsetzt,
- Versenden entweder eher übergehst (beim Zeilensprung) oder eher betonst, wenn das Versende mit dem Satzende oder dem Ende eines Satzglieds zusammenfällt (Zeilenstil),
- Reime zum Klingen bringst,
- das Metrum durch deinen Sprechrhythmus aufnimmst, ohne dabei zu leiern.

2 Berücksichtige die **sprachliche Gestaltung** in deinem Vortrag, indem du dir jeweils überlegst, wie die Sprache wirken soll, z. B. eher verträumt oder eher beängstigend.
Achte z. B. auf
- sprachliche Bilder wie Vergleiche, Metaphern und Personifikationen,
- Wiederholungen, die für Eindringlichkeit sorgen,
- Wortneuschöpfungen (Neologismen), die die Aufmerksamkeit auf sich ziehen.

7 Untersuche die Form und die sprachliche Gestaltung.
a Bestimme die Reimform, indem du die richtige Buchstabenfolge rechts neben die Strophen (▶ S. 32) schreibst.
Der Tippkasten rechts hilft dir.
b Bestimme das Metrum, indem du das Gedicht (▶ S. 32) laut liest und dann die richtigen Betonungszeichen über die betonten Silben setzt.
Der Tippkasten rechts hilft dir.

Reimform:
- Paarreim: aabb
- Kreuzreim: abab
- umarmender Reim: abba

Metrum (Versmaß):
- Jambus: x x́
- Trochäus: x́ x

c Welche Aussagen zur Sprache treffen zu? Kreuze richtige Aussagen an und notiere in der Spalte rechts entweder Wörter aus dem Text oder Versangaben, die dies belegen.

	richtig	Beispiele aus dem Text
A Wiederholungen verleihen den Aussagen besonderen Nachdruck.	☐	3 x „fahre"
B Viele Verben vermitteln einen Eindruck von Rastlosigkeit.	☐	
C Der Zeilenstil (▶ Merkwissen oben) sorgt für Unruhe.	☐	
D Das Gedicht verwendet in jeder Strophe viele Metaphern.	☐	

8 a Probiere aus, wie du die formalen und sprachlichen Merkmale des Gedichts beim Vortrag zur Geltung bringen kannst, zum Beispiel durch Pausen und unterschiedliche Sprechgeschwindigkeiten.
Notiere dazu weitere Betonungszeichen im Gedicht oder daneben.
b Übe nun den Gedichtvortrag. Berücksichtige dabei deine Markierungen am Text.
c Wähle eine Lernpartnerin / einen Lernpartner aus und trage ihr/ihm das Gedicht vor.

Betonungszeichen
- laut = ◀ oder leise ▶
- kurze oder lange Pause = | oder ||
- schnell = ⟶ oder langsam = ⟵
- besondere Betonung = ___
- Zeilensprung = ↩

Eine Dramenszene untersuchen

Die Dramenszene verstehen

Methode **Eine Dramenszene analysieren und interpretieren**

Wenn du eine Dramenszene analysierst und interpretierst, musst du auf folgende Punkte eingehen:

1 **Stellung der Szene im Handlungsverlauf** (sofern das gesamte Drama bekannt ist):
- Wo steht die Szene im Handlungsverlauf? Was ist ihr vorausgegangen, was folgt ihr?

2 **Inhalt und Thema der Szene**
- Was geschieht in der Szene und im Verlauf des Gesprächs? Welche Figuren treten auf?

3 **Figuren- und Gesprächsanalyse**
- Wie stehen die Figuren zueinander **(Figurenkonstellation)?**
- Welche offensichtlichen und/oder verborgenen **Absichten** verfolgen die Figuren?
- Wie verhalten sich die Figuren? Verändert sich ihr **Verhalten** im Laufe des Gesprächs?
- Welche **Gedanken und Gefühle** werden deutlich?
- Wie sind die **Redeanteile** der Figuren verteilt? Wer ist initiativ, wer reagiert?
- Wodurch zeichnet sich die **Sprache** einer Figur aus (z. B. Sprachstil, Andeutungen, Argumente)?

TIPP: Lies die **Regieanweisungen** aufmerksam.

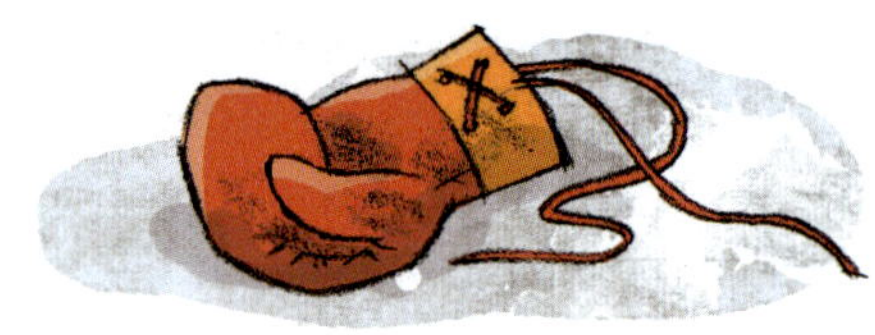

Lutz Hübner

Das Herz eines Boxers (2008), Szene 6

Der sechzehnjährige Jojo hat, um einem Mädchen zu imponieren, eine Straftat gestanden, die ein anderer begangen hat. Er wird zu Sozialstunden verurteilt und muss in der geschlossenen Abteilung eines Altenheims Wände streichen. Dort trifft er auf Leo, der einen Schlaganfall vortäuscht, damit Ärzte und Pfleger ihn in Ruhe lassen. Nach und nach nähern sich die beiden an und unterstützen sich gegenseitig: Leo, der als junger Mann ein berühmter Boxer war, gibt Jojo Boxunterricht, berät ihn im Umgang mit seiner Clique und hilft ihm dabei, das Herz des Mädchens zu gewinnen. Jojo seinerseits unterstützt Leo bei seinen Fluchtplänen, indem er einige Erinnerungsstücke Leos zu Geld macht. Die waghalsige Flucht mit dem Ziel Südfrankreich scheitert jedoch und die Ärzte stellen Leo mit Tabletten ruhig.

Leo sitzt im Sessel, der wieder Richtung Fenster gedreht ist, es klopft an der Tür, Leo reagiert nicht, Jojo öffnet die Tür.

Jojo: Schläfst du, Leo?

Leo reagiert nicht, Jojo kommt herein.

Jojo: Stell dir vor, die wollten mich unten erst gar nicht reinlassen, die wollten mir sogar die Stunde erlassen. Da hab ich aber Krawall gemacht, das ginge gegen meine Malerehre, ich will das fertig machen. Die waren richtig beeindruckt von meiner Arbeitsmoral. Keine schlechte Nummer, was?

Leo reagiert nicht.

Die haben sogar vorgeschlagen, dass sie dich rausbringen, solange ich arbeite. Als wärst du King Kong oder so was. Biste ja irgendwie auch.

Leo reagiert nicht.

Hör mal, Alter, das Spielchen hatten wir schon mal. Ist irgendwas? Bist du verletzt?

Jojo wedelt mit der Hand vor Leos Augen herum.

Kuckuck. Gong, nächste Runde. Aufwachen, Frühstück, Mama hat röstfrischen Japskotzmeisterkrönungskaffee gekocht.

Jojo klatscht in die Hände.

Angriff, Attacke, wir werden von feindlichen Melonen angegriffen. Orden und Ohren anlegen und raus aus dem Bau.

Leo reagiert nicht.

Sie haben dir was gegeben, stimmts? Die haben dich ins Reich der Träume geschickt. Leo!

Leo nickt sehr schwerfällig.

Da hilft nur eins: Bewegung.

Jojo zieht Leo aus dem Sessel, geht mit ihm im Raum auf und ab.

Jojo: Los, heb die Dackelbeine, einen Fuß nach dem anderen. So ists gut.

Leo: Jojo, ich bin müde, ich muss mich setzen.

Jojo: Nichts da. Frühsport, Meister. Boxen oder Bergsteigen? Fangen wir mit Bergsteigen an, rauf auf die Leiter, zwei Stufen.

Jojo stützt ihn, Leo geht die Leiter hoch.

Runter, los.

Leo atmet schwer, wird aber langsam wieder wacher.

Einmal noch, nicht so faul.

Er jagt Leo noch einmal die Leiter hoch und runter.

Okay, Gong.

Er fächelt Leo mit einem Tuch Luft zu.

Klarer Sieg nach Punkten. Und, Champion, haste was abgekriegt?

Leo schüttelt den Kopf.

Ich glaube, Autofahren ist nicht so deine Stärke. Das sah aus wie ein Dummy-Drashtest. Buff! Voll gegen die Wand. Du kannst echt froh sein, dass du nicht mit dem Kopf durch die Scheibe bist.

Leo: Das war ein Automatik, so etwas bin ich noch nie gefahren. Unten fehlte ein Pedal, ich wusste nicht, wo der erste Gang ist, da hab ich einfach draufgedrückt.

Leo setzt sich wieder in den Sessel.

Jojo: Dumm gelaufen, was?

Leo: Die können doch nicht einfach einen Automatikwagen nehmen.

Jojo: Ja, das hab ich ja kapiert.

Leo: Das ist nicht fair.

Jojo: Jetzt, wo sie wissen, dass du mit Automatik nicht klarkommst, geben sie dir das nächste Mal bestimmt einen Schaltwagen. Keine Sorge, ich red mit den Leuten, ein Panzer mit Knüppelschaltung, der geht auch nicht so schnell kaputt, musst ja auch nicht rückwärts einparken.

Leo: Das hätte bestimmt geklappt.

Jojo: So ein Quatsch! Diese ganze James-Bond-Tour war von vorne bis hinten hirnrissig.

Leo: Wer ist James Bond?

Jojo: Das ist ein Kollege von dir.

Leo: Ich bin müde, ich will schlafen.

Jojo: Du bist nicht müde, du bist bis an die Kiemen voll mit Drogen, du musst dich bewegen.

Jojo drückt Leo einen Pinsel in die Hand.

Jojo: Los, du bist dran mit Streichen. Hier unten, damit du mir nicht von der Leiter kippst.

Leo beginnt zu streichen, Jojo setzt sich in den Sessel.

Ist doch gar nicht so ungemütlich, ich weiß nicht, wieso du immer wegwillst. Mensch, nun lass dir die Laune doch nicht so versauen, Alter. Ein Boxer ist nie ganz k.o., hast du selber gesagt. Okay, du hast einen Scheißplan gemacht. Vielleicht wars auch kein Scheißplan. Tatsache ist, er hat nicht funktioniert. Dafür aber der andere, aber total.

Leo: Was meinst du?

Jojo: Die Rosennummer. Gestern bin ich hin, mit einem Zettel: zwanzig Uhr McDonalds.

Leo: Wer ist McDonalds?

Jojo: Das ist kein Kollege von dir. Auf jeden Fall schleiche ich auf Zehenspitzen hin und lege das Grünzeug auf die Matte. Plötzlich geht die Tür auf und sie steht da, strahlt mich an wie ne Bogenlampe. Ich wäre am liebsten im Erdboden versunken. Erst dacht ich, ich lauf einfach weg, aber dann dacht ich, jetzt ist es auch egal, und drücke ihr die Blume in die Hand. Sie fragt mich, warum ich nicht einen ganzen Strauß gebracht habe, dann hätte ich nicht so oft kommen müssen, sag ich: Gute Idee. Mehr hab ich einfach nicht rausgebracht. Ich wusste einfach nicht, was ich sagen sollte, ich hatte einen Kloß im Hals und eine heiße Birne. Also glotze ich sie nur an. Sie kichert und fragt, warum ich so rote Ohren habe, sag ich, das kommt von der Höhenluft, ich wohne Erdgeschoss. Der war doch nicht schlecht, oder? Na ja, sie hat gelacht und gesagt, sie fände das total süß. Ich treff sie morgen Abend, ist das nicht absolut geil? Mensch, Leo, das hab ich dir zu verdanken.

Leo schweigt.

Wenn das irgendwie klappt, komme ich mal mit ihr vorbei.

Leo: Die werden mich irgendwo anders hinbringen.

Jojo: Warum sollten sie das?

Leo: Die sperren mich irgendwo ein.

Jojo: Ach was, die werden nur ein bisschen mehr aufpassen.

Leo: Eben. Ich werde nicht mehr alleine in den Hof dürfen, sie werden genau auf mich aufpassen. Ich komme hier nie mehr raus, das ertrage ich nicht.

Jojo: Du bist hier nicht im Knast.

Leo: Ich komme hier nicht mehr weg, was ist der Unterschied?

Jojo: Vielleicht wäre das ja auch absolut blödsinnig gewesen in Frankreich.

Leo: Wie soll ich das wissen, wenn ich nicht hinfahre?

Jojo: Aber irgendwie gehts doch immer weiter, oder? Ich hab doch auch nichts, bei mir ist doch auch alles schiefgegangen, ist doch letztendlich genauso beschissen.

Leo: Es ist doch egal, was man macht. Was man machen könnte, ist wichtig.

Jojo: Irgendwas wird dir schon einfallen.

Leo: Jojo, es ist mein Ernst.

Leo gibt Jojo das Geld.

Das brauche ich nicht mehr. Du kannst es haben. Tu mir nur einen Gefallen. Hol mir in der Apotheke ein paar Tabletten, sagen wir drei Rollen. Bring sie mir morgen vorbei. Nimm den Rest und geh mit dem Mädchen bei dem Schotten essen.

Jojo: Du bist doch vollkommen verrückt.

Leo: Du sagst immer, ich wäre verrückt, wenn du etwas nicht verstehst. Du hast jetzt noch alles verstanden, du wirst das auch noch verstehen. Bis dahin tu einfach, worum ich dich bitte, ja?

Jojo: Und wenn mir noch was einfällt, um dich hier rauszuholen?

Leo: Ich hab lange Wochen Zeit gehabt, mir etwas auszudenken, es hat nicht geklappt. Ich bin müde, geh jetzt, ich will schlafen. Es ist nicht mehr viel zu streichen, das schaffst du morgen.

Leo setzt sich wieder in den Sessel. Jojo zögert, dann geht er.

1 a Erkläre, wie Leo sich nach seiner gescheiterten Flucht fühlt und was er nun vorhat.

____

____

b Deutet sich in Jojos letzter Äußerung eine Lösung des Problems an? Begründe deine Meinung im Heft.

2 Kreuze an, an welcher Stelle des Dramas diese Szene steht.

A ☐ Die Szene steht kurz vor dem Ende des Dramas. Jojo und Leo kennen sich bereits gut und haben den Fluchtversuch mit dem Lieferwagen gemeinsam geplant. Nun spitzt sich die Lage zu.

B ☐ Die Szene steht kurz nach dem Anfang des Dramas. Die Figuren wissen noch nicht viel voneinander. Ein erster Konflikt zwischen den beiden deutet sich an.

3 **a** Beurteile das Verhalten und die Gefühlslage der Figuren, indem du in jede Tabellenzeile – wie im Beispiel gezeigt – ein J für Jojo und ein L für Leo einträgst. Die 3 steht für *sehr*, die 0 für *ausgeglichen*.

	3	2	1	0	1	2	3	
hoffnungsfroh	J						L	mutlos
ernst								heiter
aktiv								passiv
ruhig								lebendig
schwatzhaft								schweigsam

b Kreuze die richtige Antwort an: Die beiden Figuren fühlen und verhalten sich ...

A ☐ recht ähnlich. B ☐ meist gegensätzlich. C ☐ gleich. D ☐ kaum unterschiedlich.

4 Untersuche den Gesprächsverlauf genauer. Fülle dazu die Lücken mit Hilfe des Wortspeichers aus.
TIPP: Achte auch auf die Regieanweisungen.

Erfolg bei dem Mädchen • fragt • Sprüchen und Bewegung • Ende des Gesprächs • schweigend • weiter Mut zuspricht • viel größeren Redeanteil • und seinem Kummer

Jojo bemüht sich, Leo mit ______ aufzuwecken. Als Leo endlich wach ist, sprudelt Jojo drauflos und berichtet von seinem ______.

Nach dem Scheitern der Flucht ist Leo aber ganz mit sich ______ beschäftigt und hört nur ______ zu. Ganz selten ______ er nach.

Insgesamt hat Jojo in diesem Dialog daher einen ______ als Leo. Erst gegen ______ erzählt Leo von seinen Befürchtungen und Absichten, während Jojo ihm ______.

5 Untersuche die Sprache der Figuren: Auf welche Weise reden sie miteinander?

a Was zeichnet Jojos Art zu reden aus? Markiere in der ganzen Szene – wie im Textanfang vorgemacht – jugend- und umgangssprachliche Wendungen grün, Übertreibungen und ironische Äußerungen blau, rhetorische Fragen orange und Anspielungen auf den Boxsport rot.

b Erkläre in deinem Heft, warum Jojos Tonfall ab Zeile 119 ernsthafter wird. Gehe dabei auch auf Leo ein.

Die Dramenszene schriftlich analysieren und interpretieren

Methode **Schreibplan für die Analyse und Interpretation einer Dramenszene**

- In der **Einleitung** nennst du die Szene (z. B. 4. Szene), die Art des Textes (Drama), den Titel des Stücks, den Namen des Autors / der Autorin, das Entstehungsjahr bzw. das Jahr der Erstaufführung (sofern angegeben) und das Thema der Szene.
- Im **Hauptteil** ordnest du die Szene knapp in den Handlungsverlauf des Dramas ein, gibst den Inhalt der Szene kurz mit eigenen Worten wieder und verfasst schließlich eine Analyse und Deutung der Figurenbeziehung und des Dialogs. Dabei nimmst du das Verhalten der Figuren im Verlauf des Gesprächs und die Sprache besonders in den Blick. Belege deine Aussagen mit Zitaten.
- Ziehe zum **Schluss** ein Fazit, beurteile die Szene oder bewerte das Verhalten der Figuren.

1 a Welche der folgenden Formulierungen trifft das Thema der Szene am besten? Kreuze an.

A ☐ Blick in die Vergangenheit: Erinnerungen

B ☐ Freundschaft zwischen Ungleichen

C ☐ Blick in die Zukunft: Mutlosigkeit und Hoffnung

D ☐ unerwartete Hilfe

b Formuliere in deinem Heft eine Einleitung, z. B.:

In der ... Szene des Dramas „...“ von ... aus dem Jahr ... hat Leo seinen Lebensmut ..., während Jojo ... in die Zukunft blickt. Jojo versteht, dass es nun auf ihn ankommt. Er muss Leo ...

2 a Ordne die Szene zu Beginn deines Hauptteils in den Handlungszusammenhang des Dramas ein. Nutze dazu die Informationen aus dem Vorspanntext (▸ S. 36) und deine Ergebnisse aus Aufgabe 2 von Seite 38. Schreibe in dein Heft.

Die Szene steht kurz vor ... des Dramas. Leo und ... haben nach Startschwierigkeiten ein Vertrauensverhältnis zueinander aufgebaut. Leo hat Jojo bei ... geholfen und Jojo hat Leo ... Doch Leos Fluchtversuch ...

b Fasse anschließend die Handlung der Szene im Heft zusammen. Beginne so:

In der 6. Szene dämmert Leo geistesabwesend in seinem Sessel und reagiert nicht auf Jojos Eintreffen. Jojo hat daher schnell den Verdacht, dass die Ärzte seinen Freund ruhig gestellt haben, und versucht, ihn durch körperliche Aktivitäten aufzurütteln. Als Leo zu sich kommt, ...

3 Markiere in dem folgenden Auszug aus einer Interpretation alle Passagen, in denen die Dramenszene gedeutet wird.
TIPP: Deutungen erklären, stellen Zusammenhänge her, ziehen Schlussfolgerungen.

> Während Leo schweigt, verdeutlichen Jojos coole Sprüche die unterschiedliche Gefühlslage der beiden. Entsprechend wortkarg berichtet Leo von seinem Pech mit der Automatikschaltung. Jojo ermuntert Leo daraufhin, nicht aufzugeben. Daran erkennt man, wie eng die Beziehung der beiden inzwischen ist. Aus Jojos letzter Äußerung lässt sich schließen, dass er bereit ist, Verantwortung für Leo zu übernehmen.

Methode **Textbelege anführen: Zitat und Paraphrase**

Wenn du interpretierst, musst du deine **deutenden Aussagen belegen.** Du kannst dafür aus dem Text **zitieren** oder den Text **paraphrasieren,** d.h. den Inhalt mit eigenen Worten wiedergeben.
In beiden Fällen musst du **korrekte Zeilenangaben** machen, z.B. *(Z. X* oder *Z. X–X)* beim Zitat und *(vgl. Z. X* oder *vgl. Z. X–X)* bei der Paraphrase. Zitate stehen immer in **Anführungszeichen.**

- **Zitat:** *Um Leo zu erreichen, nutzt Jojo Begriffe aus dem Boxsport, z.B. „nächste Runde" (Z. 20).*
  Wenn du ganze Aussagesätze zitierst, steht der Schlusspunkt hinter der Zeilenangabe, z.B.:
  Jojo spricht Leo Mut zu, wenn er sagt: „Du bist hier nicht im Knast" (Z. 126).
  Fragezeichen und Ausrufezeichen stehen innerhalb der Anführungszeichen, z.B.:
  Jojos Sorge wird deutlich, als er sich erkundigt: „Bist du verletzt?" (Z. 18).
- **Paraphrase** (= Wiedergabe mit eigenen Worten): *In seinem Kummer deutet Leo an, sich mit Tabletten umbringen zu wollen (vgl. Z. 142 ff.).*

4 a Belege die deutenden Aussagen A und B mit den angegebenen Zitaten. Denke an die Zeilenangaben.

A Leo sieht für sich keine Möglichkeiten mehr. → „Was man machen könnte, ist wichtig" (Z. 137 f.).

Es wird deutlich, dass Leo keinen Ausweg mehr sieht, wenn er sagt

B Leo will sich umbringen. → „Tabletten" (Z. 144)

Wenn Leo Jojo darum bittet, ihm

b Paraphrasiere die folgende Textstelle. Denke dabei auch an die korrekte Zeilenangabe.

„Und wenn mir noch was einfällt, um dich hier rauszuholen?" (Z. 152 f.)

Jojo deutet an, dass er

5 Analysiere und interpretiere nun in deinem Heft die Beziehung der Figuren und ihr Gesprächsverhalten. Arbeite mit Textbelegen. Deine Vorarbeiten aus den Aufgaben 3 und 4 helfen dir.

6 Formuliere in deinem Heft einen Schluss, in dem du ein Fazit ziehst und das Verhalten Jojos bewertest. Nutze die folgenden Formulierungshilfen.

In dieser Szene wird deutlich, wie positiv Jojo sich mit Hilfe von Leo entwickelt hat. Er hat gelernt, ... Nun will er seinen verzweifelten Freund nicht im Stich lassen und überlegt sich ... Dadurch deutet sich ein glückliches Ende ... Insgesamt verdeutlicht die Szene, wie wichtig es ist, dass Menschen ...

⊕ **7 Versetze dich in Jojo, um ihn noch besser zu verstehen. Schreibe auf, was ihm durch den Kopf gehen könnte, als er Leo an diesem Tag verlässt.**

Einen Sachtext verstehen und untersuchen

Einen Online-Kommentar verstehen

Methode **Einen Sachtext lesen und verstehen**

1. Schritt: Verschaffe dir vor dem Lesen einen Überblick.
- Orientiere dich, indem du die Überschrift und die ersten Zeilen der Absätze liest. Betrachte die Bilder und Diagramme.
- Überlege, worum es in dem Text geht und was du über das Thema weißt.
- Überlege, welche Erwartungen du an den Text hast. Was interessiert dich?

2. Schritt: Lies den Text zügig und bilde „Verstehensinseln".
- Unterstreiche mit Bleistift, was du wichtig findest.
- Mache dir klar, was du nach dem ersten Lesen verstanden hast.

3. Schritt: Lies den Text Absatz für Absatz intensiv.
- Notiere zu jedem Absatz eine Zwischenüberschrift, z. B. in Form einer Frage.
- Markiere Schlüsselwörter, die deine Fragen beantworten.
- Kläre die Bedeutung schwieriger Wörter, z. B. aus dem Zusammenhang.
- Untersuche den Aufbau, um den Text besser zu verstehen.

4. Schritt: Fasse die Informationen des Textes zusammen.
- Fasse den Text z. B. in wenigen Sätzen oder in Stichworten zusammen.

1 **Orientiere dich in dem folgenden Kommentar. Lies dazu die Überschrift sowie die ersten Zeilen der Absätze und betrachte Bilder bzw. Grafiken. Kreuze dann an, welche Position der Autor vertritt.**

A ☐ Er befürwortet ein allgemeines Feuerwerksverbot zu Silvester in ganz Deutschland.

B ☐ Er fordert ein Verbot von privaten Feuerwerken zu Silvester in Berlin.

C ☐ Er wünscht sich gut organisierte und besonders festliche Feuerwerke.

D ☐ Er argumentiert für mehr saubere Fahrradwege in Großstädten wie Berlin.

Her mit dem Verbot!

Von Severin Weiland

142

In den Tagen vor Neujahr gibt sich die Berliner Stadtreinigung große Mühe. Touristen aus aller Welt sind in der deutschen Hauptstadt, da soll es nicht allzu schlimm aussehen. So sind selbst die Straßen in meinem Innenstadtbezirk zurzeit erstaunlich sauber. Es ist in diesen Tagen vor Silvester eine Freude, mit dem Rad zur Arbeit zu fahren: kaum Scherben auf dem Weg, und selbst das zerteilte Regal einer schwedischen Einrichtungsmarke, das seit Wochen an der Straßenecke lag, wurde abgeholt.

So könnte es eigentlich immer sein. Doch die Freude währt nur kurz. In drei Tagen wird wieder alles anders. Dann wird bereits Stunden vor Mitternacht an der großen Straßenkreuzung um die Ecke wohl wieder eine Schlacht stattfinden, bei der Jugendliche darum wetteifern, wer seine Raketen am tiefsten über den Asphalt jagt. Es gibt dann immer zwei Möglichkeiten: gar nicht erst rausgehen oder einen größeren Umweg machen. Meine Familie zieht in diesem Jahr die Konsequenz: Wir verlassen für ein paar Tage Berlin. Wir haben einfach genug von dem Schlachtfeld, in das sich die Stadt Jahr für Jahr an Silvester verwandelt.

Und genug von dem, was darauf folgt: Die Müllberge auf den Straßen und in angrenzenden Parks; der trostlose Anblick gigantischer Böllerkartons, die aussehen, als hätten sie auch beim Kampf um Berlin 1945 zum Einsatz kommen können; umherflatternde Plastikverpackungen; zerborstene Flaschen, die als Startrampen dienten für Raketen; aufgesprengte und verkohlte Postkästen. Unser Kiez und andere Teile der Stadt sind danach für eine lange Zeit eine unwirtliche Zone, mitten im ohnehin tristen Berliner Januar. Die Helden der Stadtreinigung kommen mit dem Aufräumen kaum hinterher, konzentrieren sich zunächst auf große Straßen und jene Teile Berlins, die von Touristen stark frequentiert werden. Der doofe Rest – und das sind die meisten Berliner – muss warten. In vielen anderen Großstädten der Republik sind die Probleme der Böllernacht und ihre Folgen mittlerweile ähnlich. Aber in Berlin – man ist ja Hauptstadt – sind sie wohl am heftigsten.

Ich muss bekennen, dass ich die Böllerei selbst betrieben habe. In meiner Nachbarschaft galt ich allerdings als Spießerfeuerwerker: Noch in der Nacht mussten meine Kinder mit mir die Überbleibsel der Böllerei zu den Abfalltonnen bringen. Mit der Zeit aber hat all das immer weniger Freude gemacht, weil ich in der Stadt eine zunehmende, hemmungslose Entgrenzung wahrnahm. Seit Jahren gibt es diese Neujahrsmeldungen: Polizisten, Feuerwehrmänner, Krankenhelfer werden attackiert, im vergangenen Jahr gab es allein in Berlin weit mehr als tausend Polizeieinsätze, hunderte Brände und viele Schwerverletzte.

Eigentlich wissen die meisten, dass es mit dieser Rücksichtslosigkeit längst ein Ende haben müsste. Jüngst ergab eine Umfrage, dass sich eine Mehrheit der Deutschen für ein Verbot von Feuerwerk in Innenstädten ausspricht.

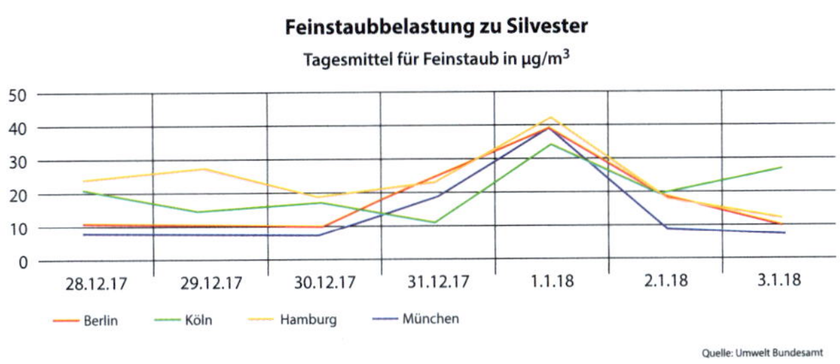

Was also tun? Andere Städte machen vor, dass Silvester auch anders geht: In Paris, Rom und Wien darf privat nicht geböllert werden, mit zum Teil saftigen Geldstrafen, in einer Reihe von deutschen Kommunen gibt es bereits Verbote und ausgewiesene Zonen. In Hannover etwa werden nach den Auswüchsen der Vergangenheit in diesem Jahr in einem Bereich der Innenstadt das Mitbringen und das Zünden von Böllern und Raketen untersagt. In Berlin hingegen wird seit fast einem Jahr darüber nur diskutiert, obwohl das Problem hier am drängendsten ist. Seitdem die SPD im Frühjahr einen entsprechenden Antrag ins Abgeordnetenhaus einbrachte, hat die rot-rot-grüne Koalition sich bislang nicht zu Verboten oder Böllerzonen durchringen können, Raketen sollen ohnehin ausgenommen sein. Anfang Dezember wurde ein weich anmutender Kompromiss ins Landesparlament eingebracht, der gewisse Einschränkungen vorsieht. Wohlgemerkt: Von einem generellen Verbot privater Feuerwerke an Silvester ist ohnehin in der Debatte nicht die Rede – dafür wäre der Bund über das Sprengstoffgesetz zuständig. Ein Argument, das in meiner Wahlheimat (seit 1991 in Berlin) immer wieder auftaucht: Wer sollte denn selbst ein nur eingeschränktes Verbot in bestimmten Teilen der Stadt kontrollieren? Das ist allerdings die altbekannte Ausrede, die in Berlin gern benutzt wird, wenn sich manche politisch Verantwortlichen in kollektive Verantwortungslosigkeit bequemen. An anderer Stelle klappt es erstaunlicherweise ja doch, etwa bei den Parkzonen in der Stadt. Da ist die Kontrolle durch das Ordnungsamt in kurzer Zeit scheinbar mühelos hergestellt. Warum nur? Etwa weil das Land Einnahmen damit erzielt?

Meinetwegen sollen sie auf das Argument der Feinstaubbelastung durch das Böllern zurückgreifen, wenn es denn sein muss. Hauptsache, das private Böllern wird eingeschränkt oder am besten – ganz abgeschafft. Dann würde ich das neue Jahr auch gern wieder in Berlin begrüßen.

Spiegel Online, 28.12.2018

2 a Lies den Text zügig durch und unterstreiche mit Bleistift, was du wichtig findest.
b Bilde erste „Verstehensinseln“: Halte zwei Aussagen stichpunktartig fest, die du verstanden hast.

____

____

____

3 Lies den Kommentar nun intensiv. Achte dabei auf jedes inhaltliche Detail.
a Notiere für jeden Absatz eine kurze Zwischenüberschrift, z. B. in Form einer Frage.

Absatz 1 (Z. 1–5): Wie sieht Berlin in den Tagen vor Neujahr aus?

Absatz 2 (Z. ____): ____________________

Absatz 3 (Z. ____): ____________________

Absatz 4 (Z. ____): ____________________

Absatz 5 (Z. ____): ____________________

Absatz 6 (Z. ____): ____________________

b Markiere in jedem Absatz Schlüsselwörter grün, die deine Fragen aus Aufgabe 3a beantworten.
c Markiere Wörter blau, die du nicht verstehst. Kläre ihre Bedeutung.

4 Untersuche den Aufbau der Argumentation. Verbinde dazu die Absätze 1–6 mit ihrer jeweiligen Funktion.

Absatz 1	**fordert** ein Verbot **und appelliert** an die Verantwortlichen.
Absatz 2	**stellt** einen wünschenswerten Zustand **dar.**
Absatz 3	**weist** auf die zunehmende Gewalt **hin.**
Absatz 4	**hält** der Ordnung die Verwüstungen zu Silvester **entgegen** und **zieht** eine persönliche **Konsequenz.**
Absatz 5	**beschreibt** die Verwüstung detailliert.
Absatz 6	**argumentiert** für seine Position und **entkräftet Gegenargumente.**

⊕ **5** Hält der Autor die Feinstaubbelastung für ein überzeugendes Argument gegen das Böllern? Belege deine Einschätzung mit Hilfe des Textes in deinem Heft. Lies dazu den letzten Absatz noch einmal genau.

Methode **Diagramme verstehen und auswerten**

Ein Diagramm ist eine anschauliche Darstellung von Daten und Informationen.

Um ein **Diagramm auszuwerten,** gehst du so vor:

- Lies die Überschrift und die übrigen Erklärungen.
- Stelle fest, worüber das Diagramm informiert. Welche Maßeinheiten werden verwendet, z. B. Euro (€) oder Prozentzahlen (%)?
- Vergleiche die Angaben miteinander (höchster und niedrigster Wert, gleiche Werte).
- Fasse zusammen, was im Diagramm gezeigt wird. Was lässt sich ablesen?

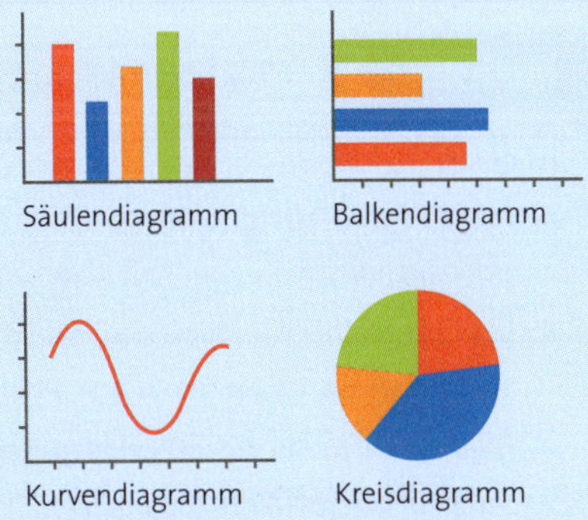

Wenn das **Diagramm im Zusammenhang eines Textes** steht, überlege außerdem:

- Auf welche Information im Text bezieht sich das Diagramm?
- Liefert das Diagramm zusätzliche Informationen?
- Bestätigt das Diagramm den Text (stützt es z. B. die Argumentation) oder stellt es ihn in Frage?

Feinstaubbelastung zu Silvester

Tagesmittel für Feinstaub in µg/m³

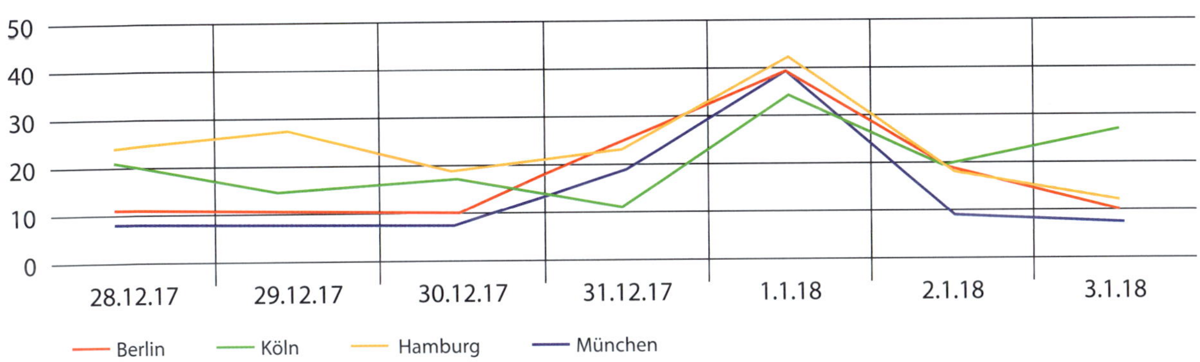

Quelle: Umwelt Bundesamt

6 Werte das Diagramm aus.

a Notiere stichpunktartig das Thema, die Diagrammart und die verwendete Maßeinheit.

Thema: ______________________ Diagrammart: ______________________

Maßeinheit: ______________________ (= Mikrogramm pro Kubikmeter)

b Halte knapp fest, wie sich die Feinstaubbelastung in allen vier Städten zu Silvester entwickelt.

____

7 Hättest du anstelle von Severin Weiland dieses Diagramm für den Text ausgewählt? Begründe deine Meinung in deinem Heft, z. B.: Ja, ich hätte ..., weil ... / Nein, ich hätte ..., weil ...

⊕ **8** Schlage für Weilands Kommentar eine andere Diagrammart mit einem anderen Thema vor.

Einen Online-Kommentar schriftlich untersuchen

Methode **Sachtexte schriftlich untersuchen I: Zusammenfassung**

In einer Zusammenfassung informierst du knapp und sachlich über den Inhalt eines Textes:
- In der **Einleitung** nennst du den Titel, die Autorin / den Autor, die Textsorte (ggf. auch die Quelle, z. B. den Namen der Zeitung, sowie das Erscheinungsdatum) und das Thema des Textes.
- Im **Hauptteil** fasst du die wichtigsten Textinformationen **knapp und in eigenen Worten** zusammen. Verwende als Zeitform das **Präsens** (bei Vorzeitigkeit das Perfekt).
- Mache inhaltliche **Zusammenhänge** (Ursache, Wirkung, zeitliche Abfolge usw.) **durch passende Satzverknüpfungen deutlich,** z. B.: *anfangs, anschließend, weil, indem, deswegen, daher.*

1 **Fasse den Kommentar „Her mit dem Verbot!" von Severin Weiland zusammen.**

a **Formuliere eine Einleitung in deinem Heft, z. B.:**

In seinem Kommentar „...", der am ... bei ... erschienen ist, fordert der Autor ..., dass ...

b **Überarbeite die folgende Zusammenfassung des ersten Absatzes. Lies dafür noch einmal die Textzeilen 1–5 auf Seite 42 und beachte die folgenden Überarbeitungshinweise.**

eigene Worte verwenden • sachlich schreiben und Wertungen vermeiden • auf das Tempus achten • das Wesentliche knapp zusammenfassen • Zusammenhänge deutlich machen

In den Tagen vor Neujahr gaben sich die Helden der hauptstädtischen Müllabfuhr die denkbar größte Mühe. Touristen aus aller Welt chillen in Berlin und wollen eine saubere Stadt erleben. Die Stadtreinigung säubert die Fahrradwege und räumt Regale, die über Wochen auf den Straßen rumgammeln, endlich weg.

Vor Silvester ______________________________

____

____

____

c **Fasse den Inhalt des Textes in deinem Hauptteil knapp zusammen. Arbeite im Heft. Nutze dafür**
- deine Vorarbeiten aus den Aufgaben 3 und 4 von Seite 44,
- deine Zusammenfassung des ersten Absatzes oben (Aufgabe 1b) und
- die folgenden Formulierungshilfen:

An Silvester ändert sich dieser Zustand jedoch, da ...
Vor allem zwei Probleme ...
Viele Deutsche sprechen sich deshalb für ...
Andere Städte ... In Berlin dagegen ...
Weiland bezeichnet dieses Argument als Ausflucht und entkräftet es, indem ...
Abschließend fordert er ...

2 **Erkläre in einem kurzen Text, welchen Inhalt das Diagramm (▸ S. 45) veranschaulicht und inwiefern es eine Aussage Weilands untermauert. Arbeite in deinem Heft.**
TIPP: Die Aufgaben 6 und 7 auf Seite 45 können dir helfen.

Information **Sachtexte schriftlich untersuchen II: Textsorte und Online-Elemente**

Zur schriftlichen Untersuchung eines journalistischen Textes kann auch die **Bestimmung der Textsorte gehören.** Dafür weist du anhand bestimmter Merkmale, die z. B. für einen Kommentar oder eine Reportage typisch sind, die jeweilige Textsorte nach und führst **Textbelege** an. Beachte dabei die **Zitierregeln** (▸ S. 41).

Online-Texte weisen eine Reihe zusätzlicher Funktionen auf, die du benennen und in ihren Vor- und Nachteilen beschreiben kannst. Kennzeichnend für viele Online-Texte ist die **Interaktivität.** Du kannst sie z. B. **kommentieren,** in **sozialen Netzwerken** direkt teilen oder dich mit Hilfe von **Links** weitergehend informieren.

Bei Kommentaren muss die **Netiquette im Internet** unbedingt beachtet werden.

3 **Woran erkennt man einen Kommentar? Unterstreiche in den Sprechblasen die vier richtigen Antworten.**

- Er ist rein informativ.
- Der Autor äußert seine persönliche Meinung.
- Er ist nüchtern formuliert.
- Ein Kommentar will die Meinung der Leser beeinflussen.
- Er bemüht sich um Objektivität.
- Er stellt eine Forderung auf.
- Er setzt sich argumentativ mit Meinungen auseinander.

4 **Weise nach, dass es sich bei dem Text „Her mit dem Verbot!“ (▸ S. 42–43) um einen Kommentar handelt. Nutze dazu den folgenden Anfang und führe zwei weitere Merkmale mit geeigneten Textbelegen an. Arbeite in deinem Heft.**

Dass es sich bei dem Text von Severin Weiland um einen Kommentar handelt, kann man an einigen Merkmalen erkennen. Zunächst fällt auf, dass der Autor ganz persönlich bzw. aus Sicht seiner Familie argumentiert, wenn er sagt: „Wir haben einfach genug von dem Schlachtfeld, in das sich die Stadt Jahr für Jahr an Silvester verwandelt“ (Z. 11–12). Außerdem ... Schließlich ...

5 **Erläutere in einem kurzen Text, welche Vorteile die beiden Links und die Kommentarfunktion für die Leser haben. Schreibe ins Heft, z. B.:**

Mit Hilfe der beiden Links können sich die Leserinnen und Leser ... Die Kommentarfunktion ermöglicht ihnen zudem ...

⊕ **6** **Erkläre mit eigenen Worten, warum der Kommentar von „Wombat“ gegen die Netiquette im Internet verstößt und keinen sinnvollen Beitrag zu einer Diskussion leistet.**

WOMBAT
Immer diese Spießer!

Grammatik

Was kannst du schon?

1 Untersuche die unterstrichenen Verben in den folgenden Sätzen.
a Gib jeweils an, um welches Tempus es sich handelt. (9 Punkte)
b Welches Verb steht im Konjunktiv? Markiere es. (1 Punkt)

A Letzte Woche ① fand am Schiller-Gymnasium ein Projekttag zum Thema „Lügen“ statt.
B Nachdem wir über Lügen ② recherchiert hatten, ③ hörten wir uns einen Vortrag an.
C Der Wissenschaftler ④ erklärte: „Ich ⑤ habe festgestellt, dass die Lüge ein häufiges Motiv ⑥ ist.“
D In der Literatur, auch in der Kinder- und Jugendliteratur, ⑦ gebe es dafür zahlreiche Beispiele.
E Wir ⑧ hoffen, dass wir im Deutschunterricht über dieses Thema ⑨ sprechen werden.

① ______ ② ______ ③ ______

④ ______ ⑤ ______ ⑥ ______

⑦ ______ ⑧ ______ ⑨ ______

2 Wende die Umstellprobe an: Stelle bei Satz A das Akkusativobjekt an den Anfang und bei Satz B das Dativobjekt. (2 Punkte)

A Viele Leser mögen Geschichten von Lügnern und Hochstaplern sehr.
B Diese spannenden Geschichten bereiten ihren Lesern große Freude.

______

______

3 Bestimme die Satzglieder. Notiere über den Satzgliedern jeweils die passende Abkürzung: P = Prädikat, S = Subjekt, AO = Akkusativobjekt, DO = Dativobjekt, PO = Präpositionalobjekt, ABO = adverbiale Bestimmung des Ortes, ABAW = adverbiale Bestimmung der Art und Weise, ABZ = adverbiale Bestimmung der Zeit. (20 Punkte)

A Der Roman „Jakob der Lügner“ | handelt | von einem Lügner aus Not.

B Die Hauptfigur | lebt | während des Zweiten Weltkriegs | in einem jüdischen Ghetto.

C Den anderen Ghettobewohnern | erzählt | Jakob | eine folgenreiche Lüge:

D Er | besitze | verbotenerweise | ein Radio.

E Dort | habe | er | vom baldigen Ende des Krieges | erfahren.

4 a Trenne in den folgenden Sätzen die Satzglieder durch Striche voneinander ab. (12 Punkte)
b Unterstreiche alle Attribute und umkreise jeweils das dazugehörige Bezugswort. (6 Punkte)

A Die Geschichten vom Kriegsende machen den verzweifelten Ghettobewohnern neue Hoffnung.
B Sie fiebern täglich guten Neuigkeiten aus dem Radio entgegen.
C Jakob wird zum Helden des Ghettos.

5 **Kreuze für jeden Satz an: Satzreihe oder Satzgefüge? (5 Punkte)** ☐

	Satzreihe	Satzgefüge
A Das Märchen „Der gestiefelte Kater" handelt von einem Kater, den man als Lügner oder Hochstapler bezeichnen kann.	☐	☐
B Der Kater lässt sich von seinem Herrn Stiefel geben, anschließend bringt er dem König ein paar Rebhühner.	☐	☐
C Vor dem König behauptet er, dass er der Kater eines Grafen sei.	☐	☐
D Weil er sich verschiedener Tricks bedient, kann er diese Lüge aufrechterhalten.	☐	☐
E Schließlich darf der Müller die Tochter des Königs heiraten, sein Kater wird am Königshof erster Minister.	☐	☐

6 **a Unterstreiche in den folgenden Satzgefügen den Nebensatz und umkreise sein Einleitungswort. (4 Punkte)** ☐

b Setze die fehlenden Kommas an den richtigen Stellen. (4 Punkte) ☐

c Kreuze jeweils an, um welche Art von Nebensatz es sich handelt. (4 Punkte) ☐

A Die Novelle „Kleider machen Leute" handelt von einem armen Schneider der sich vornehm kleidet.

☐ Temporalsatz ☐ Relativsatz ☐ Subjektsatz

B Deshalb glauben alle dass er ein polnischer Graf ist.

☐ Finalsatz ☐ Temporalsatz ☐ Objektsatz

C Obwohl er bei der Verlobung mit einer reichen Dame entlarvt wird gibt es ein Happy End.

☐ Konditionalsatz ☐ Konzessivsatz ☐ Kausalsatz

D Seine Braut glaubt an seine Liebe sodass sie ihn nach einigen Wirren doch noch heiratet.

☐ Relativsatz ☐ Modalsatz ☐ Konsekutivsatz

7 **a Überprüfe deine Lösungen mit Hilfe des Lösungsheftes. Notiere deine Punktzahl neben den Aufgaben.**

b Trage unten ein, wie du die Aufgaben bewältigt hast: ✓ = das meiste richtig; ? = noch etwas unsicher.

Aufgabe	1 ☐	2 ☐	3 ☐	4 ☐	5 ☐	6 ☐
Weitere Übungen	Seite 50–59	Seite 60–61	Seite 61	Seite 60–61	Seite 64	Seite 65–70

Wiederholung: Mit Verben Zeitformen bilden

Information **Die Tempora (Zeitformen) der Verben**

Die Zeitform (das Tempus) eines Verbs drückt aus, wann etwas passiert:
- Das **Präsens** wird verwendet, wenn etwas in der **Gegenwart** geschieht (z. B.: *Er lügt [gerade]*), wenn eine Aussage immer gilt (z. B.: *Mit Lügen löst man nur selten Probleme*) oder um **Zukünftiges** auszudrücken, dann meist in Verbindung mit einer **Zeitangabe** (z. B.: *Morgen sage ich die Wahrheit*).
- Das **Futur** (Personalform von „werden" + Infinitiv des Verbs) drückt ein **zukünftiges Geschehen** aus, z. B.: *Ich werde die Wahrheit sagen.*
- Das **Perfekt** verwendet man als **Vergangenheitsform zum Präsens** oder um **mündlich** von etwas **Vergangenem** zu berichten. Es ist eine zusammengesetzte Zeitform (Personalform von „haben" oder „sein" im Präsens + Partizip des Verbs), z. B.: *Wenn ich die Wahrheit gesagt habe, geht es mir besser. Der Junge gibt zu: „Ich habe vorhin gelogen."*
- Das **Präteritum** ist die einfache Zeitform der Vergangenheit, z. B.: *Er sagte die Wahrheit.*
- Das **Plusquamperfekt** ist eine **zusammengesetzte Zeitform der Vergangenheit** (Personalform von „haben" oder „sein" im Präteritum + Partizip II des Verbs), in der man wiedergibt, was **vor der Vergangenheit** geschehen ist, über die im Perfekt oder Präteritum berichtet wird, z. B.: *Nachdem er gelogen hatte, schämte er sich.*

1 **Unterstreiche alle Zeitformen und notiere sie in der Randspalte.**

	Zeitform
A Während des Projekttags recherchierten wir zur Psychologie des Lügens.	Präteritum
B Nachdem wir zuerst einen Wikipedia-Artikel gelesen hatten, entdeckten wir weitere interessante Texte zu diesem Thema.	
C Wir fanden z. B. heraus, dass man zwischen bewussten und unbewussten Lügen unterscheidet.	
D Außerdem kennen wir nun verschiedene Tricks, mit denen man Lügner überführt.	
E Nachdem wir unserem Lehrer die Rechercheergebnisse gezeigt hatten, sagte er:	
F „Ihr habt viele spannende Details recherchiert.	
G Wir werden nachher über eure Präsentation sprechen."	

2 **Schreibe die Verben in den Klammern in der angegebenen Zeitform in die Lücken.**

A Weil wir so viele Tricks __________ (Plusquamperfekt: herausfinden), mit denen man einen Lügner erkennen __________ (Präsens: können), __________ (Präteritum: gestalten) wir dazu ein Plakat. B Darauf __________ (Präteritum: zeigen) wir, dass Lügner oft durch ihre Körpersprache __________ (Präsens: auffallen): C Forscher __________ (Präteritum: herausfinden), dass Lügner häufig __________ (Präsens: erröten), stark __________ (Präsens: schwitzen) oder den Blickkontakt __________ (Präsens: vermeiden). D Besonders wichtig __________ (Präteritum: sein) uns, darauf hinzuweisen, dass gerade auch Formulierungen wie „ehrlich gesagt“ oder „ungelogen“ Lügen begleiten __________ (Präsens: können). E Wer unser Plakat genau __________ (Perfekt: studieren), __________ Lügner künftig vielleicht besser __________ (Futur: erkennen).

3 **Ergänze im folgenden Text die Verben in der passenden Zeitform.**

A Nachdem wir das erste Plakat __________ (fertigstellen), __________ (entwerfen) wir ein zweites Plakat zu bewussten und unbewussten Lügen. B Darauf __________ (wollen) wir zeigen, dass bewusste Lügner __________ (wissen), dass sie nicht die Wahrheit __________ (sagen). C Wer unbewusst __________ (lügen), __________ (erinnern) sich hingegen einfach nicht richtig. D Schon bei vielen polizeilichen Ermittlungen kam erst später heraus, dass sich ein Zeuge an das Aussehen einer verdächtigen Person falsch __________ (erinnern).

⊕ **4** **Erkläre in deinem Heft, warum du dich in Aufgabe 3 für die jeweilige Zeitform entschieden hast.**

Das Verb – Der Konjunktiv

Der Konjunktiv II und die *würde*-Ersatzform

Information **Konjunktiv II (Irrealis)**

Mit dem **Indikativ** drückst du etwas aus, das **wirklich (real)** ist, z. B.: *Ich übe den Zaubertrick.*
Wenn du etwas ausdrücken möchtest, das **unwirklich (irreal)** oder unwahrscheinlich ist, das lediglich einer Vorstellung oder einem Wunsch entspricht, verwendest du den **Konjunktiv II (Irrealis)**, z. B.: *Stelle dir vor, du könntest zaubern.*

Bildung des Konjunktivs II
Der Konjunktiv II wird in der Regel **vom Präteritum Indikativ abgeleitet** und mit der Personalendung des Konjunktivs gebildet *(-e, -est, -e, -en, -et, -en)*, z. B.:
Indikativ Präteritum: *ich kam.*
Konjunktiv II: *ich käm-e, du käm-est, er/sie/es käm-e, wir käm-en, ihr käm-et, sie käm-en.*
Bei **unregelmäßigen Verben** werden ***a, o, u*** im Wortstamm zu ***ä, ö, ü***: *er sähe, er flöge.*

1 **a** **Markiere im folgenden Text die Indikativformen orange und die Konjunktiv-II-Formen grün.**

Zauberer – Meister der Täuschung

Zauberkünstler sind Meister der Täuschung. Beherrschen sie ihre Tricks, ist die Illusion perfekt. Jeder weiß, dass der Magier seinen Assistenten nicht wirklich verletzt, und dennoch fiebert man mit, als ob er ihm etwas antäte. Wüssten wir allerdings, wie der Trick funktioniert, wäre die Spannung dahin.

b **Erkläre, warum der Konjunktiv II im Text oben verwendet wird.**

Der Konjunktiv II wird verwendet, weil ____________________

____

____

____

2 **Ergänze die angegebenen Verben im Konjunktiv II.**

Der Zauberer David Copperfield ist für seine Zauberkünste berühmt. Beispielsweise fasziniert er sein Publikum, indem er vortäuscht, er ______________ (können) einen Zugwaggon verschwinden lassen oder er ______________ (sein) in der Lage, die Chinesische Mauer zu durchschreiten. Copperfield legt großen Wert darauf, dass seine Tricks nicht bekannt werden. Denn dann ______________ (finden) das Publikum die Kunststücke nicht mehr so interessant, sodass Copperfield sich immer neue Tricks ausdenken ______________ (müssen). Außerdem ______________ (geben) es bald andere Zauberer, die mit seinen Kunststücken auf der Bühne ______________ (stehen).

Information **Die *würde*-Ersatzform**

Anstelle des Konjunktivs II kannst du die ***würde*-Ersatzform** verwenden, wenn
- der Konjunktiv II im Textzusammenhang **nicht vom Indikativ Präteritum zu unterscheiden** ist, z. B.: *Er zauberte sich gern unsichtbar. → Er würde sich gern unsichtbar zaubern.*
- die Konjunktiv-II-Form als **ungebräuchlich oder unschön** empfunden wird, z. B.: *Das löchrige T-Shirt wärfe ich weg. → Das löchrige T-Shirt würde ich wegwerfen.*

3 a Markiere in den Sätzen A und B die *würde*-Ersatzformen.

A Ich würde dir einen Sitzplatz ganz nah an der Bühne empfehlen.

Konjunktiv II: ______________________

☐ nicht vom Indikativ Präteritum zu unterscheiden ☐ ungebräuchlich oder unschön

B Man denkt wirklich, die Zauberer würden über magische Fähigkeiten verfügen.

Konjunktiv II: ______________________

☐ nicht vom Indikativ Präteritum zu unterscheiden ☐ ungebräuchlich oder unschön

b Bilde jeweils die Konjunktiv-II-Formen und kreuze an, warum sie ungeeignet sind.

4 Entscheide bei den Sätzen A–D, ob der Konjunktiv II oder die *würde*-Ersatzform verwendet werden sollte.

A Ich __________ mich gern in einen Fußballstar __________ (verzaubern).

B Ich __________ in der Schule am liebsten immer gute Noten __________ (haben).

C Ich __________ mich gern in einen Vogel __________ (verwandeln).

D Ich __________ mich am liebsten für einen Tag wie Harry Potter __________ (fühlen).

⊕ **5 Formuliere zu den Wünschen A und B Sätze wie in Aufgabe 2. Entscheide dich für den Konjunktiv II oder – wenn der Konjunktiv II missverständlich ist – für die *würde*-Ersatzform.**

A: 18 Jahre alt sein
B: sich in fremde Länder beamen

Ich ______________________

____

____

____

Der Konjunktiv I in der indirekten Rede

Information **Konjunktiv I in der indirekten Rede**

Wenn du etwas wiedergeben möchtest, **was jemand anderes gesagt hat,** verwendest du die **indirekte Rede.** Anders als in der **direkten Rede** steht das Verb dann meist im **Konjunktiv I,** z. B.:
direkte Rede: *Er sagt: „Es handelt sich um eine Fälschung."*
indirekte Rede: *Er sagt, es handle sich um eine Fälschung.*

Bildung des Konjunktivs I
Der Konjunktiv I wird durch den **Präsensstamm des Verbs** (Infinitiv ohne *-en*) und die Personalendungen für den Konjunktiv I gebildet, z. B.:
Präsensstamm: *kommen*
Konjunktiv I: *ich komm-e, du komm-est, er/sie/es komm-e, wir komm-en, ihr komm-et, sie komm-en.*

1 **Ergänze die angegebenen Verben im Konjunktiv I.**

Bearbeitete Fotos – noch echt oder schon gefälscht?

Ein Medienexperte erklärt, es ____________ (kommen) häufig vor, dass Fotos bearbeitet werden. In der Werbung ____________ (finden) man heute kaum noch unretuschierte Fotos. Models etwa ____________ (sein) meist schlanker und makelloser als in Wirklichkeit. Ob man hier von einer Fälschung oder nur von einer Optimierung sprechen ____________ (sollen), ____________ (müssen) jeder für sich entscheiden. Bisweilen ____________ (arbeiten) die Werbung heute jedoch auch ganz bewusst mit unretuschierten Fotos. Damit ____________ (zeigen) sie, wie schön ein natürliches und „echtes" Aussehen ____________ (wirken).

⊕ **2** **Übertrage die Aussage des Medienexperten in die indirekte Rede. Nutze dabei den Konjunktiv I.**

Medienexperte: „Der ein oder andere Fotograf legt Wert darauf, Politiker möglichst perfekt aussehen zu lassen. Beispielsweise gibt es nachweislich Fotos, auf denen Schweißflecken wegretuschiert sind."

Der Medienexperte erklärt, der ein oder andere Fotograf ____________

____

____

____

____

Information **Ersatzformen für den Konjunktiv I in der indirekten Rede**

Wenn der **Konjunktiv I nicht vom Indikativ Präsens zu unterscheiden** ist, nutzt du in der Regel den **Konjunktiv II** oder – wenn der Konjunktiv II schwer erkennbar ist – die ***würde*-Ersatzform**, z. B.:

Er sagt, sie fälschen …
Konjunktiv I = Indikativ Präsens

Er sagt, sie fälschten …
Konjunktiv II = Indikativ Präteritum

Er sagt, sie würden … fälschen.
würde-Ersatzform

Wenn bei der indirekten Rede **durch den Redebegleitsatz deutlich** wird, **wer der Sprecher ist,** darfst du auch den **Indikativ** verwenden. Das gilt vor allem für Sätze, die mit den **Konjunktionen „dass"** oder **„ob"** oder mit einem **Fragewort** eingeleitet werden, z. B.:
Er erklärt, dass der Fotograf das Foto gefälscht hat. Er fragt, woran man das erkennt.

3 **a** **Markiere in allen Sätzen, die in der indirekten Rede stehen, die Verben im Indikativ gelb, im Konjunktiv I orange, im Konjunktiv II blau und in der *würde*-Ersatzform grün.**

„Nessie" – das gefälschte Seeungeheuer

Ein Fotohistoriker erklärt, dass es gefälschte Fotos auch schon vor der Erfindung digitaler Bildbearbeitungsprogramme gegeben hat. Zu den berühmtesten Fälschungen würden die Fotos des „Seeungeheuers" von Loch Ness aus dem Jahr 1934 gehören. Man habe sie Jahrzehnte nach ihrer Veröffentlichung als Fotos von einem kleinen Ungeheuer aus Ton auf einem Spielzeug-U-Boot entlarvt. „Nessies" Existenz könnten die Fotos also nicht beweisen.

b **Erkläre, warum im Text die jeweilige Verbform verwendet wurde.**

- „gegeben hat" steht im ______________________, weil ______________________

4 **Entscheide, ob du den Indikativ setzen darfst oder ob du den Konjunktiv I, den Konjunktiv II oder die *würde*-Ersatzform verwenden solltest. Setze die angegebenen Verben dann in die Lücken ein.**
TIPP: Du musst nicht jede Lücke füllen.

Fotomontage – die große Kunst des Fälschens

In den 1990er-Jahren traf man in der Presse häufig auf manipulierte Bilder. Ein Medienexperte berichtet, dass man dafür vor allem in Illustrierten viele Beispiele ______________________ (finden). Titelbilder von Zeitschriften ______________ z. B. Prinzessinnen oder Schauspielerinnen mit ihren Babys ______________ (zeigen), allerdings schon einige Wochen vor Geburt des Kindes. Prominente ______________ in einem solchen Fall hohe Geldentschädigungen erhalten ______________ (können), was jedoch nicht immer ______________________ (gelingen). Häufiger ______________ (kommen) es auf Titelseiten auch zu leidenschaftlichen Küssen zwischen Prominenten, obwohl man bei genauerer Betrachtung ______________________ (sehen), dass diese Prominenten etwas ganz anderes ______________________ (machen) und die Fotos nur zusammengeschnitten __________ (sein). Geschickte Fotomontage ______________ eben bei einem flüchtigen Blick den Eindruck von einem Kuss ______________ (erwecken). Und auch obwohl die Regelungen für Pressefotos mittlerweile strenger ______________ (sein), ______________ sich auch heute noch gefälschte Fotos in Illustrierten ______________ (finden).

⊕ **5** **Übertrage die Aussage des Medienexperten in die indirekte Rede. Prüfe, ob du den Indikativ setzen kannst und wo du den Konjunktiv I, den Konjunktiv II oder die *würde*-Ersatzform verwenden solltest. Schreibe in dein Heft. Beginne so:** Der Medienexperte sagt, dass …

> Der Medienexperte sagt: „Die meisten Leser sind völlig ahnungslos. Sie wissen nicht, wie leicht man heute Fotos manipulieren kann. Sie glauben einem Foto alles. Deshalb fallen sie häufig auf Fotomontagen und andere Möglichkeiten der Bildbearbeitung herein."

Die Modalverben

Information **Modalverben**

Mit Modalverben verändert man den Aussagewert eines Vollverbs:

Modalverb	Verdeutlicht ...	Beispiel
können	Möglichkeit, Fähigkeit	*Jeder kann seine Fotos bearbeiten.*
sollen	Empfehlung, Absicht	*Man soll Fotos nicht alles glauben.*
müssen	Gebot, Zwang	*Pressefotografen müssen sich an Regeln halten.*
dürfen	Erlaubnis, Möglichkeit	*Bestimmte Details auf Fotos dürfen verändert werden.*
wollen	Absicht, Bereitschaft	*Ein Fotograf will gute Bilder liefern.*
mögen	Wunsch, Möglichkeit	*Der Betrachter möchte gute Fotos sehen.*

1 **Streiche jeweils das unpassende Modalverb und notiere, was das passende Modalverb verdeutlicht.**

Bildbearbeitung: Was kann man, darf man, muss man?

Mit Hilfe digitaler Bildbearbeitungsprogramme ~~muss~~/kann ein Möglichkeit

Pressefotograf ein Foto so bearbeiten, wie er möchte/soll. Das heißt ______

aber nicht, dass er das auch in jedem Fall will/darf. Denn es gibt ______

Regelungen, die jeder Fotograf berücksichtigen sollte/will. ______

Beispielsweise muss/möchte er darauf achten, dass er keine Inhalte ______

verändert. Die Berichterstattung muss/darf den Tatsachen entsprechen. ______

Ein Fotograf darf/will seine Bilder aber durchaus bearbeiten, z. B. indem ______

er die Lichtverhältnisse optimiert. ______

2 **Schreibe die kurzen Sätze links um, indem du auf den Linien jeweils ein passendes Modalverb ergänzt.**

Man hat das Gebot zu beachten. ► Man ______.

Sie hat die Möglichkeit dazu. ► Sie ______.

Er zeigt die Bereitschaft. ► Er ______.

Man besitzt die Fähigkeit. ► Man ______.

Das Verb – Konjunktiv und Modalverben

1 Unterstreiche im Text die Verbformen im Indikativ grün, im Konjunktiv I blau, im Konjunktiv II orange und in der *würde*-Ersatzform gelb. (7 Punkte)

Unbekannte Flugobjekte

Ein Ufo-Forscher berichtet, dass Menschen am Himmel immer wieder unbekannte Flugobjekte entdecken. Häufig würden sie ihre Beobachtung auch durch Fotos dokumentieren. Diese vermeintlichen Ufo-Sichtungen ließen sich aber in der Regel schnell aufklären. Denn dabei handle es sich meist um Sternschnuppen, ungewöhnlich geformte Wolken oder Flugzeuge. Dass tatsächlich Außerirdische auf der Erde landen könnten, halte er für ausgeschlossen.

2 Wie machst du deutlich, dass etwas unwirklich, nur vorgestellt, unwahrscheinlich oder Ausdruck eines Wunsches ist? Streiche im folgenden Text die falschen Formulierungen durch. (4 Punkte)

Wenn etwas unwirklich, nur vorgestellt, unwahrscheinlich oder Ausdruck eines Wunsches ist, verwendet man in der Regel den Konjunktiv I/Konjunktiv II. Dieser wird vom Präsens/Präteritum Indikativ abgeleitet. Man verwendet die *würde*-Ersatzform, wenn man seinen Text abwechslungsreicher gestalten möchte/der Konjunktiv II nicht vom Indikativ Präteritum zu unterscheiden ist oder die Konjunktiv-II-Form als ungebräuchlich/langweilig empfunden wird.

3 Fülle die Lücken mit Verbformen im Konjunktiv II und in der *würde*-Ersatzform. (6 Punkte)
TIPP: Es gibt bei jedem Satz zwei Lücken, aber nicht alle Verben sind zweiteilig.

A Ein Außerirdischer, der auf der Erde ____________ ____________ (landen), ____________ für mich eine echte Überraschung ____________ (sein).

B Ich ____________ mich aber wahrscheinlich ____________ (freuen) und ____________ große Lust ____________ (haben), ihn kennen zu lernen.

C Vielleicht ____________ ich ihn besuchen ____________ (dürfen).

D Dann ____________ ich ein Selfie mit ihm machen ____________ (können).

4 **Wie gut kennst du dich mit der indirekten Rede aus?**
Kreuze jeweils an, ob die Aussage richtig oder falsch ist. (4 Punkte)

	richtig	falsch
A Die indirekte Rede wird auch als Irrealis bezeichnet.	☐	☐
B In der indirekten Rede verwendet man in der Regel den Konjunktiv II.	☐	☐
C Der Konjunktiv I wird normalerweise in der indirekten Rede verwendet.	☐	☐
D Man verwendet den Konjunktiv II bzw. die *würde*-Ersatzform, wenn der Konjunktiv I nicht vom Indikativ Präsens zu unterscheiden ist.	☐	☐

5 **Gib die folgenden Aussagen eines Grafikers in indirekter Rede wieder.**
Wähle dazu entweder den Konjunktiv I oder den Konjunktiv II. (4 Punkte)

Fake-Fotos von Ufos – Kunst oder Fälschung?

A Ein Grafiker erklärt: „Mit moderner Bildbearbeitung kann man ein Ufo-Foto fälschen.

Ein Grafiker erklärt, man ______________________

____

B Dazu finden sich im Internet sogar konkrete Anleitungen.

____

C Mittlerweile gibt es für Fake-Fotos von Ufos sogar Wettbewerbe.

____

D Dabei gewinnen die Fotografen mit den originellsten Bildern."

____

6 **Welches Modalverb hat welche Bedeutung? Verbinde durch Linien. (3 Punkte)**

Erlaubnis	mögen
Fähigkeit	dürfen
Wunsch	können

Vergleiche deine Ergebnisse mit dem Lösungsheft. Für jede richtige Antwort bekommst du einen Punkt.

☺ 28–22 Punkte	😐 21–14 Punkte	☹ 13–0 Punkte
Gut gemacht!	Gar nicht schlecht, aber lies dir die Merkkästen auf den Seiten 50 bis 57 noch einmal genau durch.	Arbeite die Seiten 50 bis 57 noch einmal genau durch.

Satzglieder

Satzglieder wiederholen

Information **Satzglieder erkennen und bestimmen**

Wörter und Wortgruppen, die bei der **Umstellprobe** zusammenbleiben, bilden ein **Satzglied.**
Das **Prädikat** ist der Kern des Satzes und wird durch Verben gebildet. Die Personalform des Verbs (der gebeugte Teil) steht in einem Aussagesatz immer an der **zweiten Satzgliedstelle,** z. B.:
Ich finde das Chamäleon faszinierend.
Mit der **Frageprobe** (Fragen im Schaubild) kannst du die anderen **Satzglieder bestimmen.**

1 **Trage die folgenden Fachbegriffe richtig in das Schaubild ein. Die Fragewörter helfen dir dabei.**

Ort (lokal) • Akkusativobjekt • Zeit (temporal) • Prädikat • Grund (kausal) • Objekt • adverbiale Bestimmung • Dativobjekt • Subjekt • Genitivobjekt • Art und Weise (modal)

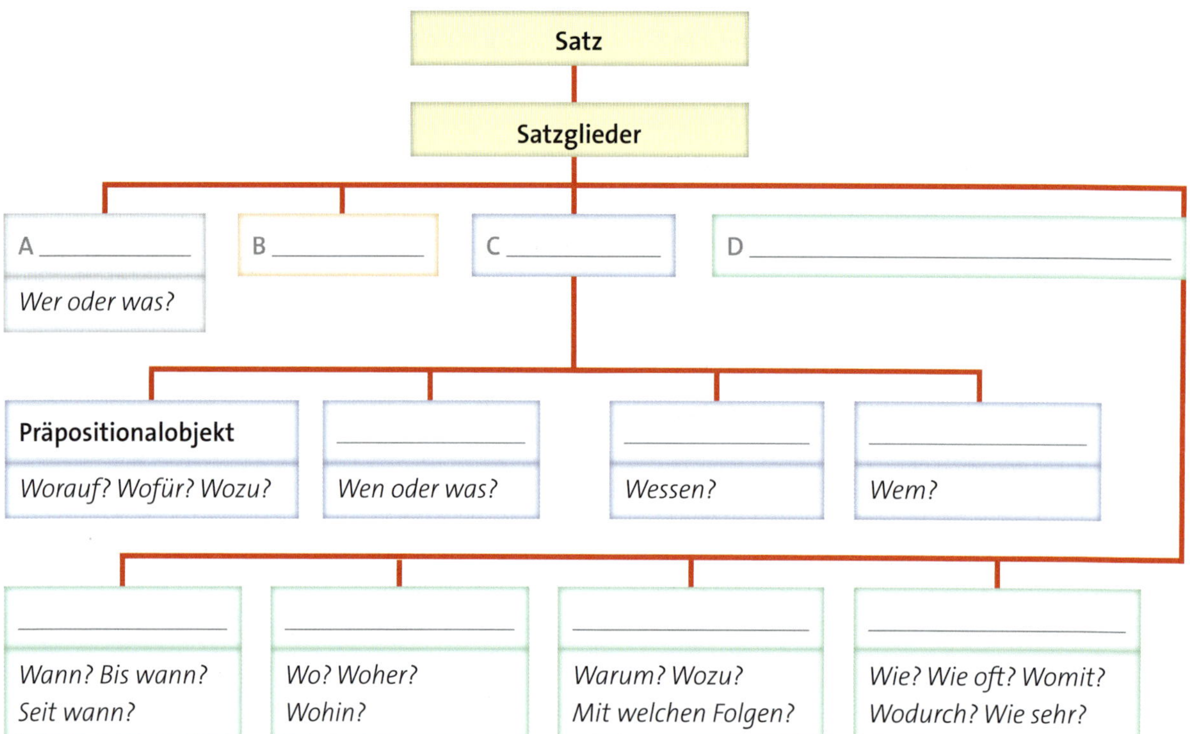

2 **a** **Stelle mit Hilfe der Umstellprobe fest, wie viele Satzglieder die folgenden Sätze haben. Trenne die Satzglieder durch einen Strich voneinander ab.**

b **Bestimme die Satzglieder mit der Frageprobe und schreibe die Fachbegriffe darüber, z. B. S für Subjekt, P für Prädikat, DO/AO/PO/GO für die Objekte, ABO/ABG/ABZ/ABAW für die adverbialen Bestimmungen.**

S
A Der Hornissen-Glasflügler / zählt zu den größten Hochstaplern des Tierreichs.

B Aufgrund seiner gelb-schwarzen Streifen ähnelt der Falter einer Hornisse.

C Auch gefährliche Greifvögel fürchten den Stich einer giftigen Hornisse.

D Die Musterung des Glasflüglers schützt ihn jederzeit vor Raubtieren.

Attribute als Teil eines Satzglieds

Information **Attribute (Beifügungen)**

- Attribute **bestimmen ein Bezugswort** (meist ein Nomen) **näher.** Sie sind immer nur **Teil eines Satzglieds** und bleiben bei der Umstellprobe mit ihrem Bezugswort verbunden, z. B.:
  Zu den Hochstaplern mit Erfolg zählen auch die cleveren Vögel.
  Auch die cleveren Vögel zählen zu den Hochstaplern mit Erfolg.
- Attribute stehen **vor oder nach ihrem Bezugswort.** Man kann sie oft mit **„Was für ...?"** erfragen, z. B.: *Was für ein Hochstapler? Ein Hochstapler mit Erfolg.*
- Attribute gibt es in unterschiedlichen **sprachlichen Formen:**
  - **Adjektivattribut,** z. B.: *eine schlaue Idee, die erfindungsreichen Tiere,*
  - **präpositionales Attribut,** z. B.: *die Tarnung zum Schutz,*
  - **Genitivattribut,** z. B.: *die Tricks der Tiere, die Täuschung des Feindes,*
  - **Apposition,** z. B.: *Raubtiere, die Könige des Tierreichs, werden von ihrer Beute getäuscht.*

1 **a** **Finde mit Hilfe der Umstellprobe alle Attribute mit ihren Bezugswörtern. Unterstreiche die Attribute und markiere ihre Bezugswörter.**

Die Schauspielkunst der Vögel

GA

Auch die Welt der Vögel ist voller gerissener Hochstapler. Zum Beispiel täuscht der Zebrafink aus Australien bei Krankheit vor, gesund zu sein. Obwohl die Kraft des Vogels nachlässt, tut er gegenüber seiner Partnerin, der Mutter seiner Kinder, so, als ob er über große Energiereserven verfügte.

b **Um welche Art von Attribut handelt es sich? Notiere AA (Adjektivattribut), PA (präpositionales Attribut), GA (Genitivattribut) oder AP (Apposition) über den unterstrichenen Attributen im Text oben.**

2 **Bestimme die Form der markierten Attribute. Umkreise dazu jeweils die richtige Abkürzung.**

Der Regenpfeifer nutzt sein schauspielerisches (AA • PA • GA • AP) Talent, um seine Familie, seine Frau und seine Kinder (AA • PA • GA • AP) vor Raubtieren zu schützen. Indem er eine Verletzung am Federkleid (AA • PA • GA • AP) vortäuscht, lockt er das Raubtier vom Nest der Familie (AA • PA • GA • AP) fort. Sobald diese in Sicherheit ist, fliegt der kerngesunde (AA • PA • GA • AP) Vogel davon.

⊕ **3** **Auch in Attributen können sich weitere Attribute verstecken. Unterstreiche im folgenden Satz die verschiedenen Formen von Attributen mit unterschiedlichen Farben.**

Vögel, intelligente Tiere, nutzen ihr Talent zur geschickten Verstellung, um zu überleben.

Texte mit Hilfe von Proben überarbeiten

Information **Texte mit der Erweiterungs- und Ersatzprobe überarbeiten**

- Die **Erweiterungsprobe** hilft dir, genauer und anschaulicher zu schreiben, indem du einem Satz geeignete **Objekte, adverbiale Bestimmungen** oder **Attribute** hinzufügst, z. B.:

  Junge ↓ *Tiere werden* ↓ *von ihren Eltern* *beschützt.*

- Die **Ersatzprobe** hilft dir, Wortwiederholungen zu vermeiden und abwechslungsreich zu schreiben. Ersetze z. B. ein Nomen durch ein Synonym oder durch ein Pronomen, z. B.: *das Jungtier → das Kalb / der Frischling / das Küken* oder *das Kind* oder *der Nachwuchs* oder *es / er.*

1 **Ersetze die unterstrichenen Wiederholungen so, dass ein gut lesbarer Text entsteht. Schreibe deine Verbesserungen über die Wörter.**
TIPP: Nutze Synonyme, Personal- und Demonstrativpronomen.

Ein junger Pavian aus Südafrika entpuppte sich als ziemlich klug. Der Pavian beobachtete, wie eine alte Paviandame Kartoffeln ausgrub, und schrie laut auf. Damit alarmierte der Pavian seine Mutter sofort. Die Mutter erschien sofort am Ort des Geschehens und vertrieb die alte Paviandame, die sie für eine Bedrohung ihres Pavians halten musste. Der Pavian machte sich im Anschluss über die erbeuteten Kartoffeln her.

2 **Wie geht es genauer? Wende die Erweiterungsprobe an und ergänze in den Sätzen Angaben aus dem Kasten.**

wegen der Sonderbehandlung • mit einer Klimaanlage • über Monate • kurzfristig • angenehmes • aus einem chinesischen Zoo • Futter

Die ganze Welt wartete gespannt auf die erste Live-Übertragung einer Pandageburt ____________ *(Woher?)*. Doch dann wurde die Ausstrahlung ____________ *(Wie?)* abgesagt, da die Pandabärin ihre Schwangerschaft nur vorgetäuscht hatte. ____________ *(Warum?)* führte sie das Zoopersonal und die Besucher ____________ *(Wie lange?)* an der Nase herum. So erhielt sie nicht nur mehr ____________ *(Was?)*, sondern wurde sofort in ein ____________ *(Wie ist es?)* Gehege ____________ *(Mit was?)* verlegt.

Satzglieder und Attribute

1 **Bestimme die markierten Satzglieder anhand ihrer Stellung im Satz oder mit Hilfe der Frageproben. Notiere deine Ergebnisse in den Klammern. Nutze die Abkürzungen von Seite 60. (8 Punkte)** ☐

Schlangen (______________) täuschen ihren Tod (______________) vor, um ihre Beutetiere auszutricksen. Diese (______________) nähern (______________) sich vorsichtig der vermeintlichen Leiche (______________). Wenn die Schlange sich ihrer Sache (______________) sicher ist, beißt sie zu. Ihre Opfer haben ab diesem Moment (______________) keine Chance (______________) mehr.

2 **Markiere in den folgenden Sätzen die adverbialen Bestimmungen in den folgenden Farben: adverbiale Bestimmung der Zeit, des Ortes, der Art und Weise und des Grundes. (7 Punkte)** ☐

Auch unter Wasser wird fleißig geflunkert: Bei den Winkerkrabben z. B. wird eine verlorene Schere durch eine Attrappe ersetzt. Dank dieser Täuschung können die Krabben ihre Gegner nach wie vor mit beeindruckenden Scherentänzen abwehren. Dabei pokern sie jedoch jedes Mal hoch, denn die dünnen Ersatzscheren sind im Kampf nutzlos.

3 **Bestimme die hervorgehobenen Attribute. Notiere in den Klammern jeweils die richtige Abkürzung: AA = Adjektivattribut, PA = präpositionales Attribut, GA = Genitivattribut, AP = Apposition. (5 Punkte)** ☐

Der größte Gauner **des Tierreichs** (______________) ist der Kuckuck, **ein betrügerischer Vogel** (______________). Dieser legt seine Eier in **fremde** (______________) Nester. So erspart er sich nicht nur den Bau **eines eigenen Nests** (______________), sondern gibt auch die Kinder **zur Pflege** (______________) ab.

4 **Vergleiche deine Antworten mit den Angaben im Lösungsheft und zähle deine Punkte zusammen.** ☐

☺ 20–16 Punkte	😐 15–10 Punkte	☹ 9–0 Punkte
Gut gemacht!	Gar nicht schlecht, aber lies dir die Merkkästen auf den Seiten 60–62 noch einmal genau durch.	Arbeite die Seiten 60–62 noch einmal genau durch.

Sätze unterscheiden

Wiederholung: Satzreihe und Satzgefüge

Information **Satzreihe** (Hauptsatz + Hauptsatz) **und Satzgefüge** (Hauptsatz + Nebensatz)

- Eine **Satzreihe** ist ein Satz, der aus **zwei** oder mehr **Hauptsätzen** besteht. Die einzelnen Hauptsätze werden oft durch **nebenordnende Konjunktionen** wie *und, aber, oder, doch, sondern, denn* verknüpft und durch ein **Komma** voneinander getrennt, z. B.:
  Felix Krull ist nicht reich, aber er macht durch Hochstapelei Karriere.
  Nur vor den Konjunktionen *und* bzw. *oder* kann das Komma entfallen.
- Ein **Satzgefüge** ist ein Satz, der mindestens aus einem **Hauptsatz** (Hs) **und** einem **Nebensatz** (Ns) besteht. Der Nebensatz wird mit einer unterordnenden Konjunktion (z. B. *weil, dass, nachdem, wenn*) oder einem Relativpronomen (*der, die das, welcher, welche, welches*) eingeleitet. Der Nebensatz kann vor, zwischen oder nach dem Hauptsatz stehen.
  Zwischen Hauptsatz und Nebensatz muss **immer** ein **Komma** stehen, z. B.:
  Felix Krull wird reich, weil er einen Diebstahl begeht.

TIPP: Im Hauptsatz steht die Personalform des Verbs (gebeugte Verbform) an zweiter Satzgliedstelle. Im Nebensatz steht sie am Satzende, z. B.: *Hochstapler haben keinen guten Ruf, weil sie andere betrügen.*

1 a Markiere in jedem Satz die Personalform des Verbs und die Konjunktion.

A Thomas Manns Roman „Die Bekenntnisse des Hochstaplers Felix Krull" handelt von einem jungen Mann, der es mit seiner Hochstapelei weit bringt.

B Schon als kleiner Junge beeindruckt er in einem Orchester als talentierter Geiger, obwohl seine Geige in Wirklichkeit keinen Ton von sich gibt.

C In der Schule fälscht er Unterschriften oder er simuliert Krankheiten.

b Welcher Satz ist eine Satzreihe, welcher ein Satzgefüge? Kreuze an:

Satz A		Satz B		Satz C	
Satzreihe	☐	Satzreihe	☐	Satzreihe	☐
Satzgefüge	☐	Satzgefüge	☐	Satzgefüge	☐

2 Verbinde jeweils zwei Hauptsätze zu einem Satzgefüge (Satz A) und einer Satzreihe (Satz B). Nutze die angegebenen Konjunktionen in Klammern und achte auf die Kommasetzung. Schreibe in dein Heft.

A Felix Krull macht schnell Karriere. Er steigt in einem Hotel vom Liftboy zum Oberkellner auf. (indem)

B Er darf zeitweise sogar mit einem Adligen die Rolle tauschen. Er ist ein talentierter Schauspieler. (denn)

⊕ **3 Verbinde die zwei Hauptsätze unter B so, dass ein Satzgefüge entsteht. Arbeite in deinem Heft.**

Nebensätze unterscheiden – Adverbialsätze

Information: Nebensätze unterscheiden: Adverbialsätze

Je nach Funktion im Satz unterscheidet man unterschiedliche Arten von Nebensätzen. **Adverbialsätze nehmen** im Satz zum Beispiel die **Stelle einer adverbialen Bestimmung** (Satzglied) **ein**, z. B.:

Wegen ihres schauspielerischen Talents glaubten viele der Hochstaplerin.
adverbiale Bestimmung ↓
Weil sie eine talentierte Schauspielerin war, glaubten viele der Hochstaplerin.
Adverbialsatz

Wie die adverbialen Bestimmungen können Adverbialsätze mit Hilfe der Frageprobe näher bestimmt werden. Es gibt folgende Arten von Adverbialsätzen:

Adverbialsatz	Frageprobe	Konjunktionen	Beispiel
Kausalsatz (Grund)	Warum ...?	*weil, da*	*Viele Hochstapler fliegen auf, **weil** man ihre Lügen entlarvt.*
Temporalsatz (Zeit)	Wann ...? Seit wann ...? Wie lange ...?	*nachdem, als, während, bis, bevor, solange, sobald ...*	***Bevor** er entlarvt wurde, hatte er viele getäuscht.*
Konditionalsatz (Bedingung)	Unter welcher Bedingung ...?	*wenn, falls, sofern*	***Wenn** man lügt, kann das zu großem Ärger führen.*
Konsekutivsatz (Folge)	Mit welcher Folge ...?	*sodass (auch: so ..., dass)*	*Hochstapler sind geschickt, **sodass** sie Erfolg haben.*
Finalsatz (Absicht, Zweck)	Wozu ...?	*Damit*	***Damit** man ihnen glaubt, müssen sie gut schauspielern.*
Modalsatz (Art und Weise)	Wie ...?	*indem, dadurch/ohne ... dass, wie, als (ob)*	*Sie täuschen andere, **indem** sie falsche Angaben machen.*
Konzessivsatz (Einräumung)	Trotz welcher Umstände?	*obwohl, obgleich, obschon, auch wenn*	***Obwohl** sie sich Mühe geben, fallen viele Hochstapler auf.*

1 **a** **Markiere in den folgenden Sätzen die Adverbialsätze und umkreise die Konjunktion.**
b **Bestimme mit Hilfe der Frageprobe, um welche Art von Adverbialsatz es sich handelt.**

Georges Manolescu – vom Betrüger zum Schriftsteller

A Der Rumäne Georges Manolescu wurde schon früh reich, indem er sich als Hoteldieb betätigte.

Frage: ______________________ Art des Adverbialsatzes: ______________________

B Später gab er sich als Fürst Lahovary aus, sodass er in die höhere Gesellschaft aufsteigen konnte.

Frage: ______________________ Art des Adverbialsatzes: ______________________

C Weil er als falscher Fürst eine deutsche Gräfin heiratete, wurde er auch als Heiratsschwindler bekannt.

Frage: ______________________ Art des Adverbialsatzes: ______________________

2 a Wie ging es weiter mit dem falschen Fürsten? Verknüpfe hierzu die folgenden Satzpaare zu Satzgefügen mit Adverbialsätzen. Du kannst die folgenden Konjunktionen nutzen: *weil/da, als, nachdem, obwohl, sodass.*
TIPP: Die Konjunktion *nachdem* leitet meist einen Nebensatz im Plusquamperfekt ein.

b Markiere die Konjunktionen, die die Adverbialsätze einleiten, und notiere hinter jedem Satz in Klammern, um welche Art von Adverbialsatz es sich handelt.

A Er war als Hoteldieb sehr erfolgreich. Es gab in seinem Leben mehrere Zwischenfälle.

Obwohl er als Hoteldieb sehr erfolgreich war, gab es in seinem Leben mehrere Zwischenfälle. (Konzessivsatz)

B Die Polizei kam ihm schon früh auf die Spur. Er wurde wegen Diebstahls verhaftet und verurteilt.

C Ihm war ein besonders großer Beutezug durch die Berliner Hotels gelungen. Ihm wurde der Prozess gemacht.

D Sein Leben als Hochstapler erschien völlig verrückt. Ihm wurde von Gutachtern Unzurechnungsfähigkeit attestiert.

E Er starb mit nur 37 Jahren in Mailand. Er hinterließ 12 Anzüge, 40 Seidenhemden, 11 Paar Lackschuhe und einen gefälschten Adelsbrief.

⊕ **3 Verknüpfe die folgenden drei Sätze zu einem längeren Satzgefüge mit zwei Adverbialsätzen. Notiere, welche Arten von Adverbialsätzen du in deinem Satzgefüge verwendet hast. Schreibe in dein Heft.**

Er konnte sich nun nicht mehr als Hoteldieb betätigen. Er verdiente dennoch gutes Geld. Er schrieb seine Lebensgeschichte auf.

4 Wandle in jedem Satz die markierte adverbiale Bestimmung in einen Adverbialsatz um. Nutze dafür eine der angebotenen Konjunktionen und setze ein Komma zwischen Hauptsatz und Nebensatz (Adverbialsatz).

während	~~indem~~	weil

Bei der **Umformung einer adverbialen Bestimmung in einen Adverbialsatz** wird die Präposition in eine passende Konjunktion umgewandelt. Außerdem wird im Adverbialsatz ein Prädikat (Verb) gebildet, z. B.: *Wegen ihrer Lügen fliegen viele Hochstapler auf.* → *Weil sie lügen, fliegen viele Hochstapler auf.*

A Anna Anderson wurde Anfang der 1920er-Jahre durch das Erfinden einer spektakulären Geschichte berühmt.

Indem sie

B Bei einem Aufenthalt in einem Krankenhaus gab sie sich als tot geglaubte Tochter des letzten russischen Zaren aus.

C Das Gericht erkannte sie wegen fehlender Beweise aber nicht als Erbin des Vermögens der Zarenfamilie an.

⊕ **5** Markiere in den beiden Sätzen jeweils die adverbiale Bestimmung und wandle jeden Satz in ein Satzgefüge mit Adverbialsatz um.

A Trotz Zweifeln an ihrer Identität wurde das Rätsel um Anna Anderson lange nicht gelöst.

B Erst zehn Jahre nach ihrem Tod konnte ein DNA-Test die fehlende Verwandtschaft mit der Zarenfamilie belegen.

Nebensätze unterscheiden – Subjekt- und Objektsätze

Information **Nebensätze unterscheiden: Subjektsätze und Objektsätze**

Subjektsätze und Objektsätze sind Nebensätze, die die **Rolle des Subjekts bzw. des Objekts** für den Hauptsatz übernehmen. Sie lassen sich wie das Subjekt (Wer oder was?) oder das Objekt (Wen oder was?) mit Hilfe der Frageprobe ermitteln.

Subjektsatz: Das Subjekt eines Satzes kann von einem Nebensatz gebildet werden, z. B.:
Der fehlende Pilotenschein fiel nicht auf. → *Dass der Pilotenschein fehlte, fiel nicht auf.*
Satz mit einfachem Subjekt (Wer oder was?) Satzgefüge mit Subjektsatz (Wer oder was?)

Objektsatz: Das Objekt eines Satzes kann von einem Nebensatz gebildet werden:
Er erklärte die Steuerung des Cockpits. → *Er erklärte, wie das Cockpit funktioniert.*
Satz mit einfachem Objekt (Wen oder was?) Satzgefüge mit Objektsatz (Wen oder was?)

TIPP: Subjekt- und Objektsätze gibt es in Form von „dass-Sätzen" oder in Form von indirekten Fragesätzen, die von den Fragepronomen *was, wann, wer, wie, warum* usw. eingeleitet werden.

1 a **Markiere in den folgenden Satzgefügen die Nebensätze und umkreise die Einleitungswörter (Konjunktion „dass" oder ein Fragepronomen).**
b **Erfrage bei jedem Satz, ob es sich um einen Subjekt- oder um einen Objektsatz handelt. Notiere die Frage und kreuze das richtige Kästchen an.**

Falsche Piloten – Hochstapler der Lüfte

	Subjektsatz	Objektsatz
A Berichte über falsche Piloten zeigen, wie viele Personen auf illegalem Weg ihren Traumberuf „Pilot" leben.	☐	☐
Frage: Wen oder was zeigen die Berichte?		
B Was alles möglich ist, belegt der Fall des arbeitslosen Italieners Andrea P.:	☐	☐
Frage:		
C Von der Crew wurde anstandslos akzeptiert, dass er im Cockpit den Sitz des dritten Piloten einnahm.	☐	☐
Frage:		
D Dass P.s Uniform und sein Pilotenausweis gefälscht waren, fiel nicht auf.	☐	☐
Frage:		

⊕ **2** **Ersetze in den folgenden umständlich formulierten Sätzen die unterstrichenen Satzglieder durch Subjekt- oder Objektsätze. Schreibe in dein Heft.**

A Das sehr junge Aussehen des Piloten führte schließlich zu seiner Entdeckung.
B Das schon häufigere Fliegen mit gefälschtem Pilotenausweis gab P. nach seiner Verhaftung zu.

3 **Objektsätze werden häufig bei der indirekten Rede verwendet. Forme die folgenden Äußerungen in indirekte Rede um. Verwende hierbei Objektsätze und die vorgegebenen Konjunktiv-Formen.**

A Im Mai 2010 berichtete ein Sprecher der Polizei: „Wir haben mit dem Schweden Thomas Salme einen der größten Betrüger der Fliegerei verhaftet.“ (verhaftet hätten)

Im Mai 2010 berichtete ein Sprecher der Polizei, dass ________________.

____

B Er erklärte: „Der Schwede flog 13 Jahre lang unfallfrei mit einem gefälschten Pilotenschein Urlaubsjets durch die Welt.“ (geflogen sei)

____

____

C Er fügte hinzu: „Aufgrund seiner guten Flugkenntnisse hatte jahrelang niemand Verdacht geschöpft.“ (geschöpft habe)

____

____

D Weiter führte er aus: „Man muss einiges an krimineller Energie mitbringen, um als falscher Pilot um die Welt zu fliegen.“ (müsse)

____

____

4 **Eine Journalistin interviewt Salme. Gib die folgenden Fragen in indirekter Rede wieder. Nutze dazu indirekte Fragesätze und achte auf die Kommasetzung. Schreibe in dein Heft.**
TIPP: Bei der indirekten Rede steht das Verb in der Regel im Konjunktiv (▶ S. 54).

A Warum wollten Sie unbedingt Pilot werden?
Beispiel: Die Journalistin fragte, warum Thomas Salme unbedingt Pilot werden wollte.

B Wieso durchliefen Sie keine Pilotenausbildung?
Sie fragte, …

C Was denken Sie über die Verantwortung eines Piloten?
…

⊕ **5** **Welche weiteren Fragen würdest du Thomas Salme stellen? Formuliere in deinem Heft zwei indirekte Fragesätze, z. B.:**
Es würde mich interessieren, wie/warum/wann …

Nebensätze unterscheiden – Relativsätze

Information **Nebensätze unterscheiden: Relativsätze**

- Relativsätze sind **Nebensätze**, die ein vorausgegangenes Bezugswort im Hauptsatz (meist ein Nomen) näher erklären. Sie werden mit einem **Relativpronomen** (*der, die, das; welcher, welche, welches*) eingeleitet und durch Komma vom Hauptsatz abgetrennt. Das Relativpronomen bezieht sich auf das Bezugswort im Hauptsatz, z. B.: *Gerd Postel, der als Arzt tätig war, hatte nie Medizin studiert.* Vor dem Relativpronomen kann auch eine Präposition stehen, z. B.: *Das Klinikum, an dem er angestellt war, hatte lange nichts gemerkt.*
- Relativsätze nehmen im Satz häufig die **Rolle eines Attributs ein** und werden deshalb auch Attributsätze genannt.

1 **a Verknüpfe die Satzpaare unter A, B und C mit Hilfe eines Relativpronomens zu einem Satzgefüge. Achte auf die Kommasetzung.**
b Umkreise in jedem Satzgefüge das Relativpronomen und markiere mit einem Pfeil das Bezugswort, auf das sich das Relativpronomen bezieht.

Gert Postel – ein Hochstapler im Arztkittel

A Gert Postel war eigentlich ein Postbote. Er arbeitete jahrelang als Arzt.

Gert Postel, der eigentlich

B Der Briefträger genießt auch heute noch höchste Anerkennung. Er führte fast 20 Jahre lang den gesamten Medizinbetrieb an der Nase herum.

C Als erfolgreicher Psychiater verwendete er sogar medizinisch klingende Krankheitsbegriffe. Diese Krankheitsbegriffe gab es gar nicht.

⊕ **2** **Wandle die Sätze A und B jeweils in ein Satzgefüge mit Relativsatz um. Forme hierzu längere Attribute in einen Relativsatz um. Schreibe die umgeformten Sätze in dein Heft und achte auf die Kommasetzung.**

A Der als Dr. Dr. Bartholdy seine Karriere beginnende Postel galt als kompetenter Psychiater.
B In mit Oberärzten unter einer falschen Identität geführten Telefonaten lobte er sich selbst als Psychiater mit hervorragenden Qualifikationen.

das oder *dass*? – Achte auf die Wortart

Information **Relativpronomen *das* oder Konjunktion *dass*?**

Zu Beginn eines Nebensatzes kannst du das **Relativpronomen *das*** leicht mit der **Konjunktion *dass*** verwechseln. Führe daher die folgende **Ersatzprobe** durch:

- Kannst du ***das*** durch **welches** ersetzen, handelt es sich um das **Relativpronomen** und du schreibst **s**, z. B.: *Das Buch, **das** (welches) ich gelesen habe, handelt von berühmten Hochstaplern.*
- Die **Konjunktion *dass*** kannst du nicht durch *welches* ersetzen, z. B.: *Ich glaube, dass (~~welches~~) es viele Hochstapler gibt.*

Vom falschen Arzt zum Schriftsteller

A Gerd Postel war mit seinen ärztlichen Diagnosen so überzeugend, dass ihm sogar eine Professur angeboten wurde.

B Nachdem er als falscher Arzt aufgeflogen und zu einer hohen Haftstrafe verurteilt worden war, schrieb Postel ein Buch, das von seiner Zeit als falscher Arzt handelt.

1 Erkläre die Schreibweise der grün markierten Wörter. Schreibe in dein Heft.

2 *das* oder *dass*? Setze entweder das Relativpronomen *das* oder die Konjunktion *dass* ein. Führe hierzu die Ersatzprobe (▶ Merkwissen oben) durch.

Das Buch, ____________ Postel während seiner Haftstrafe schrieb, heißt „Doktorspiele – Geständnisse eines Hochstaplers“. In diesem autobiografischen Werk, ____________ seine Lebensgeschichte erzählt, kritisiert Postel den Psychiatriebetrieb. Er behauptet, ____________ es in diesem Beruf sehr leicht sei, als falscher Arzt Karriere zu machen. Wichtig sei nur, ____________ man ein überzeugendes Auftreten habe und über ein medizinisches Fachvokabular verfüge. Postels Geständnisse als Hochstapler sind so interessant und amüsant, ____________ sein Buch ein Erfolg wurde. „Als Gutachter“, so schreibt er beispielsweise, „kreierte ich ein neues Krankheitsbild, ____________ ich als ‚bipolare Depression dritten Grades nach Postel‘ bezeichnete.“

⊕ **3** *das* oder *dass*? Schreibe die folgenden Sätze richtig in dein Heft.

Da ? da ? Buch, da ? Postel schrieb, ein Erfolg wurde, war nicht abzusehen. Der Zufall, da? Postel lange Zeit nicht als Hochstapler entlarvt wurde, war dabei sicherlich hilfreich.

Nebensätze unterscheiden – Partizipialgruppen

Information **Nebensätze unterscheiden: Partizipialgruppen (Partizipialsätze)**

Obwohl Partizipialgruppen statt eines gebeugten Verbs ein Partizip haben, können sie im Satz die Funktion eines Nebensatzes übernehmen. Man nennt sie darum auch Partizipialsätze.
Eine **Partizipialgruppe** wird mit einem **Partizip I** (Partizip Präsens: *gehend*) oder einem **Partizip II** (Partizip Perfekt: *gegangen*) gebildet und **bezieht sich auf das Subjekt des Hauptsatzes**, z. B.:
*Alle Gesetze **ignorierend** gab er sich als Arzt aus.*
Partizipialgruppen darf man immer durch Komma abtrennen. Ein Komma muss stehen,

- wenn durch ein **hinweisendes Wort** auf die Partizipialgruppe Bezug genommen wird, z. B.: *Alle Gesetze ignorierend, so gab er sich als Arzt aus.*
- wenn die Partizipialgruppe eine **nachgestellte Erläuterung** zu einem Nomen oder Pronomen ist, z. B.: *Er, alle Gesetze ignorierend, gab sich als Arzt aus.*

1 **a** **Umkreise in jedem Satz das Partizip, markiere dann die gesamte Partizipialgruppe und trenne sie mit einem Komma vom Hauptsatz ab.**
b **Prüfe mit Hilfe des Merkwissens, welche Kommas verpflichtend sind und welche nicht. Klammere die Kommas ein, die du setzen kannst, aber nicht setzen musst.**

Vorsicht Fehler!

Warum werden manche Menschen zu Hochstaplern?

A Nach Geld oder Anerkennung verlangend, so werden manche Menschen zu Hochstaplern.
B Ihre hochstaplerische Rolle spielend kompensieren sie oft ein Gefühl der Minderwertigkeit.
C Hochstapler am Aufrechterhalten ihrer Rolle Interesse habend lügen oft sehr kreativ.
D Sich glaubhafte Lebensläufe ausdenkend fallen sie meist lange Zeit nicht auf.

2 **Partizipialgruppen haben oft die Funktion von Adverbial- oder Relativsätzen.**

Schreibe die Satzgefüge A, B, C und D verständlicher, indem du die Partizipialgruppen durch Adverbialsätze ersetzt. Verwende die Konjunktionen *weil* und *indem*.

A) Weil sie nach Geld oder Anerkennung

3 **Überarbeite das Satzgefüge C, indem du die Partizipialgruppen durch einen Relativsatz ersetzt. Schreibe in dein Heft.**

Nebensätze unterscheiden – Infinitivgruppen

Information **Nebensätze unterscheiden: Infinitivgruppen (Infinitivsätze)**

Obwohl Infinitivgruppen statt eines gebeugten Verbs einen Infinitiv mit *zu* haben, können sie im Satz die Funktion eines Nebensatzes übernehmen. Man nennt sie darum auch Infinitivsätze.
Eine Infinitivgruppe besteht aus einem Infinitiv mit *zu* und mindestens einem weiteren Wort, z. B. *Unsere Gesetze bieten die Möglichkeit, manche Hochstapler* ***zu bestrafen****.*
Es ist ratsam, Infinitivgruppen immer durch ein **Komma** vom Hauptsatz zu trennen, weil dadurch die Gliederung des gesamten Satzes verdeutlicht wird. Ein Komma muss stehen,

- wenn die Infinitivgruppe durch *um, ohne, statt, anstatt, außer, als* eingeleitet wird, z. B.: *Der Staatsanwalt lädt den Hochstapler vor,* ***um*** *ihn vor Gericht anzuklagen.* ***Statt*** *seine Betrügereien zu gestehen, tischt der Hochstapler dem Gericht weitere Lügen auf.*
- wenn die Infinitivgruppe von einem **Nomen** oder einem **hinweisenden Wort** wie *daran, darauf* oder *es* im Hauptsatz abhängt, z. B. *Der Staatsanwalt hat* ***die Absicht****, die Hochstapler vor Gericht zu bringen. Der Hochstapler bedauert* ***es****, seine Mitmenschen getäuscht zu haben.*

1 **Umkreise in jedem der folgenden Sätze den Infinitiv (Verb + *zu*), markiere dann die gesamte Infinitivgruppe und trenne sie mit einem Komma vom Hauptsatz ab.**

Vorsicht Fehler!

Sind Hochstapler Straftäter?

A Es ist nicht grundsätzlich strafbar ein Hochstapler zu sein.
B Um für Hochstapelei verurteilt zu werden muss man bestimmte Straftatbestände erfüllen.
C Es ist zum Beispiel verboten Titel oder Berufsbezeichnungen zu missbrauchen.
D Demzufolge ist es strafbar sich mit einem falschen Doktortitel zu schmücken oder sich fälschlicherweise als Arzt oder Pilot auszugeben.

2 **Infinitivgruppen werden auch verwendet, um eine Häufung von Nomen (Nominalstil) zu vermeiden. Überarbeite die beiden folgenden Sätze, indem du die markierten Textstellen durch Infinitivgruppen ersetzt. Trenne die Infinitivgruppen durch Kommas ab.**

E) Der Verkauf eines erfundenen Unternehmens oder einer fremden Immobilie ist verboten.
F) Auch das Ausstellen von falschen Zeugnissen, Urkunden oder Ausweisen ist strafbar.

E) Es ist verboten, ein

3 **Notiere, welchen Satz (1, 2 oder 3) du überarbeiten würdest, um einen Nominalstil zu vermeiden. Überarbeite dann diesen Satz, indem du einen Teil in eine Infinitivgruppe umformst. Schreibe in dein Heft.**

1) Das Fälschen von Urkunden und Zeugnissen ist gesetzlich verboten. 2) Für das Führen eines Lebens als Hochstapler bedarf es daher auch einer gewissen Skrupellosigkeit. 3) Und natürlich muss man auch mit einer Gefängnisstrafe rechnen.

Sätze unterscheiden

1 a Kreuze für jeden Satz an: Satzreihe oder Satzgefüge. (4 Punkte)
b Setze die sechs fehlenden Kommas. (6 Punkte)

Rémi Gaillard – Komiker oder Hochstapler?	**Satzreihe**	**Satzgefüge**
A Der Komiker Rémi Gaillard ist kein Hochstapler im engeren Sinne aber auch er schmückt sich oft mit fremden Federn.	☐	☐
B Sein Nachname „Gaillard“ der ein Künstlername ist bedeutet übersetzt „Witzbold“.	☐	☐
C Mit seinen verrückten Streichen die er im Internet veröffentlicht wurde er zum Star.	☐	☐
D Weil er sich heimlich unter die großen Fußballstars mischte gilt er auch als Komödiant der Fußballszene.	☐	☐

2 a Markiere in jedem der folgenden Satzgefüge den Nebensatz. (6 Punkte)

A Rémi Gaillards größter Coup bestand darin, sich nach dem französischen Pokalfinale aufs Spielfeld zu schummeln.

B Voller Begeisterung jubelnd, so mischte er sich unter die Fußballspieler der Siegermannschaft.

C Weil er ein Fußballtrikot trug, hielten ihn alle für ein Mannschaftsmitglied.

D Niemand fragte sich, wer genau da in Siegerlaune den Pokal hochhielt.

E Sogar dem französischen Präsidenten, der Gaillard überschwänglich für sein gutes Spiel lobte, fiel der Schwindel nicht auf.

F Dass Gaillard nach dem Spiel sogar Interviews gab und Fanartikel signierte, erstaunt besonders.

b Bestimme die Art der Nebensätze in den Sätzen A–F. Trage hierzu bei jeder Nebensatzart den passenden Buchstaben ein. (6 Punkte)

☐ Subjektsatz ☐ Objektsatz ☐ Relativsatz

☐ Adverbialsatz ☐ Partizipialgruppe ☐ Infinitivgruppe

3 Begründe, warum in den Sätzen A und B (Aufg. 2a) ein Komma gesetzt werden muss. (2 Punkte)

____

____

____

____

4 **a** **Verknüpfe die folgenden Satzpaare mit Hilfe der angegebenen Konjunktionen zu Satzgefügen mit Adverbialsätzen. (3 Punkte)**

b **Notiere hinter jedem Satz in Klammern, um welche Art von Adverbialsatz es sich handelt. (3 Punkte)**

A Gaillard hat großen Spaß an medialer Aufmerksamkeit. Er schummelte sich auch ins Team der französischen Volleyball-Nationalmannschaft. (weil)

B Die französische Nationalhymne wurde gespielt. Er stand mitten in der Reihe der Spieler und sang lauthals mit. (während)

C Die Presse hätte mittlerweile misstrauisch sein müssen. Er konnte sich sogar auf das offizielle Siegerfoto der Volleyball-Nationalmannschaft schmuggeln. (obwohl)

5 **Verknüpfe die Satzpaare unter A, B und C mit Hilfe eines Relativpronomens zu einem Satzgefüge. Achte auf die Kommasetzung. (3 Punkte)**

A „Mister Universe" ist ein bedeutender Wettbewerb.
Dieser Wettbewerb kürt weltweit die besten Bodybuilder.

B Gaillard stellte sich während des Wettbewerbs posierend zwischen die Bodybuilder.
Er ist sehr schmächtig.

C Das Publikum entdeckte den Komiker sofort. Es applaudierte begeistert.

☺ 33–27 Punkte	😐 26–18 Punkte	☹ 17–0 Punkte
Gut gemacht!	Gar nicht schlecht, aber lies dir die Merkkästen auf den Seiten 64 bis 73 noch einmal genau durch.	Arbeite die Seiten 64 bis 73 noch einmal genau durch.

Rechtschreibung

Was kannst du schon?

1 **Ergänze bei den markierten Wörtern die richtigen Buchstaben. Sprich die Wörter deutlich in Silben und achte darauf, ob die erste Silbe geschlossen oder offen ist. (12 Punkte)**
TIPP: Um diese Strategie zu nutzen, musst du einsilbige Wörter verlängern und zusammengesetzte Wörter zerlegen und dann verlängern.

Wir sprechen von Bionik, wenn Wi_____(s/ss/ß)enschaftler und Forscherinnen sich Tricks von der Natur abgu_____(k/ck)en. Weil sich im Lau_____(f/ff)e der Evolution die Natur optimal an ihre Umwelt angepa_____(s/ss/ß)t hat, kö_____(n/nn)en wir v_____(i/ie)les von ihr lernen. Warum sto_____(s/ss/ß)en Fische, die in einem Schwarm schwi_____(m/mm)en, nicht zusa_____(m/mm)en? Warum haften die Saugnäpfe von Kraken auf gla_____(t/tt)en Oberflächen und welcher Trick der Natur ste_____(k/ck)t hinter den Kle_____(t/tt)en, die an unserer Kleidung ohne Klebsto_____(f/ff) haften bleiben? Damit beschäftigt sich die Bionik.

2 **a Lauter knifflige Fälle: Trage die fehlenden Buchstaben ein. (22 Punkte)**
b Kreuze hinter jeder Wortreihe an, welche Strategie dir in diesen Fällen geholfen hat: A = Ableiten; V = Verlängern; Z = Zerlegen. (6 Punkte)
TIPP: Bei manchen Wortreihen sind mehrere Strategien hilfreich und deshalb mehrere Kreuze zu setzen.

	A	V	Z
A Fl___che • Vogelschw___rme • zug___nglich • Ern___hrung • Ger___sche	☐	☐	☐
B Run___flu___ • schla___kräfti___ • Den___spor___ • Wa___nis • sie___zig	☐	☐	☐
C gol___gl___nzen___ • Wal___br___nde • Techni___tr___me • Ber___h___nge	☐	☐	☐

3 **a Groß oder klein? In jeder Reihe ist eine Zeitangabe falsch geschrieben. Streiche sie durch. (4 Punkte)**

Vorsicht Fehler!

A die tägliche Aufgabe • Tagsüber • am Wochenende • die jährliche Versammlung
B mittwochmorgens • Mittwochmorgens • am Mittwochmorgen • mittwochs am Morgen
C heute Vormittag • vormittags • am Nachmittag • gestern abend
D abends • immer dienstags • heute morgen • gestern Abend

b Schreibe die vier falsch geschriebenen Zeitangaben in der richtigen Schreibweise auf. (4 Punkte)

4 **Groß oder klein? Prüfe die markierten Wörter und umkreise den richtigen Anfangsbuchstaben. (14 Punkte)**

Auch beim e/Entwerfen von Werkzeugen und anderen Gebrauchsgegenständen ist es oft am b/Besten, sich zunächst in der Natur u/Umzuschauen. Im Tier- und Pflanzenreich findet sich manches n/Nützliche, das auch zum w/Wohl des Menschen w/Wesentliches beitragen kann. Die v/Verblüffendsten und überzeugendsten Lösungen der Natur sind allerdings nicht immer ganz e/Einfach in m/Menschengemachte Technik zu übersetzen. Aber durch genaues b/Beobachten, intensives n/Nachdenken und wissenschaftliches k/Können schaffen auch die p/Professionellen aus Design und Technik e/Erstaunliches!

5 **Zusammen oder getrennt? Kreuze für jedes markierte Wort an, ob es richtig (r) oder falsch (r) geschrieben wurde. (5 Punkte)**

A Das Auseinanderfalten eines Stadtplans funktioniert auf faszinierende Weise. .... r f

B Der Plan muss nur an zwei Punkten bewegt werden, um sich auseinander zu ziehen. .... r f

C Genauso lässt er sich auch wieder zusammen falten. .... r f

D Der Astrophysiker Koryo Miura hat sich diese Technik bei Blütenblättern abgeschaut. .... r f

E Auch die Solarsegel von Satelliten können damit enorm schnell entfaltet werden. .... r f

6 **Im folgenden Text fehlen die Kommas bei Satzreihe, Satzgefüge sowie bei Apposition und nachgestellter Erläuterung. Setze alle elf fehlenden Kommas. (11 Punkte)**

Vorsicht Fehler!

Haie gehören zu den schnellsten Schwimmern in unseren Ozeanen. Möglich ist das zum einen durch ihren extrem stromlinienförmigen Körper der wenig Verwirbelung im Wasser hinterlässt. Zum anderen besitzen Haie aber auch eine spezielle Haut die den Strömungswiderstand des Wassers erheblich mindert. Diese Riblet-Struktur eine besondere Rillenstruktur auf der Haihaut ist auch für Schiffe und Flugzeuge interessant denn mit der Reduzierung der Reibung verringert sich natürlich auch der Kraftstoffverbrauch. Zu Testzwecken wurden die ersten Linienflugzeuge mit einer haihautähnlichen Folie also einer Riblet Folie überzogen. Obwohl die Flugzeuge tatsächlich weniger Kerosin verbrauchten gab es auch Probleme. Die Folie klebte nicht fest genug und bei den Flugzeuginspektionen musste sie jedes Mal abgenommen werden damit auch das Material der Flugmaschine überprüft werden konnte. Man forscht weiter aber ob und wann sich die Beschichtung bei Flugzeugen durchsetzen wird ist ungewiss.

7 **a Überprüfe deine Lösungen mit Hilfe des Lösungsheftes. Notiere deine Punktzahl neben den Aufgaben.**
b Vergleiche dein Ergebnis mit der jeweiligen Höchstpunktzahl. Trage ein, wie du die einzelnen Aufgaben gelöst hast: ✓ = das Meiste richtig; ? = noch etwas unsicher.

Aufgabe	**1**	**2**	**3**	**4**	**5**	**6**
Weitere Übungen	Seite 78–79	Seite 80–81	Seite 86–87	Seite 84–85	Seite 90–94	Seite 96–100

Wiederholung: Strategien und Regeln

Auf die erste Silbe achten – Doppelkonsonanten, *s*-Laut, *i* oder *ie*

Information **Doppelkonsonant, *s*-Laut (*s, ss* oder *ß*), *i* oder *ie***

Das Schaubild hilft dir bei der Schreibung von Doppelkonsonanten, des *s*-Lauts und bei Wörtern mit *i* und *ie*. Achte darauf, ob die erste Silbe offen oder geschlossen ist, und entscheide dann die Schreibweise.

erste Silbe

offen	geschlossen
erste Silbe endet mit einem Vokal *(a, e, i, o, u)*, einem Umlaut *(ä, ö, ü)* oder einem Diphthong *(au, äu, ei, eu)*	erste Silbe endet mit einem Konsonanten ↓ **Doppelkonsonanten** (auch ***ck*** und ***tz***): *Be**tt**en, e**ss**en, De**ck**e, Ta**tz**e*
↓ ***s* oder *ß*:** ▪ ***s*** bei summendem *s*, z. B.: *lei**s**e* ▪ ***ß*** bei zischendem *s*, z. B.: *flie**ß**en*	↓ ***ss:*** *la**ss**en, Flü**ss**e, Pä**ss**e*
↓ ***ie:*** *l**ie**ben, fl**ie**gen, kr**ie**gen*	↓ ***i:*** *K**i**nder, S**i**lbe, F**i**nger*

TIPP: Um diese Strategie zu nutzen, musst du einsilbige Wörter verlängern und zusammengesetzte Wörter zerlegen und dann verlängern, z. B.: *fass | bar → fassen; Bett | ge | stell → Betten + stellen.*
TIPP: Wichtige Merkwörter mit *i* und *ih* sind *ihr, ihm, ihn, ihnen, ihre, mir, dir, wir, Igel, Tiger* und einige Fremdwörter wie *Optik, Kino, Maschine, Kilo, Vampir, Zitrone.*

1 **Muss der Konsonant in den Klammern verdoppelt werden oder nicht? Schreibe einen oder zwei Konsonanten in die Lücken.**

die Qua_____(l) en • die Schne_____(k)en • der Luftstro_____(m) • der Schwi_____(m)anzug

der Kle_____(t)verschlu_____(s) • die Wa_____(s)erpflanze • das Le_____(b)ewesen

2 **Ähnliche Wörter – verschiedene *s*-Laute! Entscheide mit Hilfe der Strategien im Merkwissen, welcher *s*-Laut (*s, ss* oder *ß*) jeweils eingetragen werden muss:**

A Dass Ha_____en Füchse ha_____en, kann man gut verstehen.

B Bei Schnupfen sind die Na_____en na_____.

C Auf dem Ra_____en gra_____en gro_____e Strau_____e.

D Sie la_____en immer weiter in ihren Büchern und konnten es einfach nicht la_____en.

E Wei_____e ist, wer keine wei_____e Kleidung in der Hitze trägt.

F Bei einer Ma_____e von Fu_____ballspielern nahm er Ma_____ für neue Trikots.

3 **Setze in die Lücken der Wörter den jeweils richtigen *i*-Laut ein: *i oder ie*. Nimm hierzu die Strategien aus dem Merkkasten auf Seite 78 zu Hilfe.**

Die Welt mit besseren Augen sehen

Im Alltag nehmen wir fast drei Viertel aller Informationen mit unseren Augen auf. Da kannst du dir s_i_cher vorstellen, dass vor der Erf___ndung der Br___lle schlechtes Sehen ein r___siges Problem war. Wurden die Augen im Alter schlechter, war man bei v___len Dingen plötzlich auf H___lfe angew___sen. Viele altersweits___chtige Menschen konnten nicht mehr in ihrem Beruf arbeiten und mussten andere Wege f___nden, um ihren Lebensunterhalt zu verd___nen. Dabei war alles, was man für eine Br___lle braucht, schon lange bekannt. Wenn ein L___chtstrahl durch Glas oder Wasser fällt, verändert er seine R___chtung. Daher s___ht zum Beisp___l ein Löffel größer aus, wenn du ihn in ein Glas Wasser tauchst. Schon den Römern f___l das auf. Aber erst der arabische W___ssenschaftler Abu Ali al-Hassan Ibn al-Haitham schaute genauer h___n und schr___b seine Beobachtungen über die Optik auf.

4 **Im folgenden Text sind 17 Wörter (inkl. ~~schlifen~~) falsch geschrieben. Finde sie, streiche sie durch und schreibe sie richtig auf die Schreiblinien unten. Fehler findest du bei: Doppelkonsonant/einfacher Konsonant, Schreibung des *s*-Lauts (*s, ss* oder *ß*) sowie bei der Schreibung von *i, ie* oder *ih*.**

Vorsicht Fehler!

Um das Jahr 1250 ~~schlifen~~ Mönche erstmals dicke Glaßlinsen, die sie Lesesteine nannten. Da es damals sehr schwirig war, klares Glaß herzustelen, bestannden die Lesesteine häufig auch aus Bergkristall oder Beryll. Noch heute erinert unser Wort „Brille“ daran. Mit der Zeit konnte man die Lesesteine immer besser und düner schleiffen. Am Anfang hatte man den Lesestein noch direkt auf das Buch gelegt, jetzt hiehlt man ihn sich einfach vors Auge. Bald schon konnte man überal in Europa Brillenmacher finden. Allerdings wurden die Brillen oft in schlechter Maßenproduktion hergestellt und von wanndernden Händlern verkauft. Erstaunlich lange suchte man nach der beßten Möglichkeit, die Brille am Kopf zu befestigen. Erst nach mehreren Hundert Jahren sezte sich die Ohrenbrille durch, derren Form uns heute so naheligend erscheint.

schliffen, ______________________

Verlängern und zerlegen – Wörter mit *b/p, d/t, g/k*

Methode **Wörter verlängern und zerlegen**

Am Wortende kann man die Buchstaben *b/p, d/t, g/k* leicht verwechseln.
Wenn du die Wörter **verlängerst**, kannst du beim Schwingen hören, wie sie geschrieben werden.
Du kannst die Wörter zum Beispiel verlängern, indem du:

- **Nomen in den Plural** setzt, z. B.: *der Sprung – die Sprünge.*
- **Adjektive steigerst**, z. B.: *weit – wei ter.*
- **zu Verben den Infinitiv** oder eine Personalform bildest, z. B.: *er trägt – tragen – sie tragen.*

Unklare Laute in **zusammengesetzten Wörtern** kannst du klären, indem du die Wörter zuerst **zerlegst** und dann **verlängerst**, z. B.: *Stab | hochsprung – Stä be*, Korb | ball – Kör be.

1 **Welcher Buchstabe fehlt: *b* oder *p*, *d* oder *t*, *g* oder *k*?**
Finde zu den Lückenwörtern jeweils ein Verlängerungswort, das dir bei der richtigen Schreibung hilft. Trage dann in die Wortlücken jeweils den richtigen Buchstaben ein.

Der Staubsauger

Wie reini____te man vor run____ hunder____ Jahren den Fußboden? Man tru____ die Teppiche nach draußen und schlu____ mit dem Teppichklopfer den Stau____ heraus. 1901 fra____te sich daher der Ingenieur H.C. Booth, ob es nicht mö____lich sei, dass der Stau____ eingesau____t wird statt aufgewirbelt. Als er mit Freunden in einem Restaurant saß, kam ihm eine Idee. Er le____te sein Taschentuch über die Armlehne des Polstersessels, stül____te seinen Mun____ darüber und sau____te, so star____er konnte. Das Erge____nis waren ein Hustenanfall und ein Stau____fleck in seinem Taschentuch.

2 **Finde im folgenden Text die zehn Fehler bei der Schreibung von *b/p*, *g/k* oder *d/t*. Streiche die Fehlerwörter durch und schreibe sie richtig auf die Schreiblinien unten.**

Die ersten Staubsauger, die Booth nach diesem Prinzib baute, waren riesick. Ein Benzinmotor triep eine große Vakuumpumpe an. Diese sog die staupgefüllte Luft durch einen Filterbehälter, der den Staub auffink. Lärment stand ein solches Geräd auf einem Pferdefuhrwerk vor dem Haus. Ein langer Schlauch ging in die Räume, die gereinikt werden sollten. Aber balt kamen hantlichere Modelle auf den Markt.

Ableiten – Wörter mit *ä* und *äu*

Methode **Wörter mit *e* oder *ä*, *eu* oder *äu***

Wenn du unsicher bist, ob du ein Wort mit *e* oder *ä*, *eu* oder *äu* schreiben musst, hilft dir die **Ableitungsprobe.**

- Normalerweise schreibst du ***e*** oder ***eu***, z. B.: *die Kette, Leute.*
- Gibt es verwandte Wörter mit ***a*** oder ***au***, schreibst du ***ä*** oder ***äu***, z. B.: *kräftig – Kraft, schäumen – Schaum.*
- Bei einigen Wörtern ist die Verwandtschaft mit einem Wort mit *a* oder *au* heute nicht mehr (leicht) zu erkennen. Diese Wörter sind **Merkwörter**, z. B.: *Käfig, Mädchen, Träne, während, nämlich, ärgern, Bär, Käfer, fähig.*

1 ***e* oder *ä*, *eu* oder *äu*?**

- **Prüfe mit Hilfe der Ableitungsprobe, wie die Lückenwörter geschrieben werden, und trage die richtigen Buchstaben in die Wortlücken ein.**
- **Begründe für jedes Wort mit *ä* oder *äu* die Schreibweise durch ein verwandtes Wort, das du in die Randspalte schreibst.**

	Verwandtes Wort mit *a* oder *au*?
Das Prinzip der Saugn__ä__pfe wurde bei Tieren wie Kraken oder	Napf
Käfern entdeckt. Ob Saugm____ler, Saugfüße oder Saugtentakel,	____
immer entsteht ein Unterdruck, während diese napfförmigen	____
Gebilde an glatte Fl____chen gepr____sst werden. In den	____
Hohlr____men unter den geschmeidigen N____pfen wird die Luft	____
verdr____ngt und es wirken Kr____fte, die den Saugeffekt	____
erzeugen. Mittlerweile ist der Mensch fähig, künstliche Saugn____pfe	____
herzustellen. Sie werden verw____ndet, wenn Gegenst____nde nur	____
zeitweise bef____stigt werden sollen, z. B. Küchenger____te auf der	____
Arbeitsplatte oder Heizst____be im Aquarium.	____

2 **Gleicher Klang – unterschiedliche Schreibweise. Schreibe die Lückenwörter richtig in dein Heft.**

- H ? te lege ich mich so lange in die Badewanne, bis ich Schwimmh ? te bekomme.
- Das Glockenl ? ten am Sonntag sagt den L ? ten, dass es in der Kirche einen Gottesdienst gibt.
- Das Einreißen der Trennw ? nde bewirkte eine W ? nde im Zusammenleben der Hausbewohner.

Fremdwörter richtig schreiben

Information **Fremdwörter**

- **Fremdwörter** sind **Wörter, die aus anderen Sprachen kommen.** Meist haben sie sich in ihrer Schreibweise und Aussprache noch nicht oder nur zum Teil an die deutsche Sprache angepasst, z. B. *Gymnastik* (griech.), *argumentieren* (lat.), *Blamage* (franz.), *Pizza* (ital.), *online* (engl.).
- **Häufig gebrauchte Fremdwörter** werden **eingedeutscht**, d. h. in ihrer Schreibweise dem Deutschen angeglichen. In diesen Fällen ist sowohl die eingedeutschte als auch die fremdsprachige Schreibung korrekt, z. B. *Photographie/Fotografie.*
- Fremdwörter, die als **Fachbegriffe** verwendet werden, werden **nicht eingedeutscht**. Dies gilt auch für Fachbegriffe aus dem Deutschunterricht, z. B. *Akkusativ, Rhetorik, Lead-Stil.*

1 **Finde folgende Wörter im Wortgitter und schreibe sie mit Artikel in dein Heft:**
– zwei Lyrik-Fachbegriffe aus dem Griechischen mit ä (= ae),
– drei Grammatikbegriffe aus dem Lateinischen mit der Vorsilbe prä- (= prae),
– zwei Medienbegriffe aus dem Französischen mit *-ou,*
– sechs weitere Fachbegriffe des Deutschunterrichts aus dem Griechischen mit *th, rh* oder *ph*.

P	R	A	E	P	O	S	I	T	I	O	N	A	R	T	Z	U	P	P	L	A	C	C	J	H	G
R	A	M	M	O	P	U	M	H	M	K	I	O	P	U	L	N	X	D	A	R	H	A	O	U	L
A	M	M	A	N	T	T	A	E	G	H	N	N	U	L	O	T	R	O	C	H	A	E	U	S	I
E	P	S	P	N	T	N	N	A	H	E	E	N	L	M	M	A	L	M	H	Y	M	A	R	T	O
F	X	T	O	T	Z	A	A	T	M	S	M	E	T	A	P	H	E	R	T	T	M	A	N	T	E
I	M	R	X	E	I	Q	P	E	I	G	A	M	F	Z	U	A	N	U	R	H	O	N	A	L	E
X	B	O	U	L	E	V	A	R	D	Z	E	I	T	U	N	G	U	M	A	M	R	M	L	A	G
R	O	P	B	F	F	I	E	U	P	H	E	M	I	S	M	U	S	T	K	U	F	M	I	N	I
D	L	H	N	T	H	E	S	A	U	R	U	S	A	U	U	O	M	I	U	S	M	J	S	I	U
M	I	E	T	H	Z	M	T	A	M	A	N	I	P	O	P	R	A	E	T	E	R	I	T	U	M

2 **Fifty-fifty! In jeder Wortreihe sind zwei Schreibweisen richtig und zwei falsch. Streiche die falschen Schreibweisen durch. TIPP: Wenn du unsicher bist, schlage in einem Wörterbuch nach.**

– Jogurt • Joguhrt • Jogourt • Joghurt
– Spageti • Spagheti • Spaghetti • Spagetti
– Biografi • Biography • Biographie • Biografie
– Microphon • Mikrophon • Mikrofon • Mikrofohn
– fotografieren • photographiren • photografieren • fotografiren

⊕ **3** **Übersetze die folgenden Sätze aus dem Englischen ins Deutsche. Achte bei den unterstrichenen Fremdwörtern besonders auf die unterschiedliche Schreibweise in beiden Sprachen.**

A If you write a summary you use the <u>present</u> tense.
B I like the film, especially the last <u>scene</u>.
C The <u>dialogue</u> between the characters is really funny.
D This beautiful song is actually my <u>favourite</u>.

Regeln und Strategien zum Rechtschreiben

Zaha Hadid: Fließende Architektur

Als Zaha zehn Jahre alt wurde, beschloß sie, Architektin zu werden. Sie war ein Mensch von grosser Entschlos/ss/ßenheit, und tatsächlich zählte sie irgendwann zu den bedeutendsten Architekten unserer Zeit. Die „Königin der Kurven" nan/nnte man sie, weil die von ihr entworfenen Gebäude so viele kühne, fliessende Linien aufwies/ss/ßen. Als sie einmal in einem Flugzeug saß, erklärte der Pilot den Passagieren, dass sich der Start verzög/ggere. Zaha Hadid war empört und verlangte, sofort in eine andere Maschine umsteigen zu können. Das sei nicht möglich, hies es, da ihr Gepäk/ck bereits an Bord sei. Doch Zaha Hadid bestan/nnd auf ihrer Forderung – und bekam ihren Wil/llen, wie immer. Sie überschrit/tt gern Grenzen und tat Dinge, die andere für unmöglich hielten. So schuf/ff sie auch Gebäude, die sich niemand außer ihr hatte vorstellen können. Sie entwarf Feuerwehrhäusser, Museen, Villen, Kulturzentren, ein Schwim/mmbad und vieles mehr. Als erste Frau erhielt Hadid 2004 den Pritzker-Architekturpreiß, die bedeutendste Auszeichnung der Welt für Architekten.

1 In ihrer Bauweise hat sich Zaha Hadid an der Natur orientiert. Wie lautet der Name für die Wissenschaft, die Phänomene aus der Natur in die Technik überträgt, in richtiger Schreibweise? Kreuze an. (1 Punkt) ☐

☐ Bionick ☐ Bionik ☐ Biohnik ☐ Biontik ☐ Biotec

2 a Entscheide bei den markierten Wörtern im Text, ob ein einfacher oder doppelter Konsonant einzutragen ist. Schreibe dann die Wörter richtig in dein Heft. (10 Punkte) ☐

b Notiere die Strategie, die dir bei diesen Entscheidungen geholfen hat. (2 Punkte) ☐

3 Finde im Text sechs Wörter mit einem Fehler bei der Schreibung des *s*-Lauts. Streiche diese Wörter durch und schreibe sie richtig in dein Heft. (6 Punkte) ☐

4 Erkläre, warum die Schreibung des *i*-Lauts in den beiden Wörtern *Linien* (▸ Z. 4) und *Pilot* (▸ Z. 4) darauf hinweist, dass es sich um Fremdwörter handelt. Schreibe die Erklärungen in dein Heft. (3 Punkte) ☐

5 Finde im Text zwei Wörter, deren Schreibung mit *d* oder *t*, *g* oder *k* sich durch Zerlegen und Verlängern klären lässt. Notiere die Wörter im Heft. (2 Punkte) ☐

6 Finde im Text vier Wörter, deren Schreibweise sich aus einem verwandten Wort mit *a*, und zwei Wörter, deren Schreibweise sich aus einem verwandten Wort mit *au* ableiten lässt. Notiere diese Wörter in deinem Heft. (6 Punkte) ☐

7 Überprüfe deine Lösungen mit Hilfe des Lösungsheftes. Für jede richtige Antwort bekommst du einen Punkt.

☺ 29–22 Punkte	😐 21–13 Punkte	☹ 12–0 Punkte
Gut gemacht!	Gar nicht schlecht, aber lies dir die Merkkästen auf den Seiten 78 bis 82 noch einmal genau durch.	Arbeite die Seiten 78–82 noch einmal genau durch.

Groß- und Kleinschreibung

Wiederholung: Nominalisierungen/Substantivierungen

Information **Nominalisierung: Großschreibung von Verben und Adjektiven**

Verben und Adjektive schreibst du **groß**, wenn sie **im Satz als Nomen/Substantive gebraucht** werden, z. B.: *das Tauchen* (nominalisiertes Verb), *das Neueste* (nominalisiertes Adjektiv). Du kannst solche Nominalisierungen – genauso wie Nomen – meist an ihren **Begleitwörtern** erkennen, also an:

- **Artikeln**, z. B.: *das Experimentieren, das Herumlaufen,*
- **Adjektiven**, z. B.: *lautes Lachen,*
- **Präpositionen,** die mit einem Artikel verschmolzen sein können, z. B.: *beim (bei dem) Laufen, im (in dem) Großen und Ganzen, zum (zu dem) Lachen*
- **Pronomen** (auch Indefinitpronomen, z. B. *etwas, alles, viel, nichts, manches*), z. B.: *unser Bestes* (Possessivpronomen), *dieses Laufen* (Demonstrativpronomen), *etwas Neues* (Indefinitpronomen)

TIPP: Nicht immer wird ein nominalisiertes Wort durch ein Begleitwort angekündigt.
Mache die Probe: Wenn du einen Nomenbegleiter (z. B. einen Artikel und/oder ein Adjektiv) ergänzen kannst, schreibst du groß, z. B.: *Auch (das ständige) Forschen gehört zu unserem Fach.*

1 **a** **Unterstreiche im Text alle Nominalisierungen. Umkreise die Begleitwörter, an denen du die Nominalisierung erkannt hast.**

Wie kann Schwaches stark gemacht werden?

Nehmen wir zum Beispiel ein dünnes Blatt Papier, also etwas ziemlich Leichtes, und legen es mit einigem Abstand zwischen zwei gleich dicke Bücher. Um zu beweisen, dass das Papier so nichts Schweres tragen kann, müssen wir nicht viel experimentieren: Beim Ablegen eines Stiftes auf der Mitte des Papierblattes biegt sich dieses sofort durch. Wie kann das Blatt belastbarer werden? Zum Lösen dieser Frage hilft das Vergleichen mit einem natürlichen Blatt: Palmenblätter sind wie eine Ziehharmonika gefaltet, damit sie bei starkem Wind vor dem Zerreißen geschützt sind. Kräftiges Falten in dieser Weise verleiht auch dem Papierblatt viel mehr Stabilität. Legt man es wieder zwischen die Bücher, ist es jetzt stark genug zum Tragen des Stiftes. Manch Nützliches wird nach diesem Prinzip möglich. Es wird zum Beispiel beim Herstellen von Kartonschachteln angewendet.

b **Eine Nominalisierung steht im Text oben ohne Begleitwort. Schreibe sie mit einem Begleitwort auf.**

____

2 **Schreibe den folgenden Satz in der richtigen Groß- und Kleinschreibung in dein Heft. Unterstreiche alle Nomen und Nominalisierungen.**

Das falten von sachen zum anziehen gut zu beherrschen, hat auch beim packen von koffern etwas ausgesprochen praktisches.

Information **Achtung bei Superlativ mit *am***

Adjektive im **Superlativ mit *am*** werden **kleingeschrieben**, z. B. *am weitesten*. Das Wort *am* ist hier kein Nomenbegleiter, sondern gehört zum Superlativ, z. B.: *wichtig – wichtiger – am wichtigsten*.
Probe: Wenn *am* beim Superlativ steht, kann man es nicht in *an dem* auflösen.

TIPP: Bezieht sich ein Adjektiv auf ein vorhergehendes oder folgendes Nomen, wird es kleingeschrieben, auch wenn es ein Begleitwort hat, z. B.: *Das ist eine gute, aber nicht die einzige Lösung.*

Probe: Prüfe, ob du ein Nomen ergänzen kannst, auf das sich das Adjektiv bezieht, z. B.:
Das ist eine gute (Lösung), wenn auch nicht die billigste Lösung.

3 **Groß oder klein? Prüfe im folgenden Text, wie die markierten Wörter geschrieben werden müssen, und kreise den richtigen Anfangsbuchstaben ein.**
TIPP: Nutze in Zweifelsfällen die Proben, die im Merkwissen beschrieben sind.

Im Stau sind die k/Kleinen am g/Größten

Der e/Erste und der l/Letzte Ferientag werden von Stauforschern am m/Meisten geschätzt. Denn diese Tage sind zum b/Beobachten des egoistischen und chaotischen Fahrverhaltens der Spezies Mensch b/Bestens geeignet. Mit dem r/Rasen über die Autobahn, mit d/Drängeln und w/Wechseln der Spur in zu e/Enge Lücken verursachen die r/Rücksichtslos und v/Vernunftfrei f/Fahrenden immer wieder das g/Gleiche: Störungen des Verkehrsflusses, die genau das v/Verhindern, was eigentlich alle wollen: möglichst s/Schnell und u/Ungestresst am Urlaubsort ankommen. Wenn jeder der e/Erste sein will, läuft es auf der Straße am s/Schlechtesten. Wie man es am b/Besten macht, zeigen uns Lebewesen, die sich nie mit u/Urlaubmachen vom a/Arbeiten erholen: Auf den Straßen der Ameisen gibt es kein d/Drängeln und kein z/Zusammenstoßen. Das schaffen die k/Kleinen Tiere über eine c/Chemische und durch Berührung f/Funktionierende Kommunikation. Hier zeigt sich: Nicht ein e/Eigennütziges, sondern ein k/Kooperatives Verhalten führt zum Erfolg. Für das v/Vernetzen von Fahrzeugen scheint hier ein w/Wichtiger und e/Erfolgversprechender Schlüssel zum l/Lösen des Problems zu liegen.

4 **Kläre die Groß- oder Kleinschreibung in den folgenden Redewendungen und bilde mit ihnen jeweils einen Satz. Schreibe in dein Heft.**

den k/Kürzeren ziehen • auf dem l/Laufenden halten • im a/Argen liegen • zum b/Besten geben • im g/Großen und g/Ganzen • das f/Für und w/Wider

Schreibung von Eigennamen und Herkunftsbezeichnungen

Information **Schreibung von Eigennamen und Herkunftsbezeichnungen**

1 **Eigennamen** schreibt man **groß,** z. B.: *die Kanarischen Inseln, das Rote Kreuz, der Zweite Weltkrieg.* In mehrteiligen Eigennamen schreibt man alle Wörter groß mit Ausnahme der Artikel, Konjunktionen und Präpositionen, z. B.: *das Institut für Bionik, das Kap der Guten Hoffnung.*
Zusammensetzungen aus **mehreren Eigennamen** oder **mehrteilige Eigennamen** schreibt man in der Regel **mit Bindestrich**, z. B.: *die Goethe-Universität, Mecklenburg-Vorpommern.*

2 **Herkunftsbezeichnungen:** Die von geografischen Namen abgeleiteten **Wörter auf *-er* schreibt man** immer **groß**, z. B.: *die Dresden**er** Altstadt, die Tirol**er** Berge.*
Die von geografischen Namen abgeleiteten **Adjektive auf *-isch*** schreibt man **klein** (außer sie sind Teil eines Eigennamens), z. B.: *der sächsische Dialekt, der rheinische Karneval, der indische Tee,*
Aber: *der Indische Ozean.*

1 **a** **Verbinde jeden Eigennamen links mit einer richtigen Erläuterung auf der rechten Seite.**
b **Schreibe die Eigennamen in der richtigen Groß- und Kleinschreibung auf die jeweilige Schreiblinie.**

DER WESTFÄLISCHE FRIEDE

____

DIE MECKLENBURGISCHE SEENPLATTE

____

DER SCHWARZE FREITAG

____

(u.a.) Bezeichnung für einen Freitag im Jahr 1929, an dem die Börse an der New Yorker Wall Street zusammenbrach, was eine Weltwirtschaftskrise auslöste

Bezeichnung für eine Reihe von Friedensverträgen, mit denen 1648 der sogenannte Dreißigjährige Krieg endete

Name einer Landschaft

2 **Groß oder klein? Kreise bei den markierten Wörtern den richtigen Anfangsbuchstaben ein. Gehe so vor:**
a **Unterschlängele Wörter auf *-er*, die von geografischen Namen abgeleitet sind. Du schreibst sie groß.**
b **Unterstreiche alle Adjektive im Text (auch Adjektive auf *-isch*, die von geografischen Namen abgeleitet sind). Du schreibst diese Adjektive klein.**

Schneckenhäuser der t/Tierischen Art findet man an n/Norddeutschen Meeresküsten, in i/Italienischen Weingärten und in h/Heimischen Wiesen. Schneckenhäuser der ganz anderen Art gibt es in vielen d/Deutschen Städten: Schneckenhaus nennen sich z. B. eine b/Berliner Wohnagentur und ein Restaurant im t/Thüringischen Weimar. Als Schneckenhäuschen bezeichnen sich eine r/Rostocker, eine l/Leipziger, eine p/Potsdamer Kindertagesstätte und viele andere Kindereinrichtungen. Einen Schneckenturm gibt es unter anderem in einer e/Evangelischen Kirche der h/Hessischen Stadt Hungen, als Aussichtspavillon im r/Rheinland-p/Pfälzischen Ort Schillerhain und auf der m/Mexikanischen Ruinenstätte Chichén Itzá. Tatsächlich gibt es im n/Nordpfälzischen Odenbachtal sogar einen Ort namens Schneckenhausen. Ob beim s/Schneckenhausener Bauernmarkt auch Schneckenhäuser angeboten werden?

Schreibung von Zeitangaben

Information **Schreibung von Zeitangaben (Tageszeiten und Wochentage)**

Zeitangaben (Tageszeiten und Wochentage) schreibt man **groß,** wenn sie **Nomen** sind, und **klein**, wenn sie **Adverbien** sind, z. B.: *am Nachmittag, diesen Dienstag, tagsüber, freitags.* Auch bei kombinierten Angaben schreibt man die Adverbien klein und die Nomen groß, z. B.: *heute Abend, gestern Nachmittag, morgen Mittag.*
Mache die Probe: Wenn du vor der Zeitangabe einen Nomenbegleiter (Artikel/Adjektiv) einsetzen kannst, schreibst du groß, z. B.: *Freitagmorgen → (der) Freitagmorgen.*

1 **Schreibe die markierten Zeitangaben in der richtigen Schreibweise unten auf die Linien.**

Dem Umweltzentrum Schneckenhaus wurde GESTERN ABEND der Zukunftspreis unseres Landkreises verliehen. In einer Pressemitteilung kommentierte dies HEUTE MORGEN das Institut als eine „erfreuliche Bestätigung unserer langjährigen Arbeit". Wie bisher sollen auch zukünftig viele Schulklassen VOR- UND NACHMITTAGS in Workshops und Führungen Pflanzen erforschen und kennen lernen. Die beliebtesten Veranstaltungen der Einrichtung sind die Nachtführungen am FREITAG- UND SAMSTAG-ABEND.

2 **Eure Klasse plant einen Ausflug zum Umweltzentrum „Schneckenhaus". Stelle deiner Klasse vor, welche Möglichkeiten es dort an den verschiedenen Wochentagen gibt. Formuliere dafür fünf passende Sätze, z. B.:** Das Umweltzentrum ist sonntags und … ganztägig geschlossen.

Zeit	Dienstag bis Donnerstag	Freitag	Samstag	Sonntag und Montag
9:00	Unterricht im Gewässerlehrpfad	Unterricht im Gewässerlehrpfad	Führung durch den Stinkgarten	geschlossen
11:00	Workshop "Fischanatomie"	Mikroskopierkurs	Workshop "Gewässergütebestimmung	
14:00	Führung durch den Bienengarten	Führung durch den Stinkgarten	Führung durch den Bienengarten	
18:00 (Winter) 21:00 (Sommer)	-----	Nachtführung	Nachtführung	

3 **Welchen Tag würdest du für einen Klassenausflug zum Umweltzentrum wählen? Ergänze den Satz entsprechend. Schreibe in dein Heft.**

Ich würde am liebsten ??? das Umweltzentrum besuchen, denn mich interessieren besonders der/die ???? am ???? und der/die ????, die ???? stattfinden.

Textüberarbeitung – Groß- und Kleinschreibung

1 Finde die 23 Fehler bei der Groß- und Kleinschreibung. Streiche die Fehlerwörter durch und schreibe sie verbessert darüber. (23 Punkte)

Vorsicht Fehler!

Heute erfinden, morgen zum Patent anmelden

Man könnte ja meinen, dass Erfindungen die Welt von einem Tag auf den Nächsten auf einschneidende Weise verändern. Aber häufig ist es viel Komplizierter. Für viele Erfinder beginnt die Eigentliche und unattraktivere Arbeit erst nach dem erfinden. Wenn man eine Erfindung patentieren lässt, ist jedem anderen das Nachbauen und verkaufen des erfundenen verboten. Vor dem Genehmigen wird geprüft, ob die Erfindung auch wirklich etwas neues ist. Beim anmelden muss sie genau beschrieben werden. Für Zwanzig Jahre darf dann nur der Erfinder damit Geschäfte machen. Dafür erfährt die Öffentlichkeit, wie sie funktioniert. In Deutschland ist dafür seit 1877 das deutsche Patent- und Markenamt in München zuständig, zu dem auch berliner und jenaer Dienststellen gehören. Zusätzlich gibt es auch das europäische Patentamt. Die Schweizerische Entsprechung heißt klangvoller „eidgenössisches Institut für geistiges Eigentum“. Zwischen Anmelden und erteilen eines Patentes vergehen in etwa zweieinhalb Jahre. Sobald jemand mit einer Erfindung Erfolg hat, behauptet fast immer jemand, das gleiche oder etwas Ähnliches schon viel Früher gebaut zu haben. In Ländern der europäischen Union zählt nur, wer als erstes das Patent angemeldet hat. In den vereinigten Staaten ist aber ausschlaggebend, wer die Erfindung tatsächlich am frühesten gemacht hat. Und das ist meistens nicht so einfach zu Beweisen. Im Extremfall sagt jemand: „Ich hab's am Donnerstagabend erfunden!“, und die Nächste Person: „Ich aber schon Donnerstagnachmittags!“

2 a Kreuze an: Sind die folgenden Regeln richtig (r) oder falsch (f)? (3 Punkte)

A Tageszeiten und Wochentage werden kleingeschrieben, wenn sie Adverbien sind. .... r f

B Adjektive im Superlativ mit *am* werden kleingeschrieben. .... r f

C In mehrteiligen Eigennamen schreibt man alle Wörter groß. .... r f

b Korrigiere die falsche(n) Regel(n) aus Aufgabe 2a. (1 Punkt)

3 Finde zu den richtigen Regeln aus Aufgabe 2 jeweils ein Beispiel im Text (▶ S. 88). Notiere den Buchstaben der Regel und dahinter das Beispiel mit der Zeilenzahl aus dem Text. (2 Punkte)

4 Prüfe, wie die markierten Eigennamen und Herkunftsbezeichnungen geschrieben werden, und streiche die falsche Schreibung durch. (5 Punkte)

Die dresdner/Dresdner Melitta-Bentz-Straße erinnert an die Erfinderin des Kaffeefilters. Das recklinghausener/Recklinghausener Mariecuriegymnasium/Marie-Curie-Gymnasium ist nach der Physikerin und Chemikerin polnischer/Polnischer Herkunft benannt, die mit ihrem französischen/Französischen Mann Pierre die Radioaktivität entdeckte.

5 Schreibe die folgenden Zeitangaben richtig auf die Schreiblinien. (6 Punkte)

GESTERN FRÜHMORGENS • GESTERN NACHMITTAG • MORGEN FRÜH • NOCH HEUTE KURZ VOR MITTERNACHT • FRÜH AM MORGEN • FRÜHMORGENS

6 Vergleiche deine Ergebnisse mit dem Lösungsheft. Für jede richtige Antwort bekommst du einen Punkt.

☺ 40–31 Punkte	😐 30–21 Punkte	☹ 20–0 Punkte
Gut gemacht!	Gar nicht schlecht, aber lies dir die Merkkästen auf den Seiten 76–87 noch einmal genau durch.	Arbeite die Seiten 76–87 noch einmal genau durch.

Zusammen- und Getrenntschreibung

Getrenntschreibung – Nomen + Verb

Information **Getrenntschreibung – Nomen + Verb**

Wortgruppen aus **Nomen + Verb** schreibst du immer **getrennt,** z. B.:
Eis essen, Schach spielen.
Achtung: Werden Wortgruppen aus Nomen + Verb **nominalisiert** (▸ S. 84–85), schreibst du sie **zusammen** und **groß,** z. B.:
Beim Schachspielen brauche ich Ruhe. Ein Highlight im Sommer ist für mich das Eisessen.

1 **Setze die Wortgruppen in den Klammern richtig ein. Achte darauf, ob die Wortgruppen nominalisiert sind.**
TIPP: Du erkennst Nominalisierungen häufig an den üblichen Nomenbegleitern (▸ S. 84).

Energiesparwunder Pinguin

Tiere können für unsere Technik ____________________ (Vorbild sein), z. B. in Bezug auf das ____________________ (Energie sparen). Ein erstaunliches Beispiel dafür sind die Pinguine. Durch ihren tropfenförmigen Körper erzeugen sie unter Wasser kaum Widerstand und sind blitzschnell. So können sie durch gekonntes ____________________ (Haken schlagen) auch einem Orca auf der Jagd entkommen. Für das ____________________ (Auto fahren) der Zukunft kann das bedeuten, dass die Karosserien einfacher und stromlinienförmiger werden. Würde sich ein Wagen mit dem Verbrauch eines Pinguins von der Nordsee bis zu den Alpen bewegen, schluckte er gerade noch einen Liter Benzin. Wenn wir Menschen ____________________ (Forschung betreiben), ist es also wichtig, die Natur nicht aus den Augen zu verlieren. Dann können wir irgendwann umweltschonend in einem ____________________ (Auto fahren), mit einem ____________________ (Boot tauchen) oder einem ____________________ (Flugzeug fliegen).

⊕ **2** **Formuliere im Heft je zwei kurze Sätze. Verwende die folgenden Nomen und Verben jeweils einmal als Wortgruppe und einmal nominalisiert.**

Lose + ziehen • Fragen + stellen

Getrenntschreibung – Verb + Verb, Wortgruppen mit *sein*

Information **Getrenntschreibung – Verb + Verb, Wortgruppen mit *sein***

- Wortgruppen aus **Verb + Verb** schreibst du immer **getrennt,** z. B.: *spazieren gehen, laufen lernen.* **Achtung:** Werden Wortgruppen aus Verb + Verb **nominalisiert,** schreibst du sie **zusammen und groß,** z. B.: *Zum Fahrenüben lädt ein Simulator ein.*
- Wortgruppen mit ***sein*** schreibst du immer getrennt, z. B.: *da sein, zurück sein, fertig sein.*

1 Schreibe die Wortgruppen in den Klammern richtig in die Lücken. Achte auf Nominalisierungen.

Vom Elefantenrüssel zum Hightech-Greifer

Wollt ihr die Natur ____________ (verstehen lernen)? Dann solltet ihr das Elefantenhaus im Kölner Zoo besuchen. Wenn die Dickhäuter nicht in der Sonne ____________ (liegen bleiben) und aktiv werden, könnt ihr sie beim Fressen beobachten. Ihr werdet feststellen, wie präzise sie mit ihrem Rüssel Nahrung ertasten und ____________ (aufnehmen können). Beim ____________ (greifen üben) kann man bereits die jüngsten Elefanten beobachten. Sie wollen ihre Fähigkeiten ____________ (kennen lernen) und trainieren. Die Industrie will nun ____________ (erforschen lassen), was das Multitalent Rüssel so beweglich und sensibel macht, um einen Hightech-Greifer zu entwickeln.

2 Bilde mit den folgenden Wörtern Wortgruppen mit *sein* und setze sie passend in die Lücken ein.

geduldig • schwierig • nützlich

Ein Hightech-Greifer, der Kraft und Sensibilität vereint, kann z. B. in der Produktionsindustrie sehr ____________. Das detailgenaue Zusammenfügen empfindlicher Bauteile kann so ____________, dass herkömmliche Maschinen oft überfordert sind. Da die Forscher aber noch an den Details tüfteln, muss die Industrie ____________.

⊕ **3** Bilde mit den folgenden Wortgruppen jeweils einen Satz in deinem Heft.

dabei sein • offen sein • möglich sein

Meist getrennt – Adjektiv + Verb

Information **Wortgruppen aus Adjektiv + Verb**

Wortgruppen aus **Adjektiv + Verb** schreibst du meist **getrennt,** z. B.: *neu machen, gut fahren.*
Aber: Entsteht ein **Wort mit neuer Gesamtbedeutung, schreibst du zusammen,** z. B.: *leichtfallen* (= ohne Mühe), *sichergehen* (= überprüfen), *glattbügeln* (= einen Fehler beheben).
Ersatzprobe für die Getrenntschreibung: Kannst du das Adjektiv durch ein Adjektiv mit ähnlicher Bedeutung ersetzen, schreibst du getrennt, z. B.: *Sie ist gut gefahren.* ▶ *Sie ist sicher gefahren.*

1 **Getrennt oder zusammen? Setze „fest?stehen" jeweils in der richtigen Schreibweise ein.**
TIPP: Achte darauf, ob ein Wort mit einer neuen Bedeutung entsteht.

A Das Forschungsziel muss bereits vor Beginn des Experiments ______________________.

B Bei Experimenten müssen Gegenstände ______________________, damit sie nicht umkippen.

2 **Prüfe, ob du zusammen- oder getrennt schreiben musst, und fülle die Lücken entsprechend aus.**
TIPP: Führe im Zweifel die Ersatzprobe (▶ Merkwissen) durch.

Autofahren wie auf Katzenpfoten

Du fragst dich, was Autoreifen mit Katzenpfoten zu tun haben? Dafür musst du dir zunächst ______________________ (klar?machen), wie oft die Natur Pate für wissenschaftliche Erfindungen steht, und dann ganz ______________________ (genau?hinschauen)! Forscher konnten nun ______________________ (fest?stellen), dass Katzenpfoten sich als Vorbild für Reifenprofile empfehlen. Denn wenn Katzen ______________________ (schnell?laufen), sind sie nur mit einer kleinen Fläche ihrer Pfotenballen auf dem Boden. Müssen sie dagegen ______________________ (rasch?bremsen), vergrößert sich die Fläche. Davon beeinflusst haben die Forscher das Profil der Reifen ______________________ (neu?entworfen). Sie besitzen nun eine ausgezeichnete Bodenhaftung und gleichzeitig einen geringen Rollwiderstand.

⊕ **3** **Formuliere mit „kleinschreiben" und „klein schreiben" jeweils einen passenden Satz.**

A ______________________

B ______________________

Meist zusammen – Adverb + Verb, Präposition + Verb

Information **Meist zusammen – Adverb + Verb, Präposition + Verb**

- Verbindungen aus **Adverb + Verb** schreibst du **zusammen,** wenn die **Hauptbetonung auf dem Adverb** liegt, z. B.: *Wir müssen die Flugzeuge weiterentwickeln.*
  Werden **Adverb und Verb gleich betont,** schreibst du sie **in der Regel getrennt,** z. B.:
  Ich arbeite an einem Experiment, das du im Raum gegenüber findest.
  Erweiterungsprobe: Kannst du ein Wort oder eine Wortgruppe zwischen Adverb und Verb einfügen, schreibst du getrennt, z. B.: *Wollen wir zusammen (im Labor) forschen?*
- Verbindungen aus **Präposition + Verb** schreibst du in der Regel zusammen, z. B.: *vormachen, mitspielen, angeben.* Die Hauptbetonung liegt bei der Zusammensetzung meist auf der Präposition, z. B.: *aufmachen, mitsingen, durchgehen.*

1 **Prüfe die Verbindungen aus Adverb und Verb mit Hilfe der Erweiterungsprobe. Unterstreiche die Verbindung, die getrennt geschrieben wird, und notiere eine mögliche Erweiterung.**

A Wenn Luftfahrttechniker und Bioniker sich untereinander?austauschen , ist das meist hilfreich.

B So könnte sich z. B. heraus?stellen , dass sich die Venusfliegenfalle als Vorbild für Landeklappen eignet.

Erweiterungsprobe: ____________________

2 **a Unterstreiche: Wo liegt bei den markierten Verbindungen aus Adverb und Verb die Betonung?**
b Kreuze für jede der Verbindungen an, ob Getrennt- oder Zusammenschreibung richtig ist.

Bionik in der Luft- und Raumfahrt	Getrennt-schreibung	Zusammen-schreibung
A Man kann die Zukunft nicht vorher?sagen , schon gar nicht die der Technik.	☐	☐
B Es kann immer ein Fehler dazwischen?kommen .	☐	☐
C Ingenieure und Bioniker wollen sich noch häufiger miteinander?verständigen .	☐	☐
D Und sie wollen ihre Ergebnisse nochmals?überprüfen .	☐	☐
E Ob die Venusfliegenfalle die Lösung bringt, kann man erst hinterher?sagen .	☐	☐

3 **Setze die Präpositionen mit den Verben so oft wie möglich zusammen. Schreibe in dein Heft.**

auf | mit | vor | unter | hinauf

laufen | passen | kommen | suchen | fahren | brechen | blicken | finden

4 **Zusammen oder getrennt? Fülle die Lücken jeweils richtig mit den Verbindungen aus Präposition + Verb und Adverb + Verb.**
TIPP: Führe bei Verbindungen aus Adverb + Verb im Zweifel die Betonungsprobe und/oder die Erweiterungsprobe (▶ Merkwissen, S. 93) durch.

Ein Fahrradhelm wie eine Pomelo-Frucht

Die Pomelo ist eine Art Grapefruit. Das Besondere: Sie kann aus bis zu 15 Metern unbeschadet ____________________ (herunter?fallen). Ihren natürlichen Aufprallschutz haben Bionik-Forscher ____________________ (unter?sucht) und ____________________ (heraus?gefunden), dass er für Fahrradhelme vorbildlich sein kann. Die Pomelo verfügt nicht nur über eine harte Schale, sondern im Inneren auch über eine Art Fruchtschaum, bei dem die Forscher eine besondere Eigenschaft ____________________ (nach?weisen) konnten: Üblicherweise werden Materialien schmaler, wenn man sie ____________________ (auseinander?zieht). Der Fruchtschaum der Pomelo wird beim Auseinanderziehen jedoch breiter und schmaler, wenn man ihn ____________________ (zusammen?drückt). Dieses Prinzip haben Wissenschaftler verschiedener Disziplinen ____________________ (zusammen?erforscht), erfolgreich ____________________ (aus?probiert) und übernommen. Es lässt sich bereits heute ____________________ (ab?schätzen), dass sich der Aufprallschutz von Fahrradhelmen dadurch um 20 bis 30 Prozent erhöhen wird. In zwei Jahren wird der „Pomelo-Helm" möglicherweise ____________________ (erstmals?angeboten).

⊕ **5** **Bilde Verbindungen aus Adverb und Verb, die zu den folgenden Umschreibungen passen. Notiere sie.**

A stetig verbessern: ____________________
B produzieren: ____________________
C zeigen: ____________________
D anfangen: ____________________

hervor • deuten • los • weiter • legen • entwickeln • bringen • hin

Getrennt- oder Zusammenschreibung?

1 Markiere im folgenden Text sechs Fehler und schreibe die verbesserten Wörter in die Randspalte. (12 Punkte)

Genaubetrachtet konnte neben Leonardo da Vinci auch Otto Lilienthal ______

in der Flugbionik Einflussnehmen. Er hatte sich vom Gleitflug der Störche ______

an regen lassen und wollte ihre Gleittechnik nun in einem Modell ______

nach bauen. Nach anfänglichen Schwierigkeiten konnte er durch seine ______

Forschung Grundlagenbilden, die sich in der Flugindustrie noch heute ______

anwenden lassen und nutzenlassen. ______

2 Zusammen oder getrennt? Notiere jeweils die richtige Schreibweise auf der Linie. (9 Punkte)
TIPP: Achte auf die Wortarten und darauf, ob eine Wortgruppe nominalisiert ist.

Ausflug ins Technikmuseum Wien

Was kann man sich von Pflanzen für die Flugtechnik ______ (ab?schauen)? Wie kann man die Bauweise von Spinnennetzen für neue Erfindungen ______ (nutzbar?machen)? Wie schafft es ein kleiner Käfer, in der Wüste nicht zu verdursten, und wie kann diese Forschung Menschen ______ (weiter?helfen), die über wenig Wasser verfügen? Wenn du das selbst ______ (heraus?finden) willst und weitere Prinzipien der Bionik ______ (kennen?lernen) möchtest, dann kannst du bei den Aktionstagen des Technischen Museums in Wien ______ (vorbei?schauen). Falls ihr nun wirklich den ______ (Entschluss?fassen) solltet, das Museum zu besuchen, solltet ihr lieber ______ (sicher?gehen) und morgens kommen, da wird es noch nicht so ______ (voll?sein).

Vergleiche deine Ergebnisse mit dem Lösungsheft. Für jede richtige Antwort bekommst du einen Punkt.

☺ 21–16 Punkte	😐 15–11 Punkte	☹ 10–0 Punkte
Gut gemacht!	Gar nicht schlecht, aber lies dir die Merkkästen auf den Seiten 90–93 noch einmal genau durch.	Arbeite die Seiten 90–93 noch einmal genau durch.

Zeichensetzung

Das Komma zwischen Sätzen (Satzreihe und Satzgefüge)

Information Das Komma in Satzreihen und Satzgefügen

Das Komma in der Satzreihe

- Eine **Satzreihe** besteht aus zwei oder mehreren **selbstständigen Hauptsätzen**, die durch ein **Komma** voneinander getrennt werden. Nur vor *und* bzw. *oder* kannst du das Komma weglassen, z. B.: *Gestern las ich ein Buch über Bionik, es gefiel mir gut.*
- Die Hauptsätze einer Satzreihe werden häufig durch eine **nebenordnende Konjunktion** *(denn, aber, doch, sondern, und, oder)* miteinander verbunden, z. B.: *Ich ging, aber er blieb.*

Das Komma im Satzgefüge

- Ein **Satzgefüge** besteht aus einem **Hauptsatz** und mindestens einem **Nebensatz**. Der Nebensatz kann vor, zwischen oder nach dem Hauptsatz stehen und muss **immer** durch **Komma(s)** vom Hauptsatz abgetrennt werden, z. B.: *Bionik ist eine äußerst interessante Wissenschaft, weil sie immer wieder neue Erfindungen hervorbringt.*
- Die meisten Nebensätze werden durch unterordnende Konjunktionen (*obwohl, weil, dass, nachdem* usw.), **Relativpronomen** (*der, die, das, welcher, welche, welches*) oder **Fragepronomen** (*wie, wo, wann* usw. und *ob*) eingeleitet.
- Ein Satzgefüge kann mehrere Nebensätze enthalten. Alle Nebensätze werden mit einem Komma abgetrennt, z. B. *Miesmuscheln können sich unter Wasser festhalten, indem sie feine Eiweißfäden produzieren, die eine große Klebkraft besitzen.*

1 Im folgenden Text fehlen die Kommas bei den Satzreihen. Setze alle nötigen Kommas. Achte auf die nebenordnenden Konjunktionen (▸ Merkwissen oben) und markiere sie.
TIPP: In dem Text gibt es auch eine Satzreihe, die aus mehr als zwei Hauptsätzen besteht.

Bionik – von der Natur abgeguckt

Bioniker sind professionelle Abgucker, denn sie übertragen die besten Erfindungen der Natur auf die Technik. Viele unserer heutigen Erfindungen sind gar nicht neu sondern sie haben schon jahrhundertealte Vorbilder in der Natur denn im Laufe der Evolution haben sich Tiere und Pflanzen perfekt an ihre Umgebung angepasst und dabei besondere Eigenschaften und Fähigkeiten entwickelt. Ein Klassiker in der Bionik ist der sogenannte Lotuseffekt. In den 1970er-Jahren machte der Bonner Bioniker Wilhelm Barthlott eine wichtige Entdeckung: Die Blätter der Lotuspflanze sind immer sauber denn sie können sich selbst reinigen. Die Oberfläche der Blätter besitzt winzige Wachskristalle und so perlen Wasser und Schmutz einfach von den Blättern ab. Dieser Effekt wurde auf künstliche Oberflächen übertragen so gibt es zum Beispiel wasser- und schmutzabweisende Fassadenfarbe. Es gibt so viele perfekte Lösungen in der Natur aber erst die Bionik nutzt diese Erfindungen systematisch.

2 **Nebensätze werden durch Kommas vom Hauptsatz getrennt. Setze im folgenden Text alle fehlenden Kommas. Markiere hierzu alle Konjunktionen und Relativpronomen, mit denen die Nebensätze eingeleitet werden, und unterstreiche das gebeugte Verb am Ende des Nebensatzes.**

Vorsicht Fehler!

Klebt auch im Mund – Miesmuschelkleber

1 Der Gecko, der kopfüber an der Decke entlanglaufen kann, wird oftmals als Paradebeispiel der Bionik angeführt. 2 Obwohl er sich an vielen Flächen festhalten kann bekommt er aber auf nassen Oberflächen Probleme. 3 Tiere der Unterwasserwelt verfügen hingegen auch auf nassen Oberflächen über besondere Klebekünste die sich der Mensch zunutze machen möchte. 4 Miesmuscheln haften zum Beispiel auch unter Wasser bombenfest indem sie einen Proteinkleber produzieren den sie an ihrem Fuß ausscheiden. 5 Nach dem Vorbild der Miesmuschel wird nun ein medizinischer Klebstoff entwickelt der beispielsweise Zahnimplantate oder gebrochene Knochen verkleben soll sodass Schrauben und Metallplatten die bisher in solchen Fällen eingesetzt wurden überflüssig wären.

3 **Welcher Satzbauplan passt zu welchem Satz aus dem Text? Ordne jedem Satz den richtigen Satzbauplan zu, indem du die Ziffern der Sätze hinter den Plänen notierst.**

Satzbaupläne	Ziffern der Sätze
___ Ns___ , ___ Hs___ .	___ ___
___ Hs___ , ___ Ns___ , ___ Hs (Fortsetzung.)___ .	___
___ Hs___ , ___ Ns 1___ , ___ Ns 2___ , ___ Ns 3___ , Ns 2___ (Fortsetzung)	___
___ Hs___ , ___ Ns___ .	___
___ Hs___ , ___ Ns 1___ , ___ Ns 2___ .	___

⊕ **4** **Formuliere selbst zu einem Thema deiner Wahl ein Satzgefüge mit einem Hauptsatz und zwei bis drei Nebensätzen. Setze die Kommas und erstelle einen Satzbauplan.**

Das Komma bei Infinitivgruppen

Information **Das Komma bei Infinitivgruppen**

Es ist ratsam, Infinitivgruppen (auch Infinitivsätze genannt) immer durch **Komma** vom Hauptsatz abzutrennen, weil dadurch die Gliederung des ganzen Satzes verdeutlicht wird.
Ein Komma **muss** stehen,

- wenn die Infinitivgruppe durch *um, ohne, statt, anstatt, außer, als* eingeleitet wird, z. B.: *Forscher beobachten die Natur, **um** Lösungen für den Alltag zu entwickeln.*
- wenn die Infinitivgruppe von einem **Nomen** oder einem **hinweisenden Wort** wie *dazu, daran, darauf* oder *es* im Hauptsatz abhängt, z. B.: *Der Lotus-Effekt dient dazu, das Blatt sauber zu halten. Bioniker zweifeln nicht daran, in der Natur immer wieder Neues zu entdecken.*

Bei einfachen Infinitiven (*zu* + Infinitiv) kann man das Komma weglassen.

1 **a** **Markiere in den folgenden Sätzen den Infinitiv mit *zu* und unterstreiche die gesamte Infinitivgruppe. Trenne dann alle Infinitivgruppen durch Komma ab.**
TIPP: Achte auf Einleitungswörter wie *um, statt, ohne,* mit denen Infinitivgruppen häufig eingeleitet werden.
b **Prüfe, welche Kommas man weglassen könnte. Klammere diese Kommas ein.**

Vorsicht Fehler!

Trocken und sauber dank Lotuseffekt

In der Bionik versucht man, technische Probleme nach dem Vorbild der Natur zu lösen. Um wasserabweisende Oberflächen herzustellen nutzen Forscher/-innen zum Beispiel die Lotusblume als Vorbild. Diese Pflanze hat nämlich die Eigenschaft sich selbst zu reinigen. Wasser und Schmutzpartikel perlen einfach vom Lotusblatt ab ohne dieses nass zu machen oder zu verunreinigen. Jahrelang hat man geforscht um diesem sogenannten Lotuseffekt auf die Spur zu kommen. Das Lotusblatt besitzt winzige Wachskristalle um festhängende Tautropfen abzuschütteln. Statt auf dem Blatt zu verlaufen kugeln die Wassertropfen die Blattoberfläche hinunter und nehmen dabei Schmutz- und Staubpartikel mit. Forschern ist es nun gelungen diese Oberflächenstruktur künstlich herzustellen. Sie wird zum Beispiel genutzt um Wasser und Schmutz von Kleidung, Hauswänden oder Dachziegeln fernzuhalten.

2 **Forme jeden Satz in ein Satzgefüge mit Infinitivgruppe um. Nutze hierfür die eingeklammerten Wörter und schreibe in dein Heft. Unterstreiche dann die Infinitivgruppen und prüfe die Kommasetzung.**

– Jacken, Schuhe oder T-Shirts benötigen wie die Lotusblume eine wachsartige Oberfläche, wenn sie wasserabweisend sein sollen. (um)
– Dafür wird kein Wachs auf die Kleidung gerieben, sondern ein Imprägnierspray genutzt. (anstatt)

⊕ **3** **Ohne Kommas sind beim folgenden Satz mehrere Lesarten möglich. Erkläre in deinem Heft, warum.**
Der Lotuseffekt ermöglicht euch nie wieder zu putzen.

Das Komma bei Partizipialgruppen

Information **Das Komma bei Partizipialgruppen (Partizipialsätzen)**

Partizipialgruppen (auch Partizipialsätze genannt) **darf** man immer durch **Komma** vom Hauptsatz trennen. Ein Komma **muss** stehen,

- wenn durch ein **hinweisendes Wort** auf die Partizipialgruppe (den Partizipialsatz) Bezug genommen wird, z. B.:
  Bei Regen direkt gesäubert, so soll das wasserabweisende Glas beschaffen sein.
- wenn der Partizipialsatz eine **nachgestellte Erläuterung** ist, z. B.:
  Vorbild für diese Entwicklung ist ein Tier, mit besonderen Flügeln ausgestattet.

1 **a** Im folgenden Text findest du viele Sätze, die eine Partizipialgruppe enthalten. Unterstreiche die Partizipialgruppen und trenne sie alle mit Kommas vom Hauptsatz ab.
TIPP: Markiere zuerst die Partizipien, dann kannst du die Partizipialgruppe leichter identifizieren.
b Prüfe, welche Kommas man bei den Partizipialgruppen weglassen könnte. Klammere diese Kommas ein.

Vorsicht Fehler!

Glas nach Schmetterlingsart

Nie wieder Fenster putzen! Dieses Ziel anstrebend , versuchen sich Wissenschaftler an einer Innovation. Sie wollen den Lotuseffekt auf durchsichtige Oberflächen übertragen. Bei Regen trocken und sauber bleibend so soll das neue Superglas beschaffen sein. Vorbild für diese Entwicklung ist ein kleines Tier: der Glasflügelfalter. Die Oberfläche seiner Flügel mit unregelmäßigen, winzig kleinen Strukturen versehen ermöglicht ihre Selbstreinigung. Um diesen Effekt auf Glas zu übertragen, wird eine vergleichbare Struktur in die Glasoberfläche geätzt. Das neue Glas selbst in feuchter Umgebung nicht beschlagend könnte zum Beispiel die aufwändige Reinigung von Glasfassaden an Wolkenkratzern überflüssig machen.

2 **a** Forme in deinem Heft die folgenden Sätze in Satzgefüge mit Partizipialgruppen um. Setze die Kommas.
b Vergleiche deine Satzgefüge mit Partizipialgruppen mit den Originalsätzen. Begründe in deinem Heft, welche Formulierungen du vorziehen würdest.

- Der Selbstreinigungseffekt der Lotuspflanze, der 1970 von dem Bonner Biologen Wilhelm Barthlott entdeckt wurde, wird heute vielfältig genutzt.
- Indem Forscher/-innen sich selbst reinigende Kleidung entwickelten, fanden sie eine neue Nutzungsmöglichkeit des Lotuseffekts.

Das Komma bei Appositionen und nachgestellten Erläuterungen

Information **Das Komma bei Appositionen und nachgestellten Erläuterungen**

- Die **Apposition** (Beifügung) beschreibt ihr Bezugswort (meist ein Nomen) näher und steht im gleichen Kasus wie ihr Bezugswort. Die Apposition besteht meist aus einem Nomen (oder einer Nomengruppe) und wird **durch Kommas abgetrennt**, z. B.: *Georges de Mestral, Ingenieur von Beruf, ist der Erfinder des Klettverschlusses.*
- Die **nachgestellte Erläuterung** wird oft mit Wörtern wie *nämlich, und zwar, vor allem, das heißt (d.h.), zum Beispiel (z. B.)* eingeleitet. Sie wird **durch Kommas abgetrennt**, z. B.: *Heute finden sich Klettverschlüsse überall, zum Beispiel an Schuhen, Jacken oder Rucksäcken.*

1 **Markiere im folgenden Text die Appositionen grün und die nachgestellten Erläuterungen orange. Setzte dann alle fehlenden Kommas.**

Vorsicht Fehler!

Der Trick der Klette

Hast du dich schon einmal gefragt, wie der Klettverschluss erfunden wurde? Bei einem Spaziergang entdeckte George de Mestral ein Schweizer Ingenieur, kleine Früchte der Klettpflanze im Fell seines Hundes. Er legte diese Früchte kleine stachelige Kugeln unter sein Mikroskop und erkannte, dass Kletten am Ende ihrer Stacheln winzige Häkchen haben. Damit klammern sich die Klettfrüchte also die Samen der Pflanze im Fell von vorbeikommenden Tieren zum Beispiel Füchsen oder Wildschweinen fest und sorgen so für ihre Verbreitung. Rund zehn Jahre brauchte George de Mestral, bis er diese Häkchen-Methode nachahmen und den Klettverschluss mechanisch herstellen konnte. Heute besteht der Klettverschluss ein patentiertes Haltesystem aus zwei Nylonstreifen: Der eine besitzt Widerhaken, der andere eine weiche Schlaufenstruktur. Presst man die beiden Streifen zusammen, ergibt das einen festen Schnellverschluss. Klettverschlüsse gehören heute zu unserem Alltag und finden sich überall zum Beispiel an Schuhen, Jacken, Taschen, Rucksäcken und sogar an den Raumanzügen der Astronauten.

2 **Ergänze den folgenden Text mit passenden nachgestellten Erläuterungen und setze die fehlenden Kommas.**

zum Beispiel mit einer harten Zahnbürste •
das heißt als geschützte Erfindung •
vor allem als Alternative zu Schnürsenkeln

Der Klettverschluss wurde bereits 1951 als Patent ______________________

______________ angemeldet. Heute wird diese Verschlusstechnik vielfältig genutzt ______________

______________________. Sollte der Klettverschluss nicht mehr so gut halten, müssen die

kleinen Widerhaken lediglich gereinigt werden ______________________

______________________.

⊕ **3** **Ergänze die beiden folgenden Sätze selbstständig durch inhaltlich sinnvolle nachgestellte Erläuterungen. Schreibe in dein Heft (TIPP: Bionik = Biologie + Technik).**

– Das Wort „Bionik“ besteht aus zwei Wörtern.
– Im Forschungsfeld der Bionik arbeiten verschiedene Wissenschaftler/- innen miteinander.

Zeichensetzung

1 a Setze die fehlenden Kommas bei den folgenden Sätzen. (8 Punkte)

Vorsicht Fehler!

Sprechen wie die Delfine

1 Delfine die zur Gruppe der Wale gehören gelten als sehr intelligente und soziale Tiere.

2 Auch für die Bionik sind die Meeressäuger von großem Interesse denn sie können sich im Gegensatz zum Menschen mit Leichtigkeit unter Wasser verständigen.

3 Indem sie Töne im Ultraschallbereich produzieren unterhalten sie sich über Kilometer hinweg mit ihren Artgenossen.

4 Einem Team der Technischen Universität Berlin ist es nun gelungen ein leistungsstarkes Unterwassermodem nach dem Vorbild der Delfin-Kommunikation zu entwickeln.

5 Dieses neue Modem eine zuverlässige und kabellose Kommunikation möglich machend soll nun unter realen Bedingungen getestet werden.

6 Die Kommunikation über Ultraschall könnte bei der Steuerung von Unterwasserrobotern zum Einsatz kommen zum Beispiel bei der Erkundung von schwer zugänglichen Unterwassertiefen.

b Ordne den Sätzen 1 bis 6 die richtigen Kommaregeln zu. Schreibe die Ziffern der Sätze hinter die zutreffende Regel. (6 Punkte)

Infinitivgruppe: Das Komma trennt eine Infinitivgruppe vom Hauptsatz ab. ____________

Satzreihe: Das Komma trennt zwei selbstständige Hauptsätze. ____________

Satzgefüge: Das Komma trennt einen Nebensatz vom Hauptsatz ab. ____________

Partizipialgruppe: Das Komma trennt eine Partizipialgruppe vom Hauptsatz ab. ____________

Nachgestellte Erläuterung: Das Komma trennt eine nachgestellte Erläuterung vom Hauptsatz ab. ____________

Überprüfe deine Lösungen mit Hilfe des Lösungsheftes. Für jede richtige Lösung bekommst du einen Punkt.

☺ 14–11 Punkte	😐 10–7 Punkte	☹ 6–0 Punkte
Gut gemacht!	Gar nicht schlecht, aber lies dir die Merkkästen auf den Seiten 96–100 noch einmal genau durch.	Arbeite die Seiten 96–100 noch einmal genau durch.

Ich teste meinen Lernstand

Wie kannst du mit der folgenden Einheit arbeiten?

1 Mit dem folgenden Test (▶ S. 102–111) kannst du prüfen, was du im Fach Deutsch schon alles gelernt hast. Du testest verschiedene Bereiche:
- das Verstehen von literarischen Texten und Sachtexten (Aufgaben Teil A),
- Wortbedeutung, Grammatik und Rechtschreibung (Aufgaben Teil B und Teil C) und
- das Argumentieren: materialgestützt Stellung nehmen (Aufgaben Teil D).

2 In dem Test begegnen dir verschiedene Aufgabenarten, z. B.: in einer Auswahl an möglichen Antworten die richtige oder die richtigen ankreuzen, Informationen passend zuordnen, Kurzantworten geben, Lückentexte füllen oder zu einem strittigen Thema Stellung nehmen.

3 Du kannst deine Antworten mit Hilfe des Lösungsheftes selbst überprüfen und mit Hilfe der erreichten Punktzahl deinen Lernstand bewerten.

A Texte verstehen

Günter Kunert

Rennfahrer (1972)

Wenn der Wagen anrollt, aufheult, über die Straßen herfällt, sie unter sich zu zwingen, sie zu verschlingen und hinter sich zu lassen als schrumpfende, hinter dem Heck schneller und schneller versinkende Asphaltspur, erhebt es den Fahrer in einen merkwürdigen Zustand: ein kalter, nüchterner und scharfer Rausch, der den Körper hinter der Maschine zittern macht: vor Lust und dem Gift, das in ihr steckt, dem Tropfen Angst. Und wäre ohne diesen Tropfen schal. […]

Der Fahrer rast nicht gen[1] Irgendwo, weil er da wichtige Geschäfte hat, weil ihn dort etwas braucht und ruft, er fährt nur, um zu fahren.

Die Landschaft rauscht vorbei. In der Ferne die Berge währen länger im Blick als alles Nahe, Buschhafte, Blättrige, Bauschige, das, kaum aufgetaucht, sogleich zurückbleibt. Plötzlich ein helles Bauwerk. Vielleicht lüde es ein, darin zu hausen, gemächlich aus einem Fenster auf den kriechenden Fluss zu schauen, läge es nicht bereits wieder im Rücken des Fahrers und eingeschmolzen in die Natur, aus der es kurz nur trat. Menschen fliegen vorüber; unkenntlich, wer und was für welche. So das Gesicht einer Frau, ungewiss, ob jung, ob dunkeläugig; vorüber schon im selben Tempo wie die Minuten, die Stunden. Wo die Fahrt endet, ist ein weißer Streifen über den Beton gemalt, steht auf einem ausgespannten Tuch die kleine Lüge: ZIEL. Der Wagen rollt aus, der Fahrer hält an, hinter den Augäpfeln noch die sich überdeckenden Bilder der Fahrt. Von Helfern aus dem Wagen gehoben, geht er schwankend fort. Nirgendwo angekommen, nicht mehr unterwegs, betäubt von der übergroßen Dosis Erleben, bleibt er sich selber unverständlich und sein Tun ihm unbegreifbar.

1 gen: in Richtung, nach

Aufgabe 1

Kreuze jeweils an: richtig oder falsch? /5 Punkte

	richtig	falsch
A Die Geschichte handelt von einem Rennfahrunfall.	☐	☐
B Der Fahrer hat große Angst vor der Rennstrecke.	☐	☐
C Ohne etwas Angst wäre die Fahrt langweiliger.	☐	☐
D Der Fahrer kann die Natur und die Menschen genau wahrnehmen.	☐	☐
E Dem Rennfahrer geht es nur um das Erleben der Geschwindigkeit.	☐	☐

Aufgabe 2

Kreuze die richtige Aussage an und belege sie durch zwei Beispiele mit Zeilenangabe. Am häufigsten sind in dieser Geschichte ... /2 Punkte

A ☐ Vergleiche. B ☐ Personifikationen.

____

____

Aufgabe 3

a **Kreuze die richtige Antwort an: In der Geschichte ...** /1 Punkt

A ☐ ist das Geschehen zeitlich gedehnt.
B ☐ ist das Geschehen zeitdeckend geschrieben.
C ☐ ist das Geschehen zeitlich gerafft.
D ☐ sind Erzählzeit und erzählte Zeit identisch.

b **Begründe deine Entscheidung.** /2 Punkte

____

____

Aufgabe 4

Erkläre in deinem Heft, warum der Erzähler in den Zeilen 20–25 den Konjunktiv II wählt. Was will er verdeutlichen? /2 Punkte

Aufgabe 5

Zwei Schülerinnen erklären, wie sie den letzten Satz der Geschichte verstehen. Welche Erklärung findest du überzeugender? Begründe in deinem Heft. /3 Punkte

Emma
Der Rennfahrer ist traurig, dass die Fahrt vorbei ist, und kann nicht verstehen, warum sie so schnell zu Ende ging. Er ist enttäuscht und möchte so schnell wie möglich wieder unterwegs sein, um mehr zu erleben.

Julia
Der letzte Satz zeigt, wie wenig die Geschwindigkeit den Fahrer in seinem Leben weiterbringt. Am Ende ist er orientierungslos und benommen. Die Fahrt hat ihm nicht geholfen, an ein Ziel zu kommen oder sich kennen zu lernen.

Von 60 auf 180 Puls binnen weniger Minuten (2004)

Neben Downforce, PS und fahrerischem Talent ist der mentale Bereich längst ein entscheidendes Faktum geworden.

1 *(Motorsport-Total.com)* Normalerweise gelten Formel-1-Piloten als Männer ohne Nerven. Doch in der heißen Phase vor dem Start fällt es so manchem Favoriten schwer, einen kühlen Kopf zu bewahren. In der Startaufstellung herrscht, medizinisch gesehen, der Ausnahmezustand.

2 Der Psychostress macht die Formel 1 zu einem einzigartigen Kraftakt. Wie groß die Anspannung ist, verrät der Puls der Fahrer. In der Box, wenn sie sich auf den Moment der Wahrheit vorbereiten, liegt ihr Ruhepuls noch bei 60 Schlägen pro Minute. Sitzen sie dann im Cockpit, klettert der Puls auf 90, während der Einführungsrunde auf 110. Die Piloten stimmen sich mental auf den Start ein, indem sie alle störenden Gedanken verdrängen. Durch Konzentration und Psychotraining gelingt es Spitzenfahrern, den Puls beim Losfahren auf 130 zu halten. Doch dann übernimmt der Körper die Kontrolle über den Geist. Während sie auf die erste Kurve zurasen, steigt der Puls auf 180. „In dieser Phase“, sagt der Österreicher Josef Leberer, einer der erfahrensten Fitnesstrainer in der Formel 1, „ist der mentale Stress am größten.“

3 Kein Wunder, denn das Fahren im Pulk erfordert vor allem kurz nach dem Start volle Konzentration. Die Fahrer müssen ihre Konkurrenten vorne, hinten und neben sich im Auge behalten. Und sie müssen versuchen, sich die beste Position im Kampf um die erste Kurve zu sichern, weil nicht selten schon da eine Vorentscheidung fällt. Dazu kommt eine extreme körperliche Belastung: Ein Formel-1-Bolide beschleunigt in 3,7 Sekunden von 0 auf 160 und legt aus dem Stand in zwölf Sekunden einen Kilometer zurück – etwa fünfmal so viel wie ein normales Straßenauto. Um von 160 auf 0 abzubremsen, braucht ein Formel-1-Auto weniger als zwei Sekunden. Dabei werden bis zu 4g gemessen, der Körper des Piloten wird also mit dem Vierfachen seines Gewichts in die Gurte gedrückt.

4 Um dem Stress einer Grand-Prix-Saison mit 18 Rennen auf vier Kontinenten gewachsen zu sein, gehört regelmäßiges Fitnesstraining unter professioneller Anleitung zum Alltag eines Formel-1-Fahrers. Aus gutem Grund: Je besser die Ausdauer eines Fahrers ist, umso niedriger ist sein Puls, und desto leichter kann er Stress verarbeiten. Und Stress haben sie reichlich: Adrenalin und Noradrenalin versetzen sie in den körperlichen Ausnahmezustand, etwa doppelt so stark wie bei einem Athleten, der auf dem Fahrrad-Ergometer an seine Leistungsgrenze geht. Im Kurvenlabyrinth von Monaco ist der Stress am größten, weil es dort am Streckenrand keine Kiesbetten, sondern nur Mauern und Leitplanken gibt. Das treibt den Puls der Piloten auf den Spitzenwert von 210 Schlägen.

5 Für den Grazer Sportwissenschaftler Michael Reinprecht sind Formel-1-Fahrer der lebende Beweis, „dass psychisch-emotionale Belastungen eine ähnlich hohe Pulsfrequenz bewirken können wie große physische Anforderungen“. Umso wichtiger ist es, dass die Fahrer mit Hilfe mentaler Techniken lernen, Situationen gelassener einzuschätzen und Emotionen unter Kontrolle zu bringen, also zum Beispiel Gefühle wie Resignation nach einem Fehler und Ärger auf sich selbst oder einen Konkurrenten zu beherrschen. „Bei Spitzensportlern, die nicht mental an sich arbeiten, entsteht leicht ein Alles-oder-nichts-Gefühl“, so der Münchner Sportpsychologe Dieter Hackfort. „Das erhöht den Stress, macht verbissen und stört die Konzentrationsfähigkeit.“

6 Auch im normalen Straßenverkehr ist Stress ein nicht zu unterschätzender Risikofaktor. Gerade das Kolonnenspringen, das Überholen um jeden Preis mit dem zweifelhaften Gewinn von wenigen Metern und Sekunden treibt den Blutdruck des Überholenden und auch des Überholten kräftig in die Höhe. „Gepaart mit Stress und Ärger aus Job und Familie kommt es nicht selten zu lebensgefährlichen Situationen“, so Dr. Hartmuth Wolff vom Allianz-Zentrum für Technik. „Gelassenheit im Umgang mit den anderen Verkehrsteilnehmern ist die richtige Formel für Stressbewältigung und für mehr Sicherheit auf unseren Straßen.“

Aufgabe 6

Welche Aussage trifft auf welchen Absatz des Online-Artikels zu? Ergänze die richtigen Absatznummern: Der Absatz ... ☐ / 6 Punkte

- ☐ belegt die Ausführungen mit Zitaten von Sportwissenschaftlern.
- ☐ führt ins Thema ein und macht durch sprachliche Bilder neugierig.
- ☐ begründet, warum Fahrer gegen Stress trainieren, und benennt eine Maximalbelastung.
- ☐ beschreibt die Situation der Formel-1-Fahrer vor und beim Start.
- ☐ schließt mit einem indirekten Aufruf zu mehr Gelassenheit auf unseren Straßen.
- ☐ erklärt die Anforderungen vor und in der ersten Kurve und informiert über die Belastung.

Aufgabe 7

Bestimme die Funktion der folgenden Textstellen. Notiere vor den Zitaten. inf. für informieren, arg. für argumentieren, app. für appellieren. ☐ / 3 Punkte

A: ______________ „Kein Wunder, denn das Fahren im Pulk erfordert vor allem kurz nach dem Start volle Konzentration“ (Z. 28–30).

B: ______________ „Ein Formel-1-Bolide beschleunigt in 3,7 Sekunden von 0 auf 160 und legt aus dem Stand in zwölf Sekunden einen Kilometer zurück“ (Z. 37–40).

C: ______________ „Gelassenheit im Umgang mit den anderen Verkehrsteilnehmern ist die richtige Formel für Stressbewältigung und für mehr Sicherheit auf unseren Straßen“ (Z. 97–100).

Aufgabe 8

Erkläre mit eigenen Worten, auf welche vorangegangene Information sich die folgenden Verknüpfungswörter an den Satzanfängen beziehen. Ergänze jeweils die Sätze. ☐ /4 Punkte

„Doch dann“ (Z. 21) bezieht sich darauf, dass ______________________________

„Dazu“ (Z. 36) bezieht sich darauf, dass ______________________________

„Dabei“ (Z. 44) bezieht sich darauf, dass ______________________________

„Das“ (Z. 83) bezieht sich darauf, dass ______________________________

Aufgabe 9

Benenne die interaktiven Möglichkeiten, die dieser Artikel (► S. 104 f.) bietet. Notiere Stichworte. ☐ /2 Punkte

Aufgabe 10

Erkläre, wieso diese Seite in einer Suchmaschine zu den Suchbegriffen „Belastung Formel-1-Fahrer“ weit oben angezeigt wird. ☐ /2 Punkte

B Wortbedeutung und Grammatik

Aufgabe 11

a Trage jeweils das richtige Wort in die Lücken ein: *das* oder *dass*? ☐ /7 Punkte

Wie langsam das Leben bis zum Mittelalter vonstattenging, ______ kann man sich heute kaum noch vorstellen. ______

Verkehrssysteme, die sich durch den Handel ab ca. 1450 bis ca. 1800 entwickelten, sorgten dafür, ______ sich das Leben beschleunigte. ______

Das Auto, ______ Ende des 19. Jahrhunderts erfunden wurde, steigerte die Schnelligkeit und die Reichweite der Bewegung enorm. ______

Aber ______ wir heute in gut 31 Stunden um den gesamten Globus fliegen können, hätte damals noch niemand gedacht. ______

______ einmal erreichte Geschwindigkeitsniveau weckt stets den Wunsch nach noch größerer Geschwindigkeit. ______

„Schneller! Schneller! Schneller!" – Man kann sagen, ______ durch digitale Technologie heute immer mehr Bereiche unseres Lebens beschleunigt werden. ______

Wie die Beschleunigung unser Leben erfasst hat, ______ zeigt sich auch in der Sprache: „Fast Food", „Liveticker", „Speeddating", „Coffee to go", „Multitasking", „Drive-in", „nonstop", „Powernap". ______

b Welche Wortart liegt jeweils vor? Notiere rechts neben den Sätzen die passende Abkürzung: Artikel (Art.), Demonstrativpronomen (Dem.-pron.), Relativpronomen (Rel.-pron.), Konjunktion (Kon.).

Aufgabe 12

In den folgenden Sätzen hat das Wort „eben" unterschiedliche Bedeutungen. Finde für jeden Satz ein anderes sinnvolles Wort für „eben" und schreibe das Synonym auf die Linie rechts. ☐ /4 Punkte

Eben erst angeschafft, ist das neue Smartphone schon veraltet. .... ______

Ich muss eben nicht immer auf dem neuesten Stand sein. .... ______

Kann ich eben mal telefonieren? .... ______

Der Weg ist eben. .... ______

Aufgabe 13

Formuliere die folgenden Sätze so um, dass aus den unterstrichenen Satzgliedern die angegebenen Adverbialsätze werden. /4 Punkte
Verwende passende Konjunktionen und setze die nötigen Kommas.

A **Kausalsatz (Grund):** Unsere Kommunikation hat sich wegen der ständigen Erreichbarkeit verändert.
B **Temporalsatz (Zeit):** Sekundenschnelles Mailen lässt uns nicht mehr tagelang auf Briefe warten.
C **Konditionalsatz (Bedingung):** Durch schrittweises Arbeiten kommen wir besser ans Ziel.
D **Finalsatz (Absicht, Zweck):** Die Menschen müssten mehr Zeit zur Erholung finden.

____

____

____

____

____

____

Aufgabe 14

a Unterstreiche in den folgenden Sätzen die Passivformen. /3 Punkte
b Forme die Sätze ins Aktiv um, um die Handelnden hervorzuheben. /3 Punkte

Inzwischen wird von vielen Menschen Entschleunigung gefordert. Diese wird von ihnen in Augenblicken gefunden, in denen ihre Umwelt durch sie bewusst wahrgenommen wird.

____

____

____

____

Aufgabe 15

Setze den Konjunktiv II ein, um zu verdeutlichen, dass es sich um Wünsche handelt. /6 Punkte
TIPP: In einem Fall kannst du die *würde*-Ersatzform wählen.

Wenn ich nur ____________ (können), ____________ ich mein Smartphone öfter ____________ (ausschalten). Dann ____________ (kommen) ich öfter zur Ruhe und ____________ (haben) mehr Zeit für vieles. Ich ____________ (nehmen) an der Robotik-AG teil oder ____________ (verbringen) Nachmittage in der Natur.

C Rechtschreibung

Aufgabe 16

Die E-Sport-AG des Schiller-Gymnasiums will über den E-Sport informieren. Der erste Entwurf für ihren Informationstext enthält jedoch noch einige Fehler. Unterstreiche falsch geschriebene Wörter und notiere die Verbesserung in der Randspalte. /12 Punkte

Was genau ist eigentlich E-Sport?

Damit ist das wettkampfmäßige spielen von Computerspielen gemeint das können z.B. Strategiespiele Ego-Shooter oder Sportsimulationen sein. Für die einen ist das nur ein zocken für andere ist es eine Sportart die man ernstnehmen sollte.

E-Sportler trainieren viele Stunden am Tag an gesagte Games um ihre Fähigkeiten zu verbessern. Durch gezieltes trainieren optimieren sie die Schnelligkeit ihrer Bewegungen ihre Reaktionsfähigkeit und Zielgenauigkeit.

Sämtliche Bewegungen werden geübt bis sie blitz schnell ablaufen. E-Sportler brauchen eine hohe Konzentrationsfähigkeit denn die zahl reich aufeinander treffenden Reize fordern ein schnelles und richtiges reagieren. Dafür sind sensomotorische Fähigkeiten wie die Hand-Auge Koordination aber auch Geschicklichkeit die Fähigkeit zu kombinieren und Teamgeist immens wichtig.

Neurowissenschaftler haben fest gestellt dass sich diese Fertigkeiten durch regelmäßiges üben verbessern lassen.

Das gute daran: Unsere Eltern wird es freuen!

Aufgabe 17

Im Text oben fehlen alle Kommas. Ergänze sie. /11 Punkte

D Argumentieren – Materialgestützt Stellung nehmen

Aufgabe 18

In eurer Sport-AG sorgt das Thema „E-Sport“ für Diskussionen. ☐ /23 Punkte

Verfasse für die Schul-Website einen Blog-Eintrag (mit Einleitung, Hauptteil und Schluss), in dem du dich dafür starkmachst, dass der E-Sport als Sportart anerkannt und an eurer Schule als Schulsport aufgenommen wird. Die folgenden Materialien M1–M4 (▶ S. 110–111) helfen dir dabei, drei überzeugende Argumente und Beispiele bzw. Belege zu finden. Greife auch ein Gegenargument auf und entkräfte es.

M1

Raus aus der Nische und der Schmuddelecke!

Es ist kein Geheimnis, dass weit mehr Jugendliche sich für den E-Sport als für das Dressurreiten oder das Boxen interessieren. Damit ist freilich noch nichts über den Wert der einen oder der anderen Sportart gesagt. Aber die schlichte Tatsache, dass der E-Sport im Jahr 2020 weltweit beinahe 500 Millionen Zuschauer erreichen wird, sollte jede Diskussion darüber beenden, dass es sich um eine gesellschaftliche Randerscheinung oder gar um einen Nischensport handelt.

Natürlich wird der E-Sport nicht nur auf Handys und PCs, auf Tablets und in Wettkampfarenen massenhaft rezipiert, sondern er wird auch immer häufiger aktiv und professionell ausgeübt. In mehr als 50 Ländern ist der E-Sport einfach aufgrund seiner Verbreitung und seines Erfolgs mittlerweile als Sportart anerkannt, gleichberechtigt neben Fußball, Golf oder Tischtennis. Hierzulande zögern jedoch die Entscheider noch immer damit, den E-Sport in den erlauchten Kreis der Traditionssportarten aufzunehmen.

Bei den Amateuren, also in der Breite der Bevölkerung, ist der digitale Sport ohnehin beliebt, wird aber gerne von seinen Kritikern in die geistige und oder moralische Schmuddelecke gedrängt. Dabei geht es beim E-Sport nicht um das stumpfe Ballern in Ego-Shootern, sondern um einen durchaus ernst zu nehmenden Sport, der – etwa bei Strategiespielen und Sportsimulationen – Aufmerksamkeit, Reaktionsgeschwindigkeit und einen ausgeprägten Wettkampfgeist erfordert.

Wer also den E-Sport noch immer als Nischensport abtut oder E-Sportler als chronische Bewohner von Schmuddelecken betrachtet, sollte sich eingestehen, dass er von der bundesrepublikanischen Wirklichkeit bereits vor einigen Jahren überholt wurde.

M2

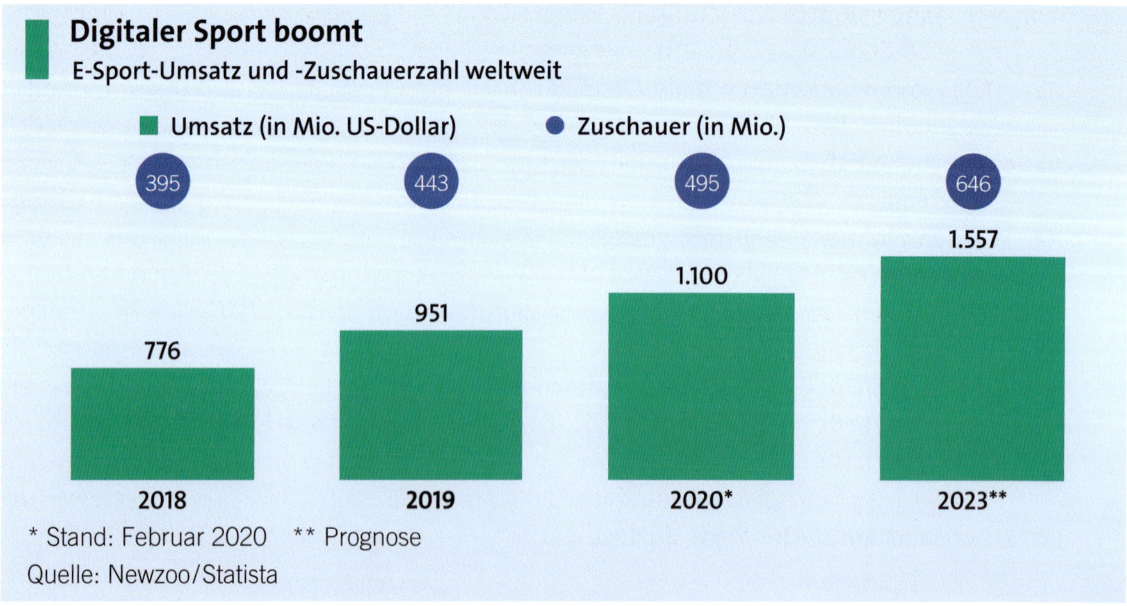

M3

Nicht alles, was beliebt ist, ist auch gut!

Man kann gegen den E-Sport einiges einwenden. Das mag heute vielleicht ein bisschen altmodisch oder überholt wirken, aber nicht alles, was aktuell beliebt ist, ist auch automatisch gut. Da wären zum einen die Inhalte der Spiele. Soll die Gesellschaft, soll der Deutsche Sportbund, sollen die Schulen wirklich Ego-Shooter fördern und finanziell unterstützen? Diese Spiele sind, wenn nicht brutal, so doch wenigstens skrupellos. Die Vernichtung und Tötung eines Gegners kann kein sportliches Ziel sein. Das verträgt sich nicht mit dem Fairnessgebot des Sports und seiner Aufgabe, dem Gemeinwohl zu dienen.

Wenn es aber um die Zulassung des E-Sports bei sportlichen Großveranstaltungen geht, muss man dem DOSB, dem Deutschen Olympischen Sportbund, in seiner ablehnenden Haltung recht geben. E-Sport ist von Grund auf kommerziell. Er ist zu nichts anderem gut, als die Gewinne global agierender Konzerne zu vergrößern.

Schließlich muss man den E-Sport auch kritisieren, weil er dem echten Sport die Zeit stiehlt. Immer mehr Kinder und Jugendliche verbringen ihre freien Nachmittage vor dem Bildschirm, anstatt sich zu bewegen. Während die Bildschirme flimmern, wird es auf den Fußballplätzen und in den Stadien der Leichtathleten immer leerer. Wollen wir das wirklich?

M4

Ist E-Sport eigentlich Sport?

Was verstehen Sie unter Sport? Für die meisten von uns ist Sport wohl gleichbedeutend mit Bewegung. Und genau diesen Punkt, die motorische Aktivität, führen Skeptiker ins Feld, wenn es um die Sportlichkeit von Schach oder E-Sport geht. E-Sport sei nicht sportlich, weil sich dabei niemand bewege, argumentieren sie. Klingt plausibel, aber die Nachfrage sei erlaubt: Ist wirklich nur sportlich aktiv, wer läuft, wirft oder springt?

Nach Ansicht des Sportwissenschaftlers Professor Froböse verhält sich das nicht so. Für ihn ist E-Sport sehr wohl mit traditionellen Sportarten wie Volleyball oder Schwimmen vergleichbar. Zum einen, führt er aus, sei die körperliche Belastung, messbar an Puls- und Herzfrequenz, der eines Marathonläufers durchaus ähnlich und führe entsprechend (wenn man es nicht übertreibt) zu einer Stärkung des Herz-Kreislauf-Systems. Zum anderen seien die motorischen Fähigkeiten eines professionellen E-Sportlers beträchtlich. Bis zu 400 Mal bediene ein E-Sportler Controller, Maus oder Tastatur in der Minute. Außerdem trainiert man beim E-Sport die Koordination von Hand und Auge sowie durch die häufig sogar gegenläufigen Bewegungen der Hände beide Gehirnhälften.

E-Sport ist also ein Sport, auch wenn er andere Schwerpunkte setzt als eine klassische Bewegungssportart. Auch darin liegt im Übrigen ein Vorteil: Denn E-Sport kann auch erfolgreich betreiben, wer die 100 Meter nicht in 12 Sekunden läuft. Es kommt hier mehr auf den Kopf als auf die schnellen Füße an.

Kritiker, die beim E-Sport den Teamgeist traditioneller Sportarten vermissen, seien darauf hingewiesen, dass in vielen Sportarten der „Einzelkämpfer" im Zentrum steht. Die siegreiche Einzelspielerin im Tennis zählt – zumindest in Bezug auf die mediale Aufmerksamkeit – noch immer mehr als das erfolgreiche Damendoppel. Außerdem beruht der Vorwurf auf Unkenntnis. Denn E-Sport ist nicht nur ein Individual-, sondern auch ein Mannschaftssport. Gerade bei strategiebasierten Spielen ist es unverzichtbar, dass ein Team Hand in Hand arbeitet und jedes Teammitglied seine Stärken einbringt.

Wenn Sie all dies bedenken, darf ich Sie dann noch einmal fragen: Was verstehen Sie eigentlich unter Sport?

Deutschbuch

Gymnasium

Autoren- und Quellenverzeichnis

S. 7: Ärzte ohne Grenzen: Wie wird „Ärzte ohne Grenzen" finanziert? [2018]. Aus: Medecins sans Frontieres: International Activity Report 2018. Verfügbar unter: https://www.aerzte-ohne-grenzen.de/sites/germany/files/msf-international-activity-report-2018.pdf. **S. 22, 24:** Garland, Inés: In den Augen der Nacht (Auszüge). Aus: derS. Übersetzt von Ilse Layer. Fischer Verlag KJB, 1. Edition, Frankfurt a. M. 2015. **S. 26–27:** Harg, William M.: Der Retter (unverändert). Aus: Paul Nentwig: Die moderne deutsche Kurzgeschichte im Unterricht: Interpretationen und methodische Hinweise. Hahner Verlagsgesellschaft mbH, Aachen-Hahn 1990, S. 74ff. **S. 32:** Tucholsky, Kurt: Luftveränderung. Aus: Martha Schoknecht (Hrsg.): Geh aus, mein Herz. Gedichte über Fernweh und Reiselust. Diogenes, Zürich 2019, S. 14f. **S. 36–38:** Hübner, Lutz: Das Herz eines Boxers, Szene 6 (Auszug). Nach: Buchners Schulbibliothek der Moderne, Text und Kommentar. Hrsg. v. Karl Hotz, kommentiert von Klaus Will. C.C. Buchner Verlag, Bamberg 2008. **S. 42–43:** Weiland, Severin: Her mit dem Verbot! [28.12.2018] (gekürzt). Nach: SPIEGEL Online. Verfügbar unter: https://www.spiegel.de/politik/deutschland/boellern-an-silvester-warum-berlin-ein-verbot-braucht-kommentar-a-1245648.html. **S. 43, 45:** Umwelt Bundesamt: Feinstaubbelastung zu Silvester (verkürzt und verändert). Aus: Weiland, Severin: Her mit dem Verbot! [28.12.2018] (gekürzt). Nach: SPIEGEL Online. Verfügbar unter: https://www.spiegel.de/politik/deutschland/boellern-an-silvester-warum-berlin-ein-verbot-braucht-kommentar-a-1245648.html. **S. 79:** Steffensmeier, Alexander: Die Welt mit besseren Augen sehen (verkürzt und verändert). Aus: Gute Idee! Erfinder verändern die Welt. Sauerländer Verlag, Frankfurt a. M. 2007, S. 24. **S. 80:** Steffensmeier, Alexander: Der Staubsauger (verkürzt und verändert). Aus: Gute Idee! Erfinder verändern die Welt. Sauerländer Verlag, Frankfurt a. M. 2007, S. 51. **S. 83:** Favilli, Elena u. Cavallo, Francesca: Zaha Hadid: Fließende Architektur (verkürzt und verändert). Aus: Good Night Stories for Rebel. Übersetzt von Birgit Kollmann. Carl Hanser Verlag, München 2017, S. 212. **S. 102:** Kunert, Günter: Rennfahrer (gekürzt). Aus: Tagträume in Berlin und andernortS. Carl Hanser Verlag, München 1972. **S. 104–105:** Unbekannter Autor: „Von 60 auf 180 Puls binnen weniger Minuten" [07.08.2004] (gekürzt). Nach Motorsport Total.com. Verfügbar unter: https://www.motorsport-total.com/formel-1/news/von-60-auf-180-puls-binnen-weniger-minuten-04080704. **S. 110:** Newzoo/statista: Digitaler Sport boomt (verkürzt und verändert).

Bildquellenverzeichnis

S. 16 Shutterstock.com/Cian.Photography; **S. 18** Shutterstock.com/fizkes; **S. 104** Shutterstock.com/Image Craft

Redaktion: Stefan Windte

Illustrationen:
Uta Bettzieche, Leipzig: 76–78, 81, 82, 84, 85, 87, 88, 90–94, 96–99, 101
Nils Fliegner, Hamburg: S. 10–13, 15, 47, 49–51, 55–58, 61–64, 66, 68–72, 74
Christiane Grauert, Milwaukee (USA): 4, 6, 9, 20–22, 24, 27, 29, 32, 33, 36, 38, 39, 40, 42, 44, 102, 107

Umschlaggestaltung: Corinna Babylon und Jule Kienecker (Berlin) unter Verwendung eines Fotos von Shutterstock/Agor2012 und einer Illustration von Christiane Grauert (Milwaukee/USA)

Layoutkonzept: werkstatt für gebrauchsgrafik, Berlin
Technische Umsetzung: Reemers Publishing Services GmbH, Krefeld

www.cornelsen.de

Druck: ppm Fulda GmbH & Co. KG, Fulda

Ausgabe ohne interaktive Übungen
1. Auflage, 3. Druck 2024
ISBN 978-3-06-200110-9

Ausgabe mit interaktiven Übungen
1. Auflage, 2. Druck 2024
ISBN 978-3-06-200115-4

PEFC-zertifiziert
Dieses Produkt stammt aus nachhaltig bewirtschafteten Wäldern, Recycling und kontrollierten Quellen
PEFC
PEFC/04-31-1308
www.pefc.de